東大寺山古墳と謎の鉄刀

東大寺山古墳研究会 編

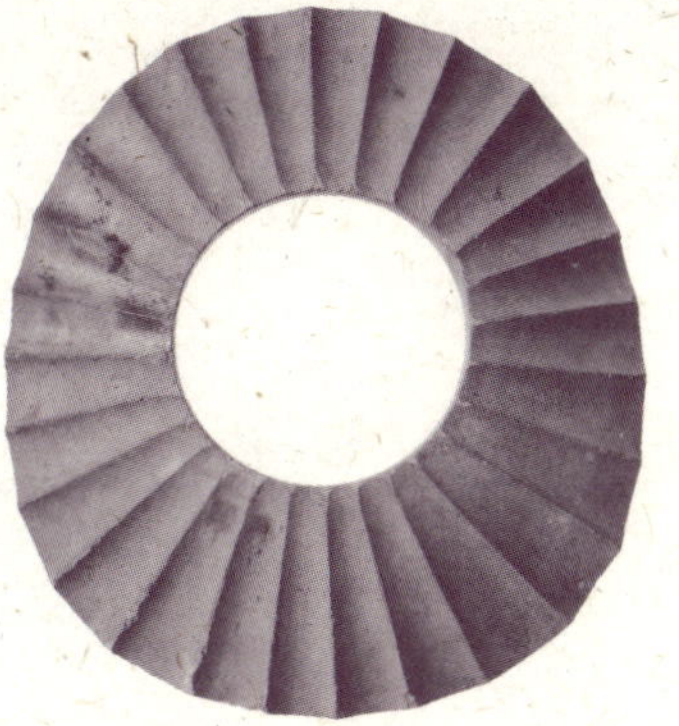

雄山閣

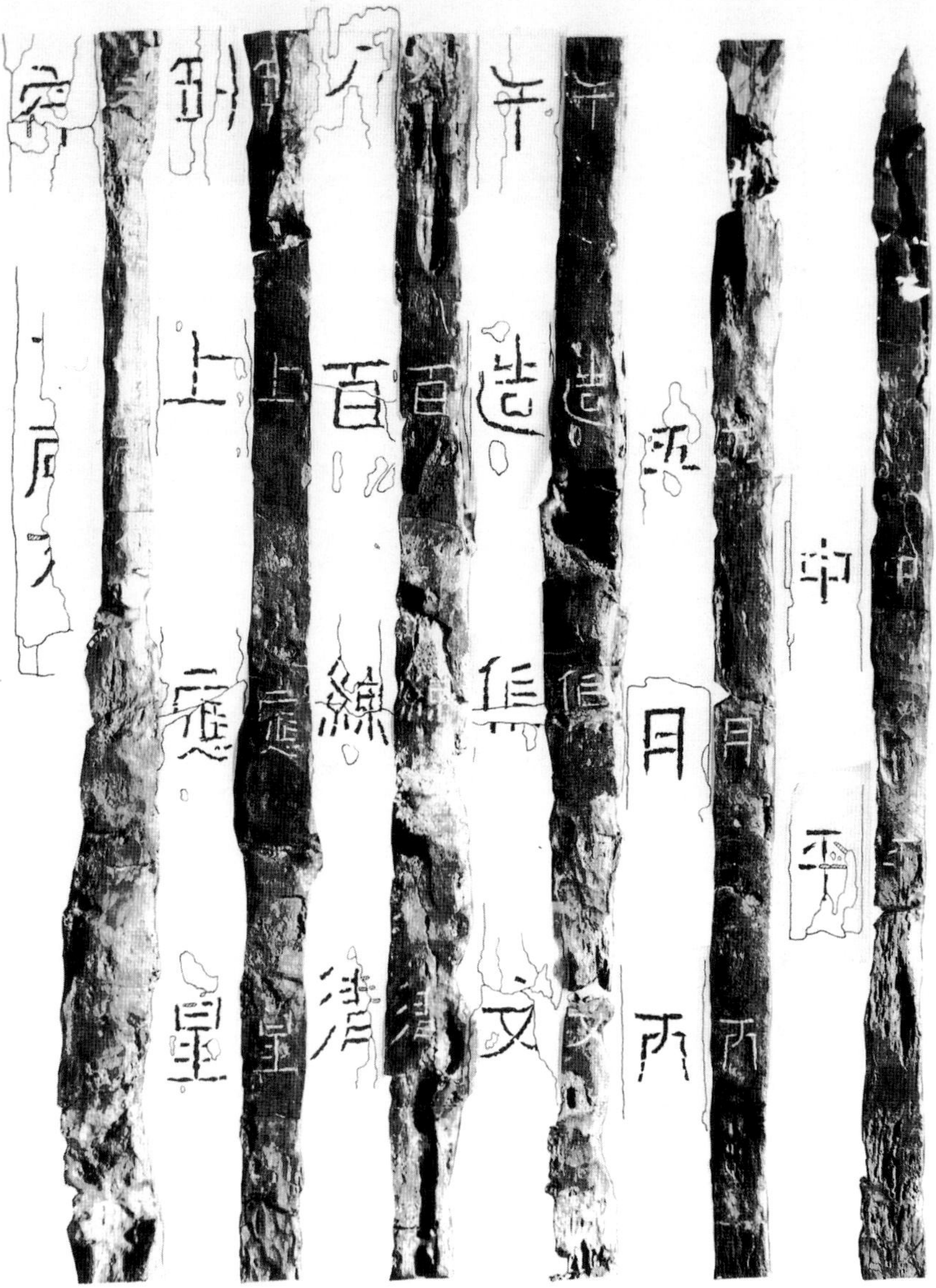

東大寺山古墳出土鉄刀銘文

家形飾付青銅製環頭・巴形銅器・鳥形飾付青銅製環頭

家形飾付青銅製環頭
（縮尺 2/3：実長 10.8cm）

鳥形飾付青銅製環頭
（縮尺 2/3：実長 10.4cm）

はじめに

奈良盆地には邪馬台国時代から墳墓が築かれ、特に天理市南部から桜井市に広がるオオヤマト古墳群には大王墓と呼ばれる巨大な古墳が多数あります。オオヤマト古墳群に続く時期にはそうした大王墓は奈良市の佐紀地域に築造されるようになります。佐紀地域の大古墳については当時の有力氏族である和爾氏に関わるものであるという意見もありますが、和爾氏の本拠地は天理市の和爾町と考えられています。この和爾町に最も近い位置に築かれたのが東大寺山古墳群であり、その中で最初に築かれたのが東大寺山古墳です。東大寺山古墳は和爾氏の首長の墓かもしれません。

全長約一三〇メートルの前方後円墳である東大寺山古墳は、その主体部から多くの武器や腕輪形石製品などが出土し、そのうちの鉄刀の一振から、中国の後漢時代の年号である「中平」の金象嵌銘文がみつかり、有名になりました。しかし、発掘調査報告書が出版されていないため、その全体像については展示図録と簡単な説明があるのみでよく知られてはいませんでした。

東大寺山古墳が天理参考館によって発掘調査されたのは一九六一（昭和三六）～一九六二（昭和三七）年です。しかし、その後出土遺物が文化庁所蔵となり、また諸般の事情から、ほぼ半世紀が過ぎても発掘調査報告書が出版できないでいました。そこで、調査担当者である金関恕先生を研究代表者として、科学研究費助成金を得て活動を始めました。メンバーには天理参考館や天理大学、東京国立博物館など多くの者が加わり、同じく調査担当者であった近江昌司先生の助けをいただきながら進めました。

発掘調査報告書作成に向けての研究の一環として二〇〇七（平成一九）年一一月二四日に「古代東アジアの中の東

大寺山古墳」という公開シンポジウムを天理大学で開催致しました。そのシンポジウムには二五〇名もの方が参加されました。まず調査者である金関恕先生に古墳の概要と「中平」銘鉄刀について、古代史からは和田萃先生に古代氏族和爾氏について、金石学・金工史からは鈴木勉先生に銘文の文字についてそれぞれお話いただき、その後、近江昌司先生をコーディネーターとして討論していただきました。本書はそのシンポジウムの全容を記録したものです。本書にはさらに理解を深めるために周辺の古墳についての説明を付載し、東大寺山古墳の歴史的な背景が理解しやすいように致しました。

この書物が古墳時代研究に役立てば幸いです。

東大寺山古墳研究会事務局

■東大寺山古墳と謎の鉄刀■目　次

第Ⅰ部　シンポジウム

1　東大寺山古墳と中平銘鉄刀

金関　恕

ご参加の皆様は奈良県にお住まいの方がほとんどで、天理市の櫟本の地名や場所はご存知だと思います。東大寺山古墳は奈良県の天理市北方の櫟本町にある前方後円墳であります。櫟本町の東は奈良盆地東辺の山地に続く春日段丘崖を経て、大和高原につながる丘陵地帯です。この丘陵の一帯は古くから南都東大寺の寺領であったために、東大寺山と呼ばれています。丘陵の北側は東から西へ流れ下る和邇川によって谷が形成されています。また東大寺山丘陵の南にもう一筋、高瀬川が流れています。この高瀬川の谷に沿って大阪と名古屋をつなぐ名阪国道が走っています。図1の地図は発掘調査した頃の図をもとにしたものでありますので、現在とは少し違っております。今は、この東大寺山丘陵の一部を削ってシャープの研究所が造られたために地形が変わっています。その開発工事に先立ち一九六九年には末永雅雄先生を団長として発掘調査が行われたことがあります。天理大学のチームも加わりました。その結果、東大寺山丘陵の全体にはいくつかの小規模な円墳が分布し、古墳時代以前の弥生時代後期頃に営まれていた高地性集落のあることもわかりました。高地性集落といいますのは、人々がおそらく戦乱を避けるために高い所に村を造ったものです。

図1を見ていただきますと、丘陵の一番高い所に位置を占めているのが東大寺山古墳、その南の裾には赤土山古墳、西裾には神社の社殿があるので和爾下神社古墳と呼ばれる古墳、さらに国道を隔てた西に墓山古墳があります。名前を挙げた四古墳はいずれも前方後円墳です。これらの古墳は四世紀から五世紀の前半に属するものです。おそら

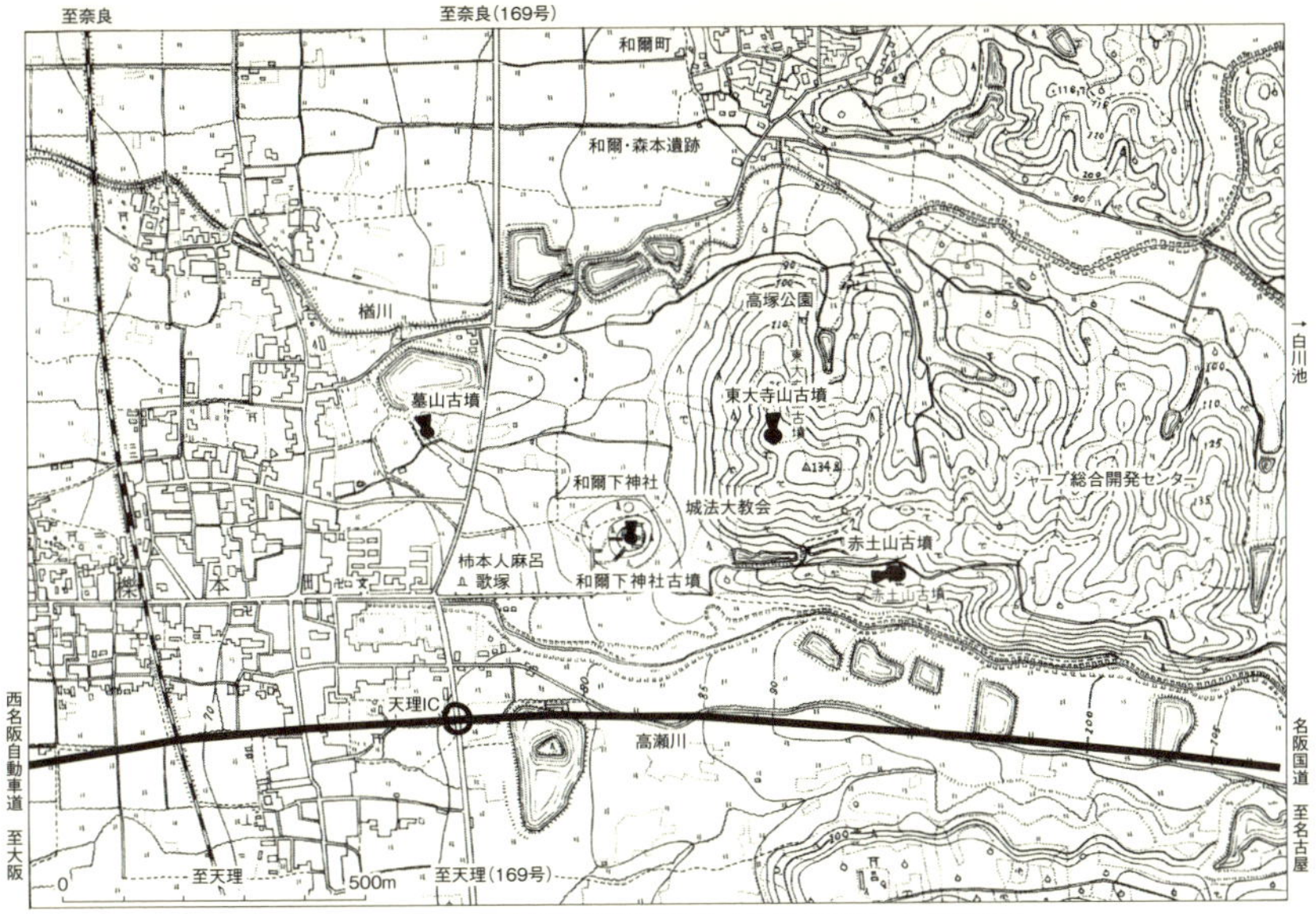

図１　東大寺山古墳周辺地形図（金関 1975b より改変）

くこの付近に居住した古代豪族の墳墓であっただろうと考えられております。どの古墳が古いかといえば、最近、赤土山古墳の調査を長期間行ってこられた天理市教育委員会文化財課の松本洋明さんのご教示によれば、東大寺山古墳が一番古く、この丘陵の古墳群の中で最古のものであろうということです。

　文献史学では、かつて京都大学におられた岸俊男先生が『日本古代政治史研究』の中で東大寺山古墳とその近傍を本貫（出身地）とする古代豪族のワニ氏との関係についてお触れになっております。和珥《わに》氏の出身地はおそらくこの東大寺山古墳の北側の辺りに今もその名を伝えている和爾の集落のあたりではないかとお考えになっておりました。この東大寺山古墳は、たまたま先生がそういう研究をされている時に発掘されたものでありますから、東大寺山古墳はこのワニ（和珥）氏の遠祖の一人が葬られた墓ではないかという推定もされております。

　東大寺山古墳が位置を占めている丘頂付近には断層崖が入り込み、南北向きに連続する尾根になっています。古墳

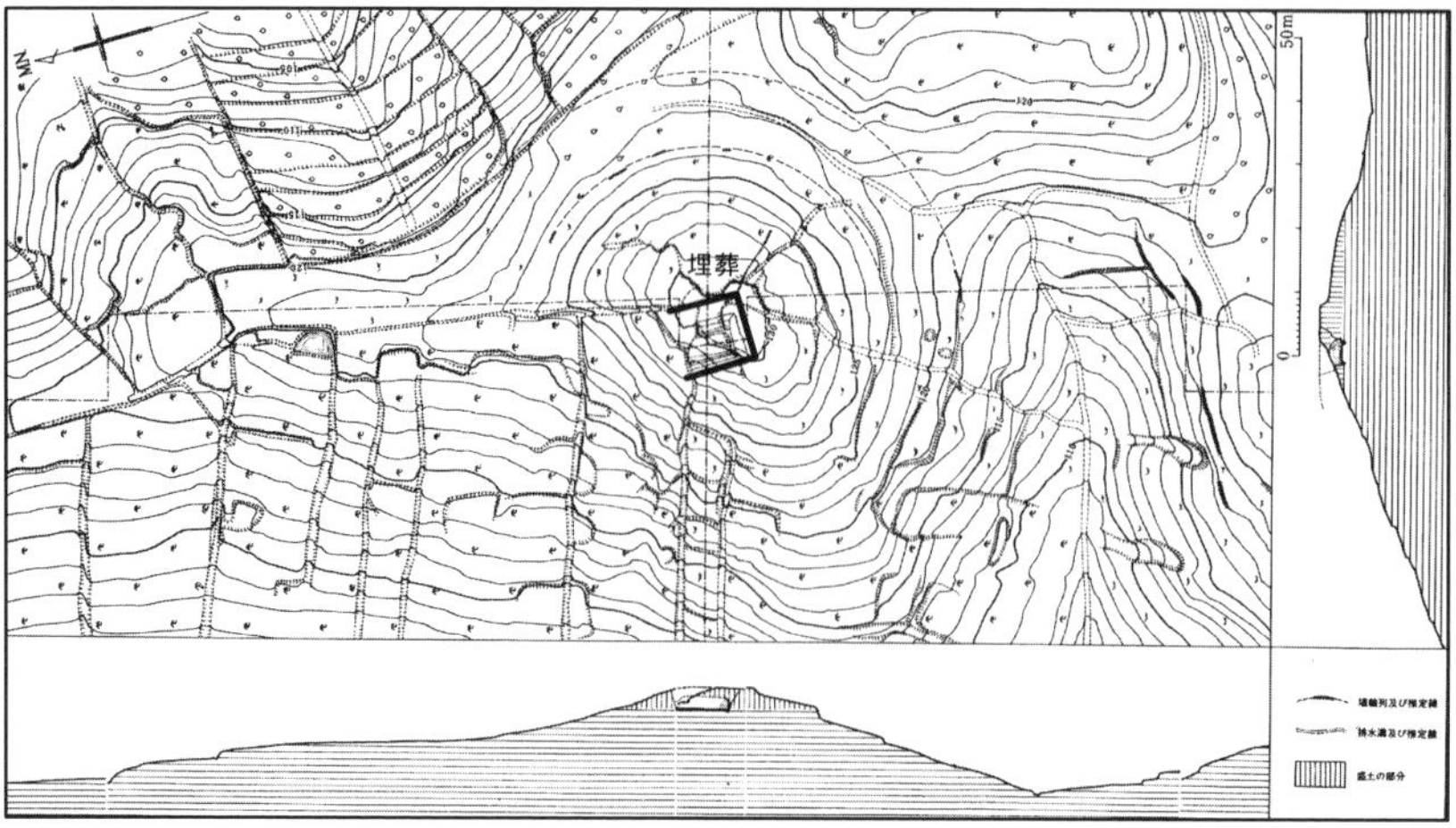

図２　東大寺山古墳の墳丘（金関 1975b）

の頂上の標高は約一三〇《メートル》、平地との比高、つまりこの丘陵下の平地から見上げた高さは七〇《メートル》余りです。この丘頂を中心に尾根の東寄りの一部を削って墳丘の基盤とし、西に向かって下降する斜面に土を盛って墳丘を造成したものであります。ですから墳丘の東側、山寄りの部分の地山面は高く西側は低くなっているという状態です。

図２は古墳の測量図です。最近の調査では一〇《センチ》間隔の等高線を入れておりますが、当時は一《メートル》の等高線で墳形はわかるであろうということでした。今の精密な図と比べれば少し粗い感じがしますね。もとの丘頂を削って形を整え、削った土を低い斜面に積んで造った墳形であります。一応、上面まで造り上げてから棺を埋める墓坑を掘り込みます。ただ造り方の細部については、もう少し時間をかけ、注意をして掘ればよかったと後悔しています。発掘調査は常に後悔と失敗の連続であります。一〇〇《パーセント》間違えない発掘調査はないと思います。

この古墳の全長は約一三〇《メートル》だと推定されますが前方部の先の部分、つまり西北端部が壊れているので正確な数字ではありません。西北端だけではなく、墳丘の西半分も崩落して原形をとどめていません。前方部の幅は約五〇《メートル》だと推定されます。推定の根拠は後円部の中央に穿たれた墓坑の南北方向の中軸線を延長して実測図の上で復元した数値です。墳丘西半部分が崩落したのは、傾斜面に土を盛って基礎が脆弱だったうえに、おそらく地震が原因だろうと思います。東大寺山丘陵の南裾にある赤土山古墳も、墳形が随分崩れております。発掘現場を見学して埴輪列の乱れに頭を悩ましたものですけれども、地震が原因となってずり落ちたことがわかりました。たぶん同時期の地震によって東大寺山古墳の盛り土部分、つまり後円部西裾から前方部の西半にかけての部分が崩落したのでしょう。幸いにして後円部の大部分は壊れずに残っておりました。後円部の直径は約八〇メートルです。

規模としては奈良盆地の多くの前方後円墳の中では中型の部類に属しております。図3は、大阪府立近つ飛鳥博物館の白石太一郎館長が作られた古墳の分布と編年図です。摂津、和泉、河内、大和、山城の主要な古墳が年代順に並べられています。わが東大寺山古墳は大和の真ん中あたりに置かれています。その近くには、このシンポジウム会場のすぐ外側にある、全国最大の前方後方墳の西山古墳が見られます。図に示された古墳の規模からいえば、堂々たる佐紀盾列《さきたたなみ》古墳群のいくつかの前方後円墳や柳本古墳群中の大古墳と東大寺山古墳を比べても、東大寺山が決して大きな古墳でないことがわかります。長さが二〇〇メートル以上の古墳、例えば西殿塚古墳であるとか、あるいは箸墓古墳、行燈山古墳（伝崇神天皇陵）、渋谷向山古墳（伝景行天皇陵）などは大王陵だと考えられていますが、東大寺山古墳はおそらく大王陵に数えられるものではありません。

ではこの東大寺山古墳にどのような埋葬が行われたかということをお話しましょう。まず基盤の上に高さ三・五メートルばかり盛り土して築いた後円部の墳頂に、深い墓坑を掘り下ろします。墓坑の上面の形は南北の長さが約一二メートル、幅は、北辺が約八メートル、南辺が約六・五メートルです。掘り込む際に東辺と西辺沿いには壇を設けてさらに掘り下ろしています。壇は重い棺を下ろす際の作業台にしたのでしょう。現在の墳頂から墓坑の底（地山面）までの深さは約三・五メートルです。墓坑底面の四周には幅約四〇センチばかりの排水のための溝を掘りめぐらせております。排水溝の東南隅からは、

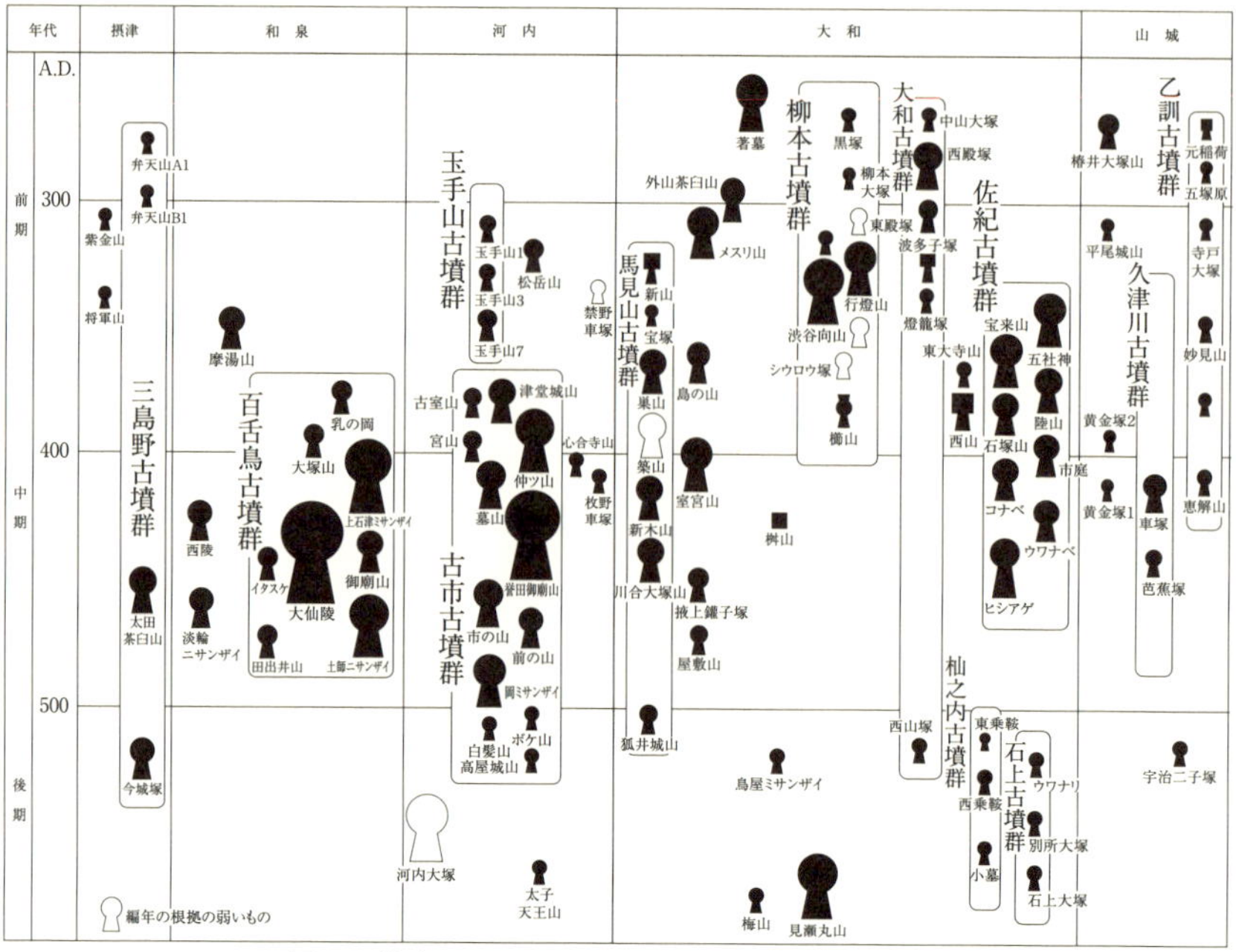

図３　畿内における大型古墳の編年（白石編 2004）

溝にたまった水をさらに排水するために、墳丘の外に通じる一条の暗渠を設けています。墓坑の底には溝も含めて砂利を敷き詰めます。砂利面の上に灰色の粘土を敷きます（図４）。

この粘土面の中央に南北向きに木棺を安置します。墓坑は北端の一部分が破壊されていたために棺の寸法はわかりませんが、少なくとも五・三メートル以上の長さはあり、状況から推定すれば七・四メートル内外はあったと思われます。棺の原形はよくわかりません。しかし幅が八〇センチ内外と見られるので割竹形であろうと思われます。棺の底面には水銀朱を塗抹し、北枕に遺骸を横たえ副葬の遺物を容れます。遺骸はまったく残っておらず棺材のごく一部分が見つかりました。後で申しますように、この古墳は盗掘されていますので棺内の副葬品の詳細はわかりません。硬玉製の勾玉や棗玉、碧玉製の管玉など、遺骸の首飾りと想像されるものがありました。

埋葬作業の手順としては、棺の外側面に沿って棺

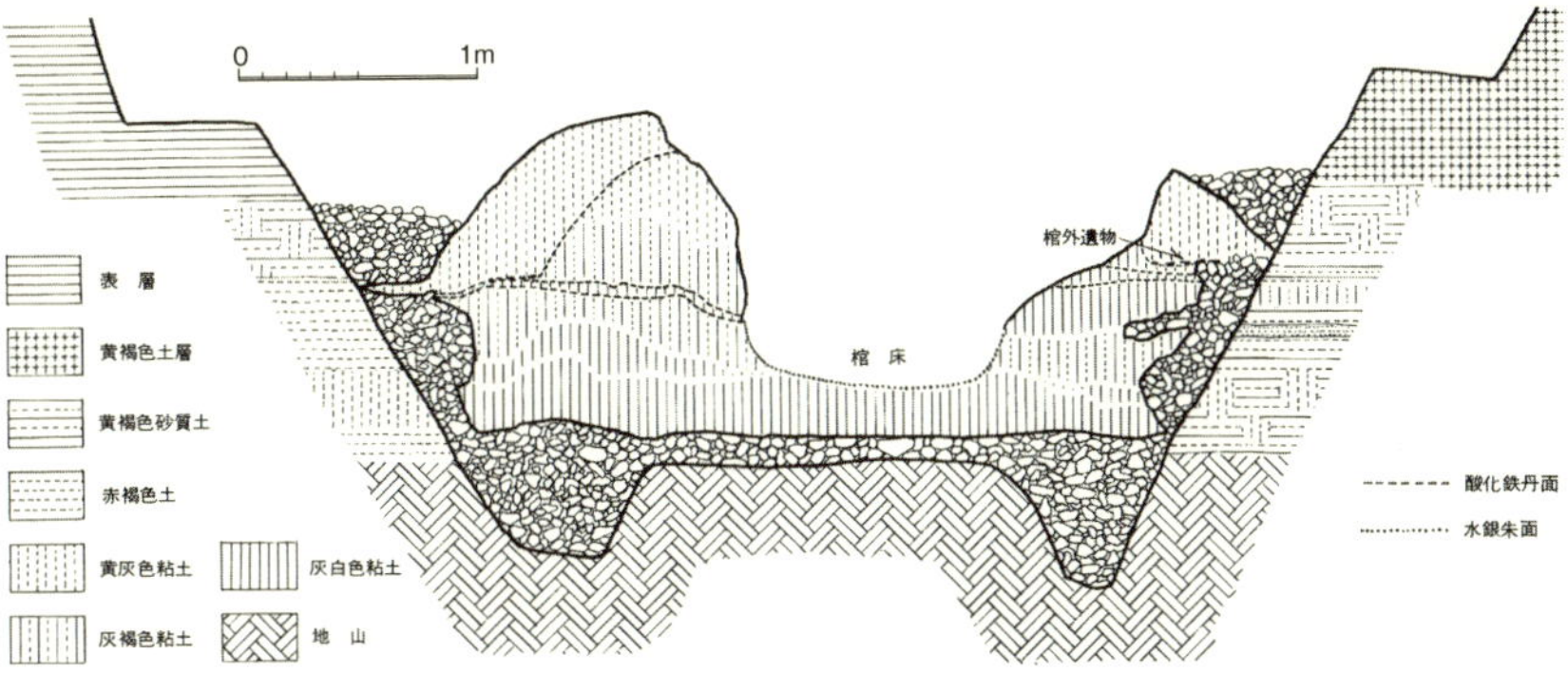

図４　東大寺山古墳粘土槨断面（金関 1975ｂ）

を包むように粘土を詰めます。その側面の粘土と墓坑の間には再び砂利が詰められます。粘土の上面には鉄丹を塗抹し、棺外の西側にも東側にも細長い空間に夥しい量の武器、武具類が並べ置かれました（図５）。棺を蓋で覆い棺と武器・武具類の上に粘土を重ね置いて粘土槨が完成します。その後、この古墳は盗掘の難に遭いました。盗掘者は粘土槨の中心部分を掘り広げ、棺内の遺物の大部分を持ち去ったと思われます。おそらく盗掘者が残したものだと思いますが、墓坑の中に室町時代ごろの土製の椀がありました。灯明皿のように使ったのかも知れません。棺内は掘り荒らされていましたが、棺外の副葬品として納められた武器・武具類は手つかずでした。

発掘作業の終わりごろに目覚しい棺外副葬品が見つかって私たちは大変興奮しました。これまでの経験でも、発掘調査の最終段階で大発見のあることが多いのです。粘らなくてはなりません。

棺の東西両側とも最初に置き並べられたのは、銅や鉄や石の鏃を着装した一束四〇本内外の五束の矢束でした。矢先は南に向けられています。矢束は北から順次に並べて置かれました。一束の鏃の上に次の束の矢羽根が重なるように置かれています。鏃の束の間隔は約七〇センチであります。つまり当時の矢の長さが七〇センチ内外であるということがわかります。この矢束に重ねて東側では三本の槍が置かれています。槍の柄には斜格子状に糸を巻き漆が塗られていました。木の部分はもう腐ってなくなっていますけれども、漆の膜面だけは残っていたので、慎重に漆の膜面を出しました。これを追跡してこれらの槍が長さ約四・三メートルの長槍であるということがわかりました。これらの槍に沿って一四振の鉄の刀、二振の鉄剣が並べられています。鉄剣の列に沿って七点の巴形銅器が見られます（図6）。巴形銅器はおそらく長手の革製漆塗りの持ち盾に着けられていたものだと思われます。巴形銅器の裏面に付着した白い繊維製品の痕跡が認められました。また中央の突起の裏面に渡された細い銅桿には撚り紐が絡まっていて、巴形銅器が何かに

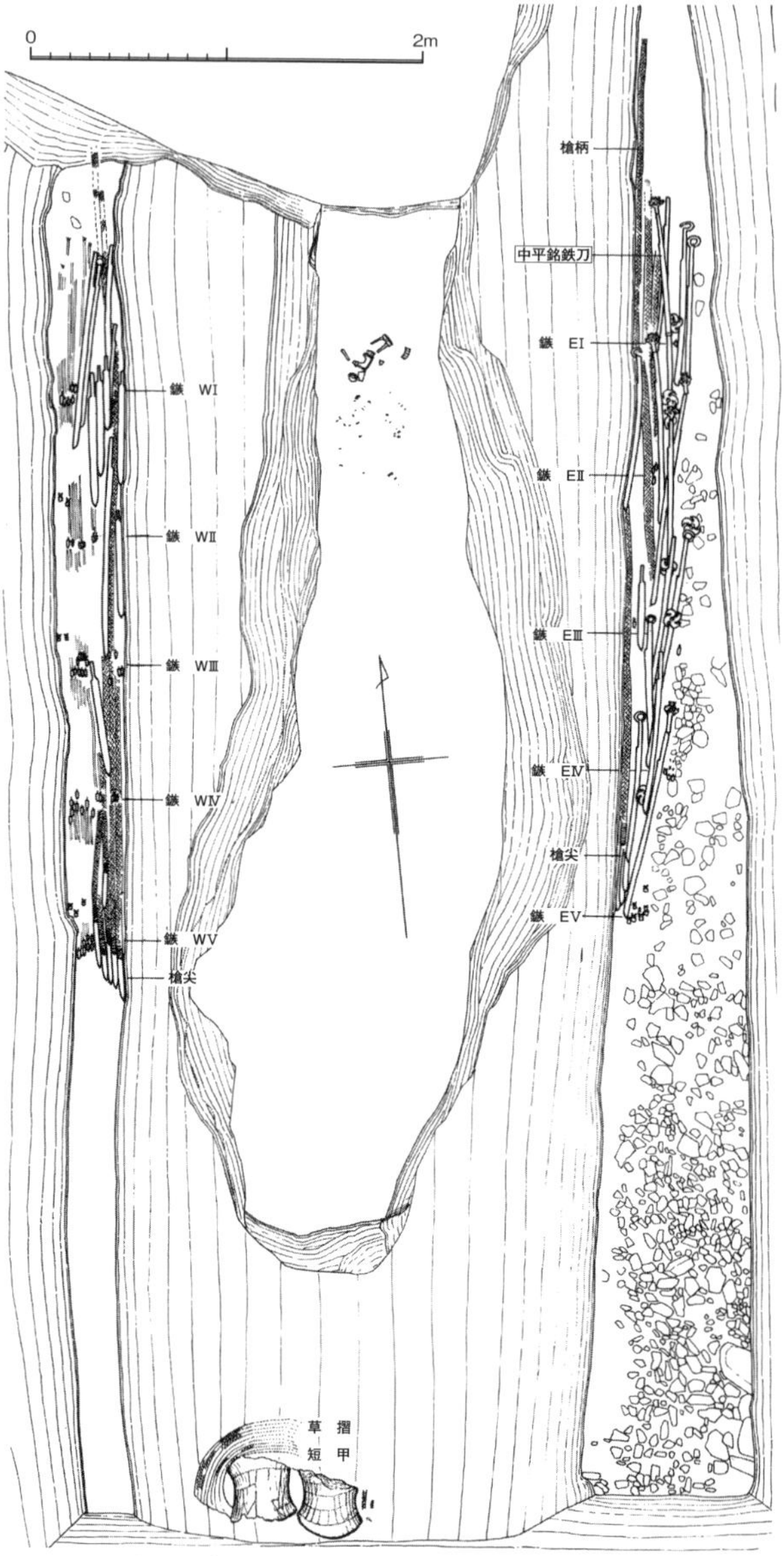

図5　東大寺山古墳埋葬施設（金関 1975b）

装着されていたことを物語っています。最近は朝鮮半島慶尚南道の大成洞古墳群で、東大寺山古墳と同じような巴形銅器や石製鏃の出土が見られます（図7）。墓の時期も近いのでしょう。棺の西側にも同じように武器・武具類が並んでいました。ただ東に比べて数量はやや少なく、巴形銅器はありません。なお、棺を覆う粘土の中に漆塗りの革の短甲が封入されていたことを付け加えておきましょう。この古墳の副葬品はほかにも多数あります。

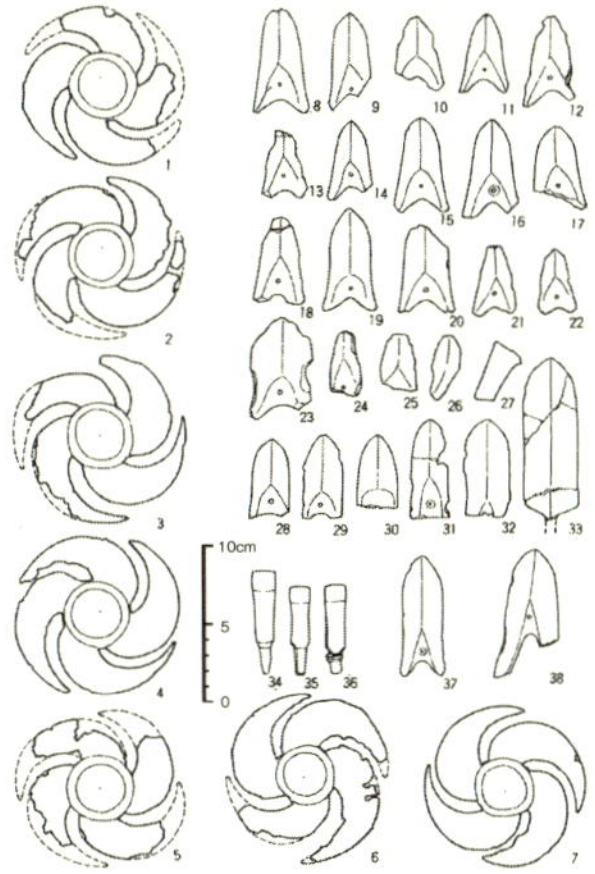

図6　東大寺山古墳出土巴形銅器・石製鏃（竹谷 1992）

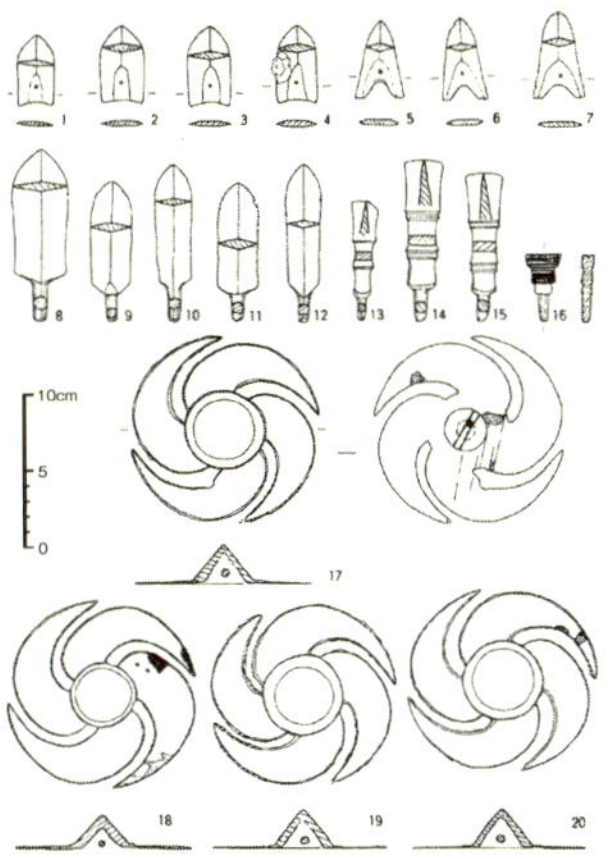

図7　韓国金海大成洞古墳群第13号墳出土巴形銅器・石製鏃（竹谷 1992）

私たちが調査にかかる半年ほど前に、地元の櫟本町在住の郷土史家が東大寺山古墳の竹やぶの中で鍬形石など石製腕飾り類が露出していることを発見し、その部分を掘り広げて遺物を採集し自宅に持ち帰りました。石製腕飾りを中心とする遺物があったのは、古墳の粘土槨の北端に当たる部分であります。おそらく遺骸の枕辺付近に置かれていたものだと思われます。これらの採集遺物と発掘調査で出土した遺物を合わせると、鍬形石二六点、車輪石二三点、石釧二点（図8）、石製の台付坩一点、坩一二点（図9）となります。また棺外北側に東西向きに並べられていたと見られる鉄剣も数多く見いだされました。総合すれば副葬品の数量が多いこと、特に鉄製武器の多いことがこの古墳を特色付けています。

次にこの古墳の年代を考えて見ましょう。最近では炭素14年代測定による高精度年代体系が構築され始め（AMS法）、樹輪年代法も普及し始めました。また古墳研究の進展も目覚しいものがあり、古

図8　東大寺山古墳出土鍬形石・車輪石・石釧（金関 1975b）

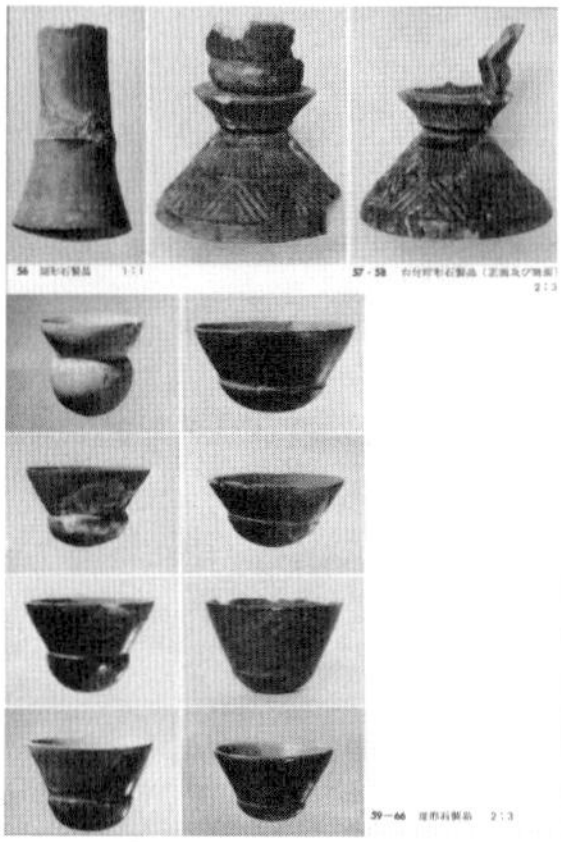

図9　東大寺山古墳出土石製坩・筒形石製品（金関 1975b）

墳時代の年代観は私たちが東大寺山古墳を掘った時とは随分変わってきました。とはいっても多くの古墳研究者が一致した見解を持っているわけではありません。この古墳の築造の暦年代についても研究者によっていくらかの違いがあります。今のところ年代決定に最も役立つのは、墳丘の裾や中段にめぐらされた円筒形・朝顔形の埴輪（図10）と、円筒埴輪の上に置かれていた土師器（図11）の型式です。土師器は布留2式に属しています。これらは古墳造営時に焼かれたと見られるので、古墳の年代を決める重要な手がかりになっています。これらの資料を総合してこの古墳の年代は、ほぼ四世紀中頃と考えてよいでしょう。

この調査で私たちが最も驚いたのは、棺外東側に置かれていた遺物の中に金象嵌の銘文のある鉄の刀が見つかったことであります。出土した鉄の刀は図5の右上のところに示されています。この東側の刀剣の中では一番北に置かれているものです。いいかえれば刀剣の中では最初に置かれたのがこの一振の鉄の刀です。東側の鉄刀は、西側のものと違ったところがあり、素環頭のものが六本あります。西側には素環頭の大刀は一本しかありません。また東側の大刀には三葉形を基本の意匠とした青銅の環頭飾りを着けたものが五振あります（図12）。五振のうちの三振は鳥形の飾りを持つもの、二振は家形の飾りを持つものです。青銅の環頭はいずれも倭製で、使用された痕跡がないことから副葬に近い頃に着け替えたのであろうと考えられます。それらの刀の原形といえば素環頭であったと推定されます。遺物をとりあげ鉄刀の処理を担当しておられた白木原和美さんが、鳥形飾り環頭を着けた長さ一一〇センチの一振の大刀の刀背（峰）の部分に金象嵌の銘文のあることを発見されました。慎重に研ぎ出して皆でこれを読み解いたわけであります。

こちらには解読の結果を示しました（口絵）。「中平□□五月丙午造作文刀百練清剛上応星宿□□□□」と読まれます。□で表したのは錆び朽ちて読めない部分です。「後漢霊帝の中平（一八四～一八九年）の何年かの年の五月の丙午の日に文刀を作った。何度も鍛えた立派な刀であり、天上では神様のお役にも立つであろうし、（この刀をもてば下界では禍《わざわい》ごとを避けることができる。）」と解釈されます。最後の四字句は判読したものです。まず注目されるの

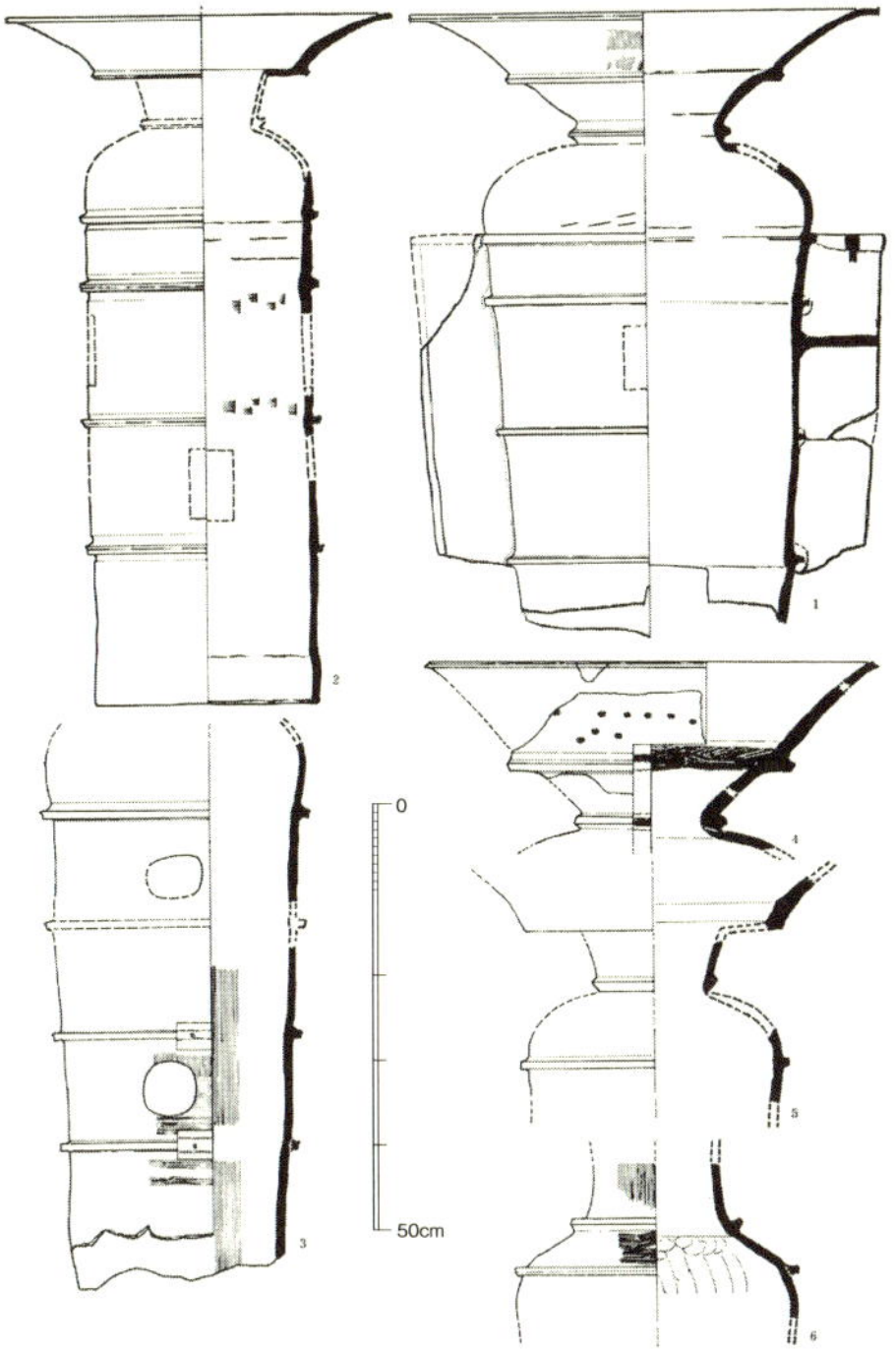

図 10　東大寺山古墳出土朝顔形埴輪（置田 1977）

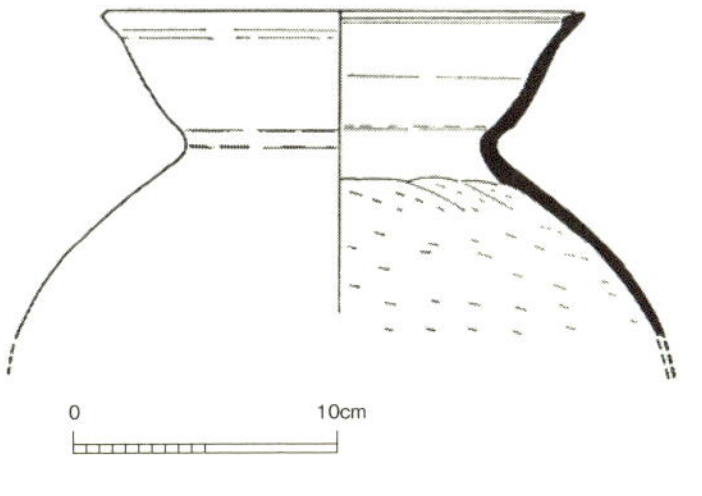

図 11　東大寺山古墳出土土師器
（置田 1977）

図12　東大寺山古墳出土環頭飾り（金関 1975b）

は年号の「中平」であります。私たちは東大寺山古墳が四世紀代の築造になるものであることは発掘時から認識しておりました。だから中平の年号が出た時には大変戸惑いました。中平は後漢霊帝の年号で一八四年から一八九年に当たることは疑いありません。そうすればこの刀は古墳より一六〇年以上も古いことになります。五月の丙午の日に作られたのだから中平の何年かということはわかるではないか、ということも考えました。『三正綜覧』によれば、中平年間で五月に丙午の日があるのは中平元年五月二日、四年の五月二〇日、五年の五月二六日であります。しかし中平の年号は光和七年の一二月に改元されたものですから元年は年末の一箇月足らずしかなく、中平元年の五月二日という日はありません。さらに、清の桂馥という学者が『札樸』という論文の中で考証しておりますように、後漢や三国頃の鋳物あるいは鍛造品には、その年に五月丙午の日がなくても、鋳造・鍛造の吉日だから銘文として表されているから年を知る決め手にはならないということであります。

銘文の読み方についてはその後もいろいろと考えをめぐらせました。問題のいくつかを挙げて見ましょう。梅原末治先生は「文刀」を「支刀」と読んでおられます。「支」という字がどうして梅原先生にひらめいたか、私たちにはわかりませんが、この銘文の字体を見る限りは「文」とするのが正しいと思います。文刀という用例を探して見ますと、唐の詩人の韓愈の「雪を詠じて張籍に贈る」という詩に「雕刻したる文刀は利《するど》し」とあるのを見つけました。唐の時代には文刀という刀かナイフのようなものがあるのだと思って引用しました。ところが、後に佐伯有清先生がこの韓愈の詩の「文刀」について、韓愈がその弟子の張籍の文才を称えるために比喩として使ったに過ぎないのであろうと書かれたのを知り、実物の刀があったのだという確信がゆらぎました。しかし刀ではありませんが『後漢書』酷吏伝の李章の条に、李章の催す宴に招かれた清河の豪族の趙綱が「文剣を帯び、羽衣を被し、百余人の士を引き連れてやってきた。」という文章があります。文剣の語句は、梁の江淹が提出した表の中にも雕鴅（沓）と一緒に並べて書かれています。文剣は美しく飾った剣を指す言葉なのでしょう。その他『戦国策』斉策では彩色を施した馬車を文車と呼び、『墨子』公輸の文軒も美しい車です。文軒はまた美しい建物を指す場合もあります。文竿について『文選』班固の「西都賦」の注は「翠羽で飾った竿」としています。おそらく「文刀」という言葉もあってよいと思います。東大寺山古墳のこの刀は素環頭の大刀ですが鞘や柄に装飾を付けた美しい刀であったかも知れません。なお、「文鼎」は武帝紀の顔師古の注にも出ていますが、北斉の王簡栖の『頭陀寺碑文』の中には「既に文を鐘鼎に鏤す。時を言い代を称し亦碑を宗廟に樹つ。」という語句がありますから、文鼎は銘文を表した鼎であるかも知れません。また、三国時代の大詩人であった曹植の鞞舞歌聖皇篇に、「文銭百億万」という句があります。注は「銭は文字有り故に文銭と称す」としておりますので、文刀も銘文を刻んだ刀だといえるかも知れません。こういう可能性も保留しておきたいと思います。

先ほども申しましたように、この銘文の最後の四文字はよく残っておりません。そしてこの銘文の下の四文字については、残っている金象嵌によっても「下辟不祥」と読んで矛盾はありませんが、福山敏男先生は「㠯（以）辟不祥」とする可能性も考えておられます。このような銘文は、永安四年（二六一）の重列神獣鏡の「造作明竟　幽湅三商　上応列宿　下辟不祥」に対応します。また呉の天紀元年（二七七）鏡には、「上応星宿　下辟不羊（祥）」の銘文の例もあります。

東大寺山古墳の金象嵌の紀年銘を入れた鉄刀が出土したのは一九六一年の末のことでした。それ以来日本では多

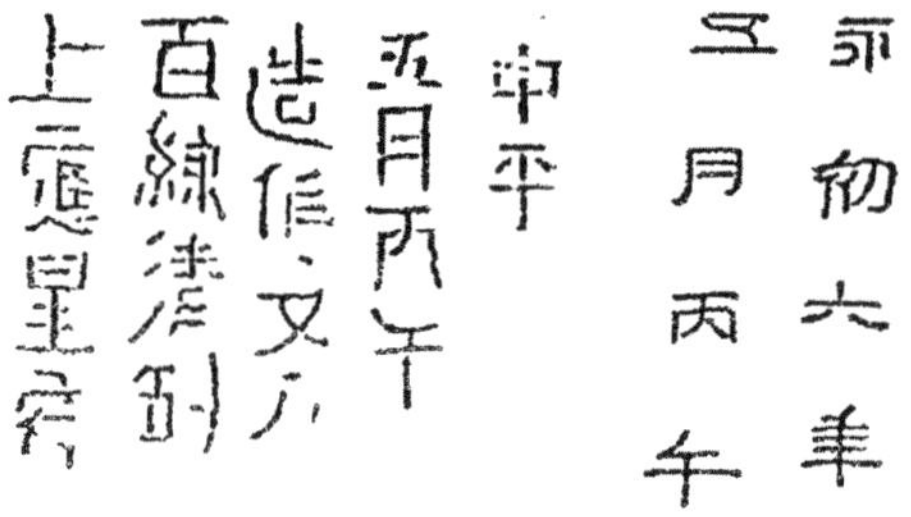

図13　山東省出土大刀「永初六年五月丙午」銘（右）と東大寺山古墳出土鉄刀銘文（左）（金関 1998）

くの弥生時代の遺跡や古墳が発掘され夥しい数量の鉄刀が出土していますが、中国の銘文を表したものは見つかっていません。中国ではどうでしょうか。書写用の小刀は別として、武器として用いられたと考えられる鉄の刀は、特に漢以後には非常に数多く発掘されていますが、しかし、金象嵌の紀年銘を表したものは数が限られています。古くから知られている例は、宋の王厚之の『鐘鼎款識』や清の憑雲鵬の『金石索』金索などに収載されている元嘉三年（一五三）の銘のあるものです（実物は亡失し拓本のみが記録されている）。その後、山東省蒼山県卞荘で工事中に発見された素環頭の大刀が、一九七四年の『文物』に報告されています。この刀は長さが一一一・五センチで刀背には「永初六年五月丙午　造卅湅大刀　吉羊」の流麗な字体の銘文が金象嵌で表されています。永初六年は一一二年に当たります。東大寺山古墳の刀よりも七〇年以上古いものです。このほか、鉄刀ではなく鉄剣ですが金象嵌の紀年銘のあるものが江蘇省徐州の潘塘で発見されています。東大寺山古墳の金象嵌の紀年銘鉄刀は知られている三振のうちの一点であり、いかに稀なものであるかということが認められると思います。

中国の学者も注目され、武器の研究で有名な楊泓氏はその著書『中国古兵器論叢』で東大寺山古墳の鉄刀を漢のものとして紹介しておられます。一方、中国の孫機氏は『中国聖火―中国古文物と東西文化交流中の若干の問題―』という著書の中で、東大寺山古墳の刀は後漢のものではなく、かつて王仲殊先生が、三角縁神獣鏡は呉から倭に渡来した工人の手になるものだと説かれたように、倭国内で古墳時代に中国渡来の工人によって製作されたものだろうと述べておられます。いくつかの理由が挙げられていますが、要約すれば、東大寺山古墳の刀の銘文の字体が稚拙であること、漢の鉄刀は直刀であるのに東大寺山古墳の刀は内彎（内反り）していること、「上応星宿　下辟不祥」という語句は三世紀中葉以後に常用されるもので、中平年間、つまり一八〇年ごろにはまだ使われていないであろうということ、「百練」の練の字が糸偏であるのも時代的に疑問があること、この刀の青銅製の環頭飾りは明らかに日本製であって、後から付け替えたとは見られないこと、などであります。また、年号の「中平」は太平の書き誤りではないかとも主張しておられます。孫氏の論旨については充分に反論の余地がありますが話が長くなりますので別の機会に譲りたいと思います。ここではこの刀が後漢の中平年間に中国で作られたものであることを前提として話を進めましょう。

中平とは、西暦一八四年から一八九年、または一九〇年のごく初めまでの期間であります。この期間にどのようなことがあったのでしょうか。この頃に『三国志』魏書の倭人伝や『後漢書』の東夷列伝などに「倭国乱る」、「倭国大いに乱る」と書かれた戦乱の時代が続いていたが、国々は共同して卑弥呼と呼ばれる一人の女子を王に立てたとされています。その頃に戦乱が終わったのでしょう。戦乱の時期については、いくつかの記録があります。最もはっきりと限定しているのは『梁書』の倭伝で「漢霊帝の光和中、倭国乱る。」と書かれています。ただし正確であるかどうかはわかりません。光和は一七八年から一八四年まででありましょう。乱の終局に際して卑弥呼が共立されたとすればそれは中平である可能性が高いと思われます。ここからは想像ですが、卑弥呼が立って乱が鎮まった背景には、漢に使いを出しその庇護を請うたのではないかということです。その援助は与えられ、武器などが授けられたのでしょう。『後漢書』には中国には反乱もあったけれども中興の間は安定していて、諸国から多くの遣使がやってきたという記事が残されております。中興は後漢全時代を指すと思われますが、中平と興平の間ととる説もあるようです。この期間に卑弥呼の使いも派遣されたのでしょうか。和平のためにはどうしても漢という大帝国の後ろ盾が必要だったのではないかと考えられます。

では、その後一六〇年余りも経過してからなぜ刀が古墳に副葬されたのでしょうか。東大寺山古墳の出土品を見れば、刀の数が多いことに気づきます。東西に並んでいる刀の数は合計すると二〇振余り、剣も七振以上あります。この古墳は武器が数多く副葬されている点に特色があると考えられます。中型の規模の前方後円墳といえば天理市の南の黒塚古墳も該当しますが、この古墳には三角縁神獣鏡が集中しているという点に特色があります。

私は黒塚古墳の鏡、東大寺山古墳の武器・武具は、奈良盆地東辺に分布するそれぞれの古墳群の持つ地域的な特性を示しているのではないかと思います。最初にお名前を挙げました岸俊男先生は東大寺山古墳をワニ氏の遠祖と関係付けられています。ワニ氏は天皇の近くにあって軍事的に重要な職掌を担った一族であり、朝廷の武器類を管掌した一族だったとも考えられております。かつては倭国統一に重要な役割を果たした霊帝または中国の権力者から下賜されたと信じられていたこの刀も、漢の滅亡とともにその権威的な力を失い、それにまつわる経緯が忘れられ、やがては武器の管掌者であったワニ氏の有に帰したのではないかと憶測しています。ご清聴ありがとうございました。

参考文献

置田雅昭「初期の朝顔形埴輪」『考古学雑誌』第六三巻第三号、一九七七年

金関　恕「東大寺山古墳の発掘」『古代史発掘』六、一九七五年ａ

金関　恕「大和東大寺山古墳」天理ギャラリー第四三回展、一九七五年ｂ

金関　恕「仮説・中平銘刀」東京新聞、一九九八年九月四日

白石太一郎編『考古学と古代史の間』筑摩書房、二〇〇四年

竹谷俊夫「近畿地方と金官伽耶」『月刊考古学ジャーナル』三五〇号、ニュー・サイエンス社、一九九二年

2　ワニ坂とワニ氏

和田　萃

皆さん、こんにちは。本日の私のテーマは「ワニ坂とワニ氏」です。なかなか難しいテーマであります。今、金関先生からお話がありましたように、ワニ氏については、私の恩師であります岸俊男先生がほとんど解明されたといってよいものです。少し違った別の視点からアプローチし、私の説を申し述べてみたいと思っております。中平銘の鉄刀については、また後のディスカッションの折に話が出ると思いますので、それはふれずにおいて、ワニ氏あるいは丸邇坂《わにさか》について、お話をさせていただこうと思います。お手元の資料をご覧下さい。

『古事記』に、御眞木入日子《みまきいりひこ》と呼ばれた崇神天皇の時代のこととして、幣羅坂《へらさか》の伝承がみえます（資料1―A）。大《おお》毘古命《びこのみこと》が高志《こし》（越）の国、現在の北陸へ派遣された時に、幣羅坂で少女が不思議な歌を歌っているのを聞いたという、有名な伝承です。ここにみえる幣羅坂は平城山《ならやま》のことだろうと思われます。平城山を越える際に不思議な歌を聞いた。

次にその歌について謎解きがされるわけでありますけれども、崇神天皇の母親ちがいの兄である武波邇安《たけはにやす》王が反乱を起こそうとしていることを示す歌だということがわかった。大毘古命は、崇神天皇の伯父にあたる人物なのですが、崇神は「伯父、軍《いくさ》を興して行でますべし。」と言って、丸邇臣《わにのおみ》の祖、日子國夫玖命《ひこくにぶくのみこと》を副えて遣わした（資料1―B）。そして丸邇坂に忌瓮《いわいべ》を居えて神マツリをし、武波邇安王の征討に向かった。先にみえた幣羅坂と丸邇坂がどういう関係にあるのか、それが一つのポイントになるかと思います。日子國夫玖命は丸邇臣の祖であり、その本拠地近くの丸邇坂で神マツリをしたということです。幣羅坂は大和と山城の境。ですからこの丸邇坂がどこだったのかということ

資料1—A

故、大毘古命《の》、高志國《の》に罷《まか》り往きし時、腰裳服《こしもき》たる少女《をとめ》、山代《やましろ》の幣羅《へら》坂に立ちて歌《うた》曰ひけらく、

御眞木入日子《みまきいりびこ》はや　御眞木入日子はや　己《おの》が緒《を》を　盜《ぬす》み殺《し》せむと　後《しり》つ戸《と》よ　い行き違《たが》ひ　前つ戸よ　い行き違ひ　窺《うかが》はく　知らにと　御眞木入日子はや

とうたひき。是に大毘古命《の》、恠《あや》しと思ひて馬を返して、其の少女《をとめ》に問ひて曰ひしく、「汝《な》が謂《い》ひし言《こと》は何の言《こと》ぞ。」といひき。爾に少女答へて曰ひしく、「吾《あ》は言《ものい》はず。唯歌を詠《よ》みつるにこそ。」といひて、即ち其の所如《ゆくへ》も見えず忽ち失せにき。

（倉野・武田一九五八）

資料1—B

故、大毘古命《の》、更に還り參上《まゐのぼ》りて、天皇に請《まを》す時、天皇答へて詔りたまひしく、「此《こ》は爲《おも》ふに、山代國《の》に在る我が庶兄建波邇安王《まませたけはにやすの》、邪《きたな》き心を起せし表《しるし》にこそあらめ。波邇の二字は音を以ゐよ。伯父《をぢ》、軍《いくさ》を興《おこ》して行でますべし。」とのりたまひて、即ち丸邇臣《わにの》の祖《おや》、日子國夫玖命《ひこくにぶくの》を副へて遣はしし時、即ち丸邇《わに》坂に忌瓮《いはひべ》を居《す》ゑて罷《まか》り往きき。

（倉野・武田一九五八）

は、重要な問題だろうと思います。

丸邇坂についてはいろいろな考え方がされていますが、特に和爾《わに》の集落（天理市和爾町）にある和尒坐赤坂比古神《わにいますあかさかひこ》社付近が有力視されています。図1をご覧下さい。東大寺山古墳の北のところが和爾町です。和爾集落に和尒坐赤坂比古神社という式内社があります。あるいはおいでになられた方もいらっしゃるかもしれませんが、奇妙な地形のところです。集落の南西から登っていくと、かなり高い坂の突き当たりに神社がある。ただ坂を登り切ると、割と平坦で、北東の願興寺跡付近まで平坦面が続いている。そういう場所であります。古くから丸邇坂は和尒坐赤坂比古神社の辺りではないかと、そんなふうにいわれてまいりました。

丸邇坂は一箇所ではなく、時代によって和爾周辺のいろいろなところを丸邇坂として祀っていたとみた方がいいのではないでしょうか。各時代にワニ氏によって祀られた場所を、丸爾坂とみていいだろうと思います。この和尒坐赤坂比古神社とともに、もう一つ有力な想定地と考えられますのは、東大寺山古墳の北の高塚公園のところです。図1には記入されていません。この場所は櫟本高塚遺跡として調査されたところなのです。

現在は公園として整備されていますので、簡単に登って見学できます。調査以前は雑木林でありまして、ここで発掘調査が行われ、きわめて特異な遺構が検出されました。東大寺山古墳から少し北西に下がった尾根筋のところで、非常に特異な小型の建物、一辺が八〇チセンほどの、人が住めるとも思われないような小さな建物で、二重の柵列をめぐらし、南側に開口部があるというものです。さらにその北西側の斜面に、大量の土師器の破片が捨てられていました。おそらくこれは神祀りをした痕跡であり、そして一辺八〇チセンの小さな建物は祠《ほこら》、神を祀る祠だろうと推測されます。ですから現在知られている日本最古の神社建築といってよいかと思われます。そうしたことから、古伝承と合わせて高塚遺跡の周辺が丸邇坂のもう一つの有力な場所と考えられます。他にも和爾周辺には、同様の神祀りの場所があっ

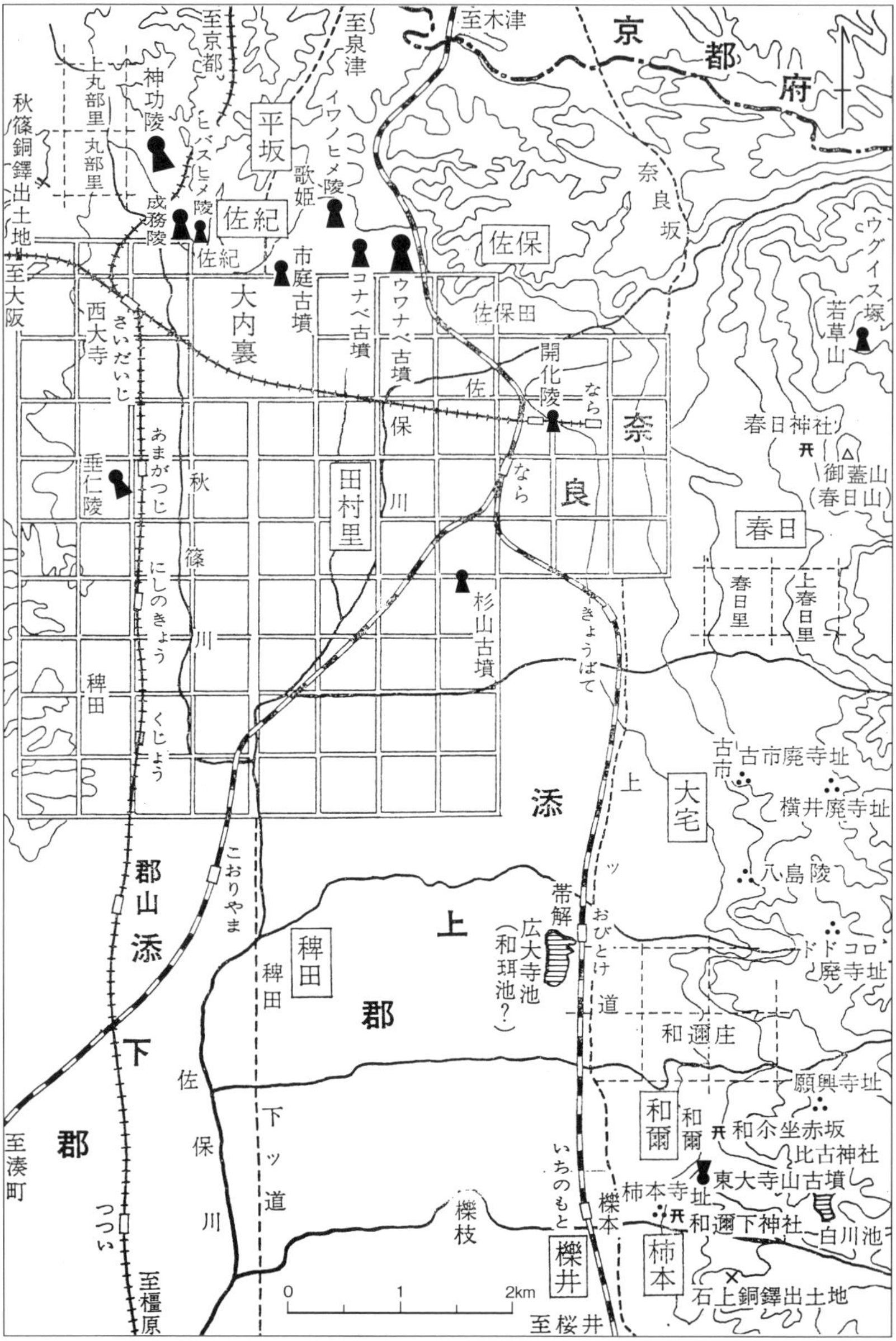

図1　大和におけるワニ氏関係要図（岸 1966 より改変）

たかと思いますけれども、それではなぜこの和爾の地で祭祀を行ったのでしょうか？　奈良坂（幣羅坂）であれば、大和と山城の国境でありますから、そこでこうした神祀りをしたことは充分に考えられます。同様の事例は『播磨国風土記』の託賀《たが》郡の「甕坂《みかさか》」の条に、播磨と丹波の境で大甕を甕坂に埋めて祀ったことがみえています。国境での神祀りはみえるわけですが、丸邇坂で神祀りをした意味はあまり説かれていない。初期大和王権の北限の地だったことがまず考えられます。王宮の所在地から北へ、山辺の道沿いに進むにしても、この和爾の地がどういう歴史的意味合いを有していたのかが問題となります。一つ考えられるのは、この和爾の地から東方へ、桜峠を抜けると都祁に出る、都祁から伊賀・伊勢に至る、そういうルートの初発点ともいうべきところで、神祀りをしている、というのが一つの見方だろうと思います。天理市の石上神宮《いそのかみ》周辺は物部大連の本拠地であり、ここに本拠地が置かれたのも布留川を遡って都祁から伊賀・伊勢へ至る場所であったからにほかならない。この地に五世紀末には王家の武器庫が置かれていたこともそうした背景にあります。

それからもう一つ考えられますのは、これまであまり指摘されていないと思いますけれども、この和爾の地から柳の茶屋を経て、菩提山川《ぼだいせんがわ》沿いを遡り正暦寺へ、さらに正暦寺から奈良市矢田原《やたはら》へ、さらには水間峠《みまとうげ》を越えて、山添村から伊賀へ抜けることができるのです。和爾の地は田原へ抜ける近道でもあるのですね。田原というと普通、平城京ができてから東方へ抜けるルート、鉢伏峠を越えるルートとして重視されてくると思われがちですが、そうではないのです。和爾周辺で奈良県立橿原考古学研究所による発掘調査が行われ、六世紀代の小古墳がずいぶんたくさん検出されました。これは岸先生のお考えの、ワニ氏が六世紀代に北の春日野の地へ移り、春日氏を称するようになったということとも絡んでくるところがあります。和爾の地は菩提山町の正暦寺から矢田原へ直接抜けることができる、そういう捷路でもあったのです。

それから近年、田原の地では発掘調査が進み、古墳時代の、比較的大きな古墳も見つかっておりますし、茗荷遺跡《みょうが》では、五世紀後半代の集落が見つかっています。また奈良時代になりますと、東大寺や大安寺の杣が置かれ、材木を切り出す山作所《さんさくしょ》やその出先機関のようなものがあった。阪原阪戸遺跡《さかはらさかと》では、奈良時代の木簡も出土しています。私が釈読に当たりましたが、『論語』学而第一の十条の習書木簡です。そういう場所なんですね。平城京の時代に先がけて古墳時代においても、田原の地は非常に重要であった。だから丸邇坂で祭祀が行われた、そのように考えています。丸邇坂を一箇所に限定せずに、和爾周辺と考えてよいのではないでしょうか。

数年前に初めて東大寺山古墳を訪ねました。学生諸君と和爾の辺りを探訪しておりました折に、南側にある天理教城法《しきのり》大教会に申し出て、柵を開けてもらい、登って地形や墳丘を観察したことがあります。その北側の尾根の先端に、先ほど申しました櫟本高塚遺跡があるのですね。眺望もいいし、神祀りの場所としてまことにふさわしいところと考えております。先ほどの『古事記』の伝承では、丸邇臣の祖、日子國夫玖命がみえていました。ワニ氏の首長が征討将軍として派遣される伝承はいくつかあるのですが、それらをみると川べりで巧妙に戦ったということが一つの特色としてあげられます。例えば大山守命の反乱伝承では、宇治川を挟んで戦いがあるわけですが、その時、異母弟の宇遅和紀郎子《うじのわきいらつこ》はワニ氏の血筋を受けた王子で、巧妙な作戦を立てて大山守命を滅している。ですからワニ氏は元来海民《かいみん》というのでしょうか、海や琵琶湖、川筋などで、漁撈や運輸に活躍するワニ部の集団を支配下に置いていた。そうしたことが、ワニ氏の将軍たちの戦いぶりと結びついてくるのではないかと、そのように考えております。

ワニ氏につきましては岸俊男先生の「ワニ氏に関する基礎的考察」という有名な論文があり、資料2は私が書いたワニ氏の解説です。これは大和書房から二〇〇六年出されました『日本古代史大辞典』のワニ氏の項目で、これまでの研究史を踏まえて少し詳しく書いたものです。私は編集委員の一人でありましたので、執筆を依頼した方がお断り

資料2

わにし（和珥氏）

奈良盆地北東部を本拠とし、五世紀から六世紀後半にかけて后妃を輩出した臣姓の大豪族。氏の名の「ワニ」は、和珥のほかに丸邇・和邇・丸などにも作る（以下、ワニ氏・ワニ臣と記す）。『古事記』『日本書紀』によれば、ワニ氏出身の女性は、応神・反正・雄略・仁賢・継体・欽明・敏達の七天皇に、計九人の后妃を入れている。后妃を多く輩出した大和の臣姓豪族として、ほかに葛城氏や蘇我氏が知られている。ワニ氏出身の后妃が輩出する時期は、葛城氏が衰退して蘇我氏の台頭する時期にあたり、またワニ氏出身の后妃が生んだ皇子で即位した事例はなく、所生の皇女が、また次代の后妃に立てられた例が多い。『古事記』では、孝昭天皇皇子の天押帯日子《あめおしたらしひこ》命を春日臣・大宅臣・粟田臣・小野臣・柿本臣・壱比韋《いちひい》臣らの祖とし、ワニ臣のみえないことが注目される。ワニ氏の祖として、日古国意祁都《ひこくにおけつ》命（開化天皇段）、日古国夫玖《ひこくにふく》命（崇神天皇段）、難波根子建振熊命（神功皇后段）がみえている。開化天皇が日古国意祁都命の妹、意祁都媛を娶って生んだ日子坐《ひこいます》王について、長大な系譜を記す。日子坐王の子の十五王は、それぞれ奈良盆地北東部の春日・沙本（佐保）、山代、近淡海、丹波の諸氏族の祖と伝え、ワニ氏の同族やワニ氏の部民であるワニ部の分布と重なることが注目されよう。日古国夫玖命は大《おお》毘古《びこ》命を助けて、謀反を起こした建波邇安《たけはにやす》王を殺し、難波根子建振熊命は反逆した忍熊王を討った。『日本書紀』では、孝昭天皇皇子の天足彦国押人《あめたらしひこくにおしひと》命をワニ臣らの始祖とし、ワニ臣の遠祖姥津《ははつ》命の妹、姥津媛が開化天皇の妃となり、彦坐《ひこいます》王を生んだと伝えるが、彦坐王に関わる系譜を記していない。七二〇（養老四）年五月に『日本紀』三〇巻とともに奏上された『系図』一巻に彦坐王の系譜が掲載されていたため、ここでは省略されたものと推定されている。崇神朝に大彦命とワニ臣の遠祖彦国葺が埴安彦を討ち、また彦国葺は垂仁朝に五大夫の一人としてみえる。仲哀天皇崩御後に生じた忍熊王の謀反に際し、神功皇后は武内宿禰とワニ臣の祖の建振熊命に命じて忍熊王を討たせたが、建振熊命の具体的な活躍を伝えていない。『古事記』と『日本書紀』にみえるワニ氏関連の伝承を比較すると、『古事記』の方が格段に詳しく、その歴史的背景が注目される。「ワニ」という氏族名については、地名の和爾（天理市和爾町）に由来するとされる。『古事記』に、「丸爾坂」（崇神天皇段）、「櫟井の丸爾坂《わにき》」（応神天皇段）、「丸邇池」（仁徳天皇段）、『日本書紀』に、「和珥坂の下」（神武即位前紀）、「和珥池」（仁徳天皇十三年十月条、推古天皇二十一年十一月条）がみえ、ワニ坂・ワニ池があった。和爾集落内に武内大社の和尓坐《わにいます》赤坂比古神社が鎮座し、同社から西方へ下る坂を、古来、「ワニ坂」と伝承している。天理市櫟本町にも和尓下《わにしも》神社が鎮座し、ワニの地名を残す。和爾集落と楢川をへだてて南に向かい合う丘陵の斜面で、櫟本《いちのもと》高塚遺跡（天理市櫟本町）が発見された。六世紀後半の社殿とみられる小建物とそれを取り囲む二重の柵列、その背後から大量の土師器《はじき》が検出されており、ここもワニ坂と称されていた可能性がある。なお櫟本高塚遺跡は、現在、史跡公園として整備されている。ワニ池については、奈良市今池町・池田町に所在する広大寺池が古代に築造された池の形態をよくとどめており、ワニ池とみてよい。『古事記』では、孝昭天皇皇子の天押帯日子命を春日臣・大宅臣・粟田臣・小野臣・柿本臣・壱比韋臣らの祖とする。また六八四（天武一三）年十一月に朝臣の姓を賜った五二氏のうちに、大春日臣・大宅臣・粟田臣・小野臣・櫟井臣・柿本臣などの六氏が含まれており、ワニ氏の同族とみなしうる。

ワニ氏の同族のうち、春日臣・大宅臣・柿本臣・壱比韋臣の本拠は次のように想定できる。

春日臣…添上郡春日郷（奈良市白毫寺町付近）
大宅臣…添上郡大宅郷（奈良市古市町付近）
柿本臣…柿本寺付近（天理市櫟本町東方の和尓下神社付近）
壱比（櫟井）韋臣…天理市櫟本町を中心とした地域

奈良盆地北東部の奈良市白毫寺町付近から、天理市櫟本町付近にかけての一帯である。

したがってこれらの四氏については、奈良盆地北東部を本拠としたワニ氏の同族集団と認められるが、右の系譜にはワニ臣がみえない。『新撰姓氏録』によれば、大春日朝臣は孝昭天皇皇子の天帯（足）彦国押人命を祖とし、もと春日臣であったが、八〇一（延暦二〇）年に大春日朝臣を賜ったとみえている。これらのことから、欽明朝頃にワニ氏はその本拠を和爾から春日の地に移して春日氏と改称し、敏達朝頃に大宅・粟田・小野・柿本・壱比韋氏などに分化したとされる。このうち小野・粟田氏については問題を残している。東大寺所蔵の「虚空蔵絵図」に願興寺が描かれ、また『東大寺要録』末寺章に、願興寺は添上郡の上津《かみつ》和邇にあって山口寺とも称し、小野氏の氏寺とみえている。願興寺跡の発掘調査で、七世紀末頃に建立された寺院であることが確認された。また七〇八（和銅元）年九月に小野朝臣広人と小野朝臣馬養は造平城京司の次官に任命されていることからも、小野氏が上津和邇（天理市和爾町）を本拠としていたことは確実である。粟田氏についても、春日粟田臣とも称し、添上郡栖中郷に氏人の居住が認められる。しかしいっぽうでは、山城国愛宕郡小野郷から小野朝臣毛人の墓誌が出土しており、宇治郡にも小野郷がある。また近江国滋賀郡和邇村小野には、名神大社の小野神社二座が鎮座し、八三七（承和四）年二月四日、大春日・布瑠・粟田の三氏の五位以上の者も、小野氏に准じて春秋の二時期に官符を待たずに近江国滋賀郡の氏神社に向かうことを許された（『続日本後紀』）。粟田氏についても、山城国愛宕郡に上粟田郷・下粟田郷があり、氏人の居住が認められる。したがって小野・粟田氏については、奈良盆地北東部に本拠があって、その一族が山城や近江に進出したのか、逆に山城・近江を本拠としていたが、後に奈良盆地東北部にも拠点をおくようになったとみるか、判断しがたい。いずれにしても、ワニ氏の部民であるワニ部は、奈良盆地北東部―巨椋池周辺の山城国宇治郡―京都盆地北東部の山城国愛宕郡―琵琶湖西岸の近江国滋賀郡―若狭国―越前国を結ぶ古道沿いに濃厚に分布しており、ワニ部は日本海沿岸や琵琶湖・巨椋池で漁撈に従事したり、魚や海産物を大和に運ぶ人々であった。ワニ氏とその同族は、もともと、それらのワニ部を支配する中央伴造であったとみることができよう。

「ワニ」はフカ（大形のサメ）。西日本では、現在もフカを「ワニザメ」「サメ」と称している。ワニ部の呼称はワニを捕獲し、またワニを神聖視した海民集団に由来し、中央伴造の氏の名となったものと推測できる。したがって和爾の地名からワニ氏やワニ部の呼称が生まれたとする通説については、再考の余地があると思われる。天理市和爾町から同市櫟本町にかけての一帯には、東大寺山古墳・赤土山古墳・和尓下神社境内古墳など、古墳時代前期後半の大型古墳が分布することでよく知られている。また最近、和爾集落の北方域から、墳丘が削平された円墳二九基（六世紀後半～七世紀初め）が検出された。分布状況から見て、三五〇～五〇〇基にも及ぶ大古墳群（和爾古墳群）の存在が想定されている。いっぽう、春日野から白毫寺一帯にかけては、小円墳が散在するのみである。ワニ氏が和爾から春日に拠点を移したのか否か、また佐紀楯列古墳群をワニ氏の奥津城とみてよいか、いま一度検討されるべきかと思われる。

〔参考文献〕岸俊男「ワニ氏に関する基礎的考察」『日本古代政治史研究』所収（塙書房昭四一）。和田萃編『古代を考える　山辺の道』（吉川弘文館平一一）。

（上田編二〇〇六）

された項目を引き受けて書かなければならなかった。ですからたくさんの項目を執筆せねばなりませんでした。ワニ氏の項目は、編集委員の特権で少し長めに書かせていただきました。これをお読みいただきますと、ワニ氏に関する問題点が御理解いただけるのではないかと思います。

ワニ氏が皇妃を数多く輩出したことは、すでに岸先生も指摘されているところです。それから和爾の地を本拠地としていたので、和爾に近い東大寺山古墳の近くに和尒下神社二座があります。和爾あるいは和邇庄という庄園や、広大寺池は和珥池と推定されると指摘されています。ワニ氏という氏の名は和爾の地名に基づく、とされています。例えば葛城氏であれば葛城の地を本拠とし、また蘇我氏であれば曽我川中流域を本拠としている。地名がその氏族名になっている。岸先生の御研究には全面的に従うものですが、和爾の地名が何によるのか言及されていません。葛城氏の葛城であれば、神武伝承にみえますように、藤蔓とか葛のような蔓性のものを、古代では蔓《かづら》と称しましたから、それが多いところだから葛城であり、蘇我氏というのは曽我川中流域に居住していたことから、蘇我の氏族名になったことがわかるのですが、ワニ氏の場合はそれはよくわからない。ワニというと、どう猛なワニを思い浮かべますけれども、私はそれをサメ、ワニザメに由来しているのでは、と考えています。ワニ氏の氏の名の由来は地名ではなく、海運や海での漁撈、あるいは琵琶湖等での水運、あるいは川での漁撈や水運に従事していたワニ部を支配していたことに由来するのでしょう。

ワニ部を支配していたからワニ氏という氏の名となり、またワニ氏が居住したことで和爾の地名が生じたと推測できます。『日本古代史大辞典』のワニ氏の項目をみていただきますと、和珥氏は后妃を数多く輩出している。特に応神天皇から反正・雄略・仁賢・継体・欽明・敏達天皇に至る七代の后妃を出している。それから同族として春日臣・大宅臣・粟田臣・小野臣・柿本臣・壱比韋臣《いちひいのおみ》などがみえています（資料3）。岸先生は六世紀中頃になって、ワニ氏

資料3　大和におけるワニ氏同族関係史料

氏	史料	年月日	出典
春日氏	添上郡春日郷＝大春日朝臣難波麻呂家	延喜七・十二・廿三	平安遺文　一ノ三
	添上郡春日郷		倭名類聚抄
大宅氏	添上郡志茂郷少初位下大宅朝臣賀是麻呂	天平十三・閏三・七	大日本古文書　二ノ二八二
	添上郡大宅郷戸主大宅朝臣可是麻呂	勝宝元・十一・三	同　三ノ三三六
	添上郡春日郷家地＝出雲国員外掾正七位上行大宅朝臣船人	宝亀三・八・十一	同　六ノ三八九
	添上郡老大宅金方・同擬主政大宅真演	延喜十一・四・十一	平安遺文　一ノ三一八
	大宅寺（号難波皇子寺）＝難波皇子建立寺也		菅家本諸寺縁起集
	添上郡大宅郷		倭名類聚抄
粟田氏	右京八条一坊課戸椋垣伊美吉意伎麻呂戸姑椋垣伊美吉御富売の女粟田吉売・甥粟田臣族宿奈麻呂・甥粟田臣族三田麻呂、宿奈麻呂の男粟田臣族太麻呂・男粟田臣族沙弥・女粟田臣族三嶋売	天平五（計帳）	大日本古文書　一ノ四九九
	添上郡楢中郷戸主従八位下粟田朝臣勝麻呂	宝字八・十□・□	同　五ノ五一一
小野氏	願興寺（字山口寺）在添上郡上津和邇＝和銅元年歳次戊申奉為　天武天皇御悩除愈、小野中納言為忠建		東大寺要録　六
	大宅寺庄　東限故小野卿墓　南限山　西限上限　北限八嶋陵		三箇院家抄
柿本氏	添上郡大岡郷戸頭柿本臣佐賀志之男柿本臣大足	天平十四・十一・十五	大日本古文書　二ノ三一四
	添上郡郡老柿本朝臣安吉	貞観十四・十二・十三	平安遺文　一ノ一六五
	柿本寺　在添上郡		東大寺要録　六

（岸　一九六六）

は本拠を春日野に移して、春日氏と称したとされています。そこが一つのポイントなのですが、その点についても春日野においてそれを裏付けるような古墳群はあまりない。杉山古墳などを含めるかどうか、問題でありますが、春日野には末永雅雄先生がかつて指摘された、奈良公園内の古墳ぐらいしかありません。本当に少ないのですね。

一方、和爾町の北東域では、五~六世紀代の古墳が削平された状況で数多く分布しているということがわかってきました。その辺りも、ワニ氏の春日野への移住ということと関連して問題を残すところだろうと思います。それから岸先生のお作りになった、ワニ氏が支配していたワニ部の分布をみると、近江・若狭・越前に多い（資料4）。『古事記』の応神天皇段にみえる「この蟹や何処《いづく》の蟹」で始まる有名な歌謡は、若狭の角鹿《つぬが》（敦賀《つるが》）からカニが大和の丸邇坂、すなわち和爾の地へ運ばれることを歌っているわけです。岸先生は、大和から山城を経て近江に入り、琵琶湖西岸の「さざなみ道」から若狭・越前に至るルート上に、ワニ部の分布が多いことを指摘されています。ワニ部は他地域にも分布していて、やはり漁撈や海運、あるいは川魚を獲ったり川の水運等に従事していた。そのことも少し注意するべき点だろうと思います。

少し話題を変えましょう。ワニというのはワニザメのことだろうと思います。皆さん、「サメのタレ」というのをご存知でしょうか？　私は「サメのタレ」という言葉を初めて聞いた時に、サメの肉なりを煮詰めて作ったタレ、焼き肉のタレのようなものだろうと思っていたのですが、そうではないのです。このサメのタレというのは志摩地域、鳥羽の周辺にだけ残っている食べ物で、サメの肉を短冊状にしたものを、天日で干したものなのです。これが実においしいものなんですね。サメのタレと申します。ですからタレというのは、直垂《ひたたれ》や前垂れのように、吊下げる形で干したので、タレというのだろうと思います。

サメのタレには薄塩のものと、ミリンに漬けたものがあるのですが、潮水に漬けて干しただけのものが実においし

資料4　諸国におけるワニ部関係史料（岸一九六六）

国	郡郷	人名その他	備考	出典
京	左京	和邇部大田麻呂	外従五位下雅楽少允	貞観五・三代実録
近江	滋賀郡	丸部国足		宝字二・画工司移（大日本古文書 四ノ二五九）
	〃　真野村	和珥部臣鳥	佐久命九世孫	弘仁六・新撰姓氏録
	愛智郡長岡郷	丸部今継	郷長	弘仁十四・墾田売券（平安遺文 一ノ三三）
若狭	三方郡竹田郷	丸部里		？・平城宮出土木簡
	三方郡	和爾部神社		延長五・延喜式神名帳
越前	足羽郡安味郷	丸部月足	戸主	神護二・越前国司解（東大寺文書 二ノ二一七）
	〃　上家郷	丸部五百嶋	戸主	〃　〃（東大寺文書 二ノ二二二）
	〃　道守村	丸部孫麻呂	家	〃　・道守村絵図
	坂井郡桑原駅家	丸部度	戸主	〃　・越前国司解（東大寺文書 二ノ二二五）
	〃　高屋郷	丸部僧	戸主	〃　〃（東大寺文書 二ノ二二三）
	坂井郡	丸部	主政・外従七位下	宝亀十一・坂井郡司解（大日本古文書 六ノ六〇三）
加賀	石川郡？	丸部臣人麻呂	主帳・无位	天平三・越前正税帳（大日本古文書 一ノ四三九）
		和邇部広刀自女	山城国人秦真勝妻・節婦	斉衡元・文徳実録
美濃	肩県郡肩々里	丸部嶋売	戸主国造川嶋戸寄人六人部身麻呂妻	大宝二・戸籍（大日本古文書 一ノ四一）
	山方郡三井田里	丸部妹売	戸主某姪	〃　〃（大日本古文書 一ノ五二）
	味蜂間郡春部里	丸部安（男子五・女児二 男子一・女児一）	戸主都布江部安倍寄人	〃　〃（大日本古文書 一ノ九）
	〃　〃	丸部阿麻売	戸主都布江部安倍寄人丸部安妻	〃　〃（大日本古文書 一ノ九）
	〃　〃	丸部黒売	戸主石部宮麻呂寄人春部麻呂妻	〃　〃（大日本古文書 一ノ二二）
尾張	某（智多）郡	和爾部臣若麻呂	少領外従八位上勲十二等	天平六・尾張正税帳（大日本古文書 一ノ六一九）
	智多郡富具郷野間里	和爾部臣牟良		天平元・平城宮出土木簡
	〃	和爾部臣□	郷長	〃　〃

国	郡・郷・里	人名	身分・続柄など	年代・出典
尾張	智多郡贄代郷朝倉里	和爾部色夫智	戸主	天平元・平城宮出土木簡
	智多郡番賀郷花井里	丸部□麻呂		神亀四・平城宮出土木簡
参河	額田郡新木郷	丸部五月		？・平城宮出土木簡
	〃	丸部諸背	戸主小長谷部男足戸口	宝字四・平城宮出土木簡
伊豆	那賀郡	丸部大麻呂	擬少領	？ 正倉院調布墨書
甲斐	巨麻郡栗原郷	丸部千万呂	戸主	宝字六・造石山院所解（大日本古文書五ノ二三八）
丹波	多紀郡？	和邇部稲売・和邇部兄売	従子多紀臣広隅妾・妹	宝字二―神護元・戸籍（大日本古文書一ノ三三三）
		和邇部色夫売・和邇部玉足売	続柄不明	
		多紀臣広隅・多紀臣豊日売	従子・続柄不明	
		和邇臣竜人	右近衛府将曹	承和四・続日本後紀
因幡	法美郡	丸部臣百世	左大史正六位上	元慶六・三代実録
出雲	神門郡朝山郷	丸部角売	戸主刑部川内戸口・寡	天平十一・大税賑給帳（大日本古文書二ノ二二五）
摂津		和爾部	大春日朝臣同祖、天足彦国忍人命之後也	弘仁六・新撰姓氏録
播磨	讃容郡中川里	丸部具		播磨国風土記
	餝磨郡	和邇部臣宅貞・和邇部宅守	播磨権医師正八位上・式部留省従八位上	貞観六・三代実録
	餝磨郡	和邇部臣宅継	播磨博士大初位上	貞観五・三代実録
備中	都宇郡建部郷岡本里	丸部得麻呂	房戸主	天平十一・大税負死亡人帳（大日本古文書二ノ二四八）
	賀夜郡日羽郷栗里	鱷部小足	房戸主	（大日本古文書二ノ二五二）
周防	玖珂郡伊実郷	和爾部今男	戸主	延喜八・戸籍（平安遺文一ノ二八九）
	玖珂郡玖珂郷	和爾部白虫売・和爾部浜刀自売	戸口	〃 〃（平安遺文一ノ二九九）
讃岐	三野郡	丸部臣明麻呂	従四位上大領	嘉祥元・続日本後紀
	三野郡	丸部豊球	私物をもって窮民を養う	宝亀二・続日本紀
	大内郡入野郷	丸部房吉・丸部誦師丸・丸部元安・丸部安成	戸主（戸主のみ掲ぐ。戸口を含めると三三名）	寛弘元・戸籍（平安遺文二ノ五六三）

い。そしてまた志摩地方では、お祝い事の折にはサメを刺身で食べる風習があります。ネズミザメでしたか、特定のサメです。古代においては、サメを神聖視していた側面もあるのです。

ちなみに伊勢神宮では、毎日、サメのタレを神饌《しんせん》として神々に供えておられます。またサメに関わる伝承をみますと、神武天皇の祖母や母は海神、綿津見神の娘です。そして『古事記』のワタツミのイロコノ宮の段をみますと、綿津見大神とその一族は全てワニの姿をしていた。海神の娘の豊玉姫命は八尋《やひろ》ワニでした。両手を広げた長さが一尋ですから、巨大なワニです。あの場面はアリゲーターのワニを思わせるような記述ですが、『出雲国風土記』などにみえるワニの伝承は、全てワニザメです。関西ではフカとも申します。このワニというのはワニザメのことであり、そしておそらくワニザメを海神やその一族とみなしたり、あるいは海神のシンボルとして神聖視していた人たち、それがワニ部と呼ばれる人たちだった。そのワニ部を支配していたからワニ氏という氏族名となり、そのワニ氏が住んだところだから和爾という地名になったと考えております。

ワニザメについてはいろいろな伝承があるわけですけれども、その一つを挙げています。資料5は『出雲国風土記』の意宇郡安来郷《おうぐんやすぎのさと》の条です。語臣猪麻呂《かたりのおみいまろ》という人物の娘さんが、島根県安来市の比賣埼《ひめさき》の海岸でワニに片足を食いちぎられて亡くなったという伝承です。有名な伝承です。安来ですから、米子から島根県に入ってすぐのところです。日立金属の立派な和鋼博物館があり、また陶芸家の河井寛次郎が生まれたところでもあります。甲戌の年、すなわち天武三年（六七四）七月一三日に語臣猪麻呂の娘が比賣埼で遊んでいて、和爾（鰐）に遇って賊《そこな》われた。片足を食いちぎられて亡くなったのです。猪麻呂はその遺体を浜に埋め、憤って仇を討とうとする。そして「天神《あまつかみ》千五百萬《いちほよろず》、地祇《くにつかみ》千五百萬、並びに當國に静まり坐す三百九十九社の神や大神の和魂は静かにおいでくださって、大神の荒魂はことごとく猪麻呂に味方して下さい」と祈った。しばらくすると和爾百餘が一匹の和爾を囲んでおもむろにやって来

資料5

安來郷《やすぎのさと》。郡家の東北二十七里一百八十歩なり。神須佐乃袁命《かむすさのをのみこと》、天《あめ》の壁《かき》立ち廻《めぐ》り坐《ま》しき。爾《そ》の時、此處《ここ》に來坐《きま》して詔《の》りたまひしく、「吾《あ》が御心《みこころ》は安平《やす》けく成りましぬ」と詔《の》りたまひき。故《かれ》、安來と云ふ。即ち北の海に比賣埼《ひめさき》あり。飛鳥淨御原宮御宇天皇《あすかのきよみはらのみやにあめのしたしらしめししすめらみこと》の御世、甲戌《きのえいぬ》の年七月十三日、語臣猪麻呂《かたりのおみいまろ》が女子《むすめ》、件《くだり》の埼に逍遙《あそ》びて、邂逅《たまさか》に和爾《わに》（鰐）に遇《あ》ひ、賊《そこな》はえて切《かへ》らざりき。爾《そ》の時、父猪麻呂、賊はえし女子《むすめ》を濱の上《ほとり》に歛《をさ》め置き、大《いた》く苦憤《いきどほ》りて、天《あめ》に號《おら》び地《つち》に踊り、行きては吟《な》き、居ては嘆《なげ》き、晝夜辛苦《ひるよるたしな》みて、歛《をさ》めし所を避《さ》ること無し。是《か》く作《す》る間《ほど》に數日《ひかず》を經歴《へ》たり。然して後、慷慨《うれた》む志《こころ》を興《おこ》して、箭《や》を磨《と》き鋒《ほこ》を鋭《と》くし、便《よろ》しき處を撰び居り、即ち撎《をが》み訴《うるた》へて云ひしく、「天神千五百萬《あまつかみちいほよろづ》、地祇千五百萬《くにつかみちいほよろづ》、並《なら》びに當國《このくに》に靜まり坐《ま》す三百九十九社、乃海若等《またわたつみたち》、大神の和魂《にぎみたま》は靜まりまして、荒魂《あらみたま》は皆悉《ことごと》に猪麻呂が乞《の》む所に依《よ》りたまへ。良《まこと》に神靈《みたま》し坐《ま》しまさば、吾を傷《いたは》らしめ給へ。此《ここ》を以《も》ちて神靈《みたま》の神たるを知らむ」といへり。爾《そ》の時、須臾《しまし》ありて、和爾百餘《わにももあまり》、靜かに一つの和爾を圍繞《かく》み、徐《おもぶる》に率依《ゐよ》り来て、居る下従《ところよ》り進まず退かず、猶圍繞《かく》めるのみなりき。爾《そ》の時、鋒《ほこ》を擧げて、中央《まなか》なる一つの和爾を刃《さ》して殺し捕《と》りき。巳《すで》に訖《を》へて、然して後に、百餘《ももあまり》の和爾解散《あら》けき。殺《た》ち割《さ》けば、女子《むすめ》の一脛《はぎひとつ》を屠《ほふ》り出しき。仍《よ》りて和爾をば殺《た》ち割《さ》きて串《くし》に挂《か》け、路の垂《ほとり》に立てき。安來郷の人、語臣與《かたりのおみあたふ》が父なり。爾《そ》の時より以來《このかた》、今日《いま》に至るまでに六十歳を經たり。

（加藤一九九七）

た。それで猪麻呂は鋒《ほこ》を振り上げて真ん中の和爾を刺し殺し、腹を裂くと娘の片足が出てきた、と伝えています。実際に起こった事件のようでありまして、最後の註記には、安来郷語臣與《あたふ》の父親が猪麻呂であり、その時から六〇年を経ているというふうに記しています。『出雲国風土記』が編纂された頃まで、この話が伝えられていた。そしてこの話を語臣與が伝承していたことに真実性があるわけです。ここでのワニはどう猛に描かれておりますけれども、他にみえるワニの伝承、例えば『出雲国風土記』仁多郡《にたぐん》の戀山《したひやま》条では、次のようにみえています（資料6）。

資料6

戀山《したひやま》。郡家の正南二十三里なり。古老の傳へに云へらく、和爾《わに》（鰐）、阿伊《あい》村に坐《ま》す神、玉日女命《たまひめのみこと》を戀《した》ひて上《のぼ》り到りき。爾《そ》の時、玉日女命石《いは》以《も》て川を塞《さ》へまししかば、え會《あ》はずして戀《した》ひき。故《かれ》、戀山《したひやま》と云ふ。

（加藤一九九七）

古老の伝えによると、和爾（鰐）が阿伊村に坐す神、玉日女命を戀して上流まで遡った。その時、阿伊村にいます玉日女命が石で川を塞いだので、会うことができず戀こがれた。それで戀山と言うようになったという。『肥前国風土記』にも、佐賀県の佐賀という地名の謂れとして、同じような話がみえています。共にワニ、サメが川を遡ったという説話です。この戀山という地名が訛って、今では鬼舌震《おにのしたぶるい》といっております。おいでになられた方もいらっしゃると思いますが、私も二度ばかり訪ねました。斐伊川の上流で巨岩が累々とあり、川辺に一人立っていると恐ろしいようなところで、そこが戀山の伝承地です。現在、鳥羽市の市役所におられて、以前には鳥羽市の海の博物館に勤務されていた野村史隆さんにいろいろうかがいますと、サメが川を遡ることはあるようです。ただそれは梅雨の時分に限るそうですが、川水が河口へ流れ込む一帯の砂地にサメは卵を産むそうです。海水と川水の混じったところから、二〇〇〜五〇〇㍍《メートル》ぐらいは川を遡ることがある。宮川でも、そういうことがあるとおっしゃっていました。そうしたことが下地になっており、より誇張したものが戀山の説話です。語臣猪麻呂の娘を襲ったサメ、ワニザメというのはどう猛な側面をもつとともに、一方では神聖視されていたことも事実だろうと思います。

現在でも山陰地方で獲られたサメは、中国山地の三次《みよし》（広島県三次市）へ運ばれて、食用にされています。湯引きして食べる。特に輸送手段が充分でなかった時代には、一般の魚はすぐ腐ってしまいますが、サメはエイと同様に、アンモニアを含んでいるためになかなか腐敗しない。サメは腐りにくいので少々日にちが経っても刺身にし、あるいは湯引きして食べることができる。日本古代においてはサメは、ワニザメともワニともいっておりますが、海神やその一族と観念されており、神武天皇の母親や祖母が海神の娘であると伝えております。ワニ氏もそうした伝承を語り伝えていたのではないかと思われます。最近注目されますのは、三河三島に浮かぶ篠島《しのじま》や佐久島《さくじま》から平城宮に、サメが大贄や御贄として盛んに貢進されている事実です。その意味は充分に説かれておりませんが、サメの肉は食用としても非常においしいものです。日干しにして食用になる。先にもふれましたが、今も伊勢神宮では日々神饌として供されています。奈良時代にそれが贄として都に届けられて、天皇の食膳にあるいは神祀りに大量に使われているということは、何か信仰に関わる側面を持っているのではないかとも考えられます。

平城宮跡出土の木簡に、三河三島から貢進されたサメの楚割《すやは》り、楚割《そわ》りに着装されたものが多数あります。サメの肉を薄く切って、天日で干したものを、楚割り、楚割りと申します。先ほど申しました「サメのタレ」でしょう。三河三島からたくさん御贄・大贄として貢進されている。個人としてではなく、海部が月を決めて貢進している。実に多数出土しています。なぜ天皇の食膳にあるいは神饌として、サメの楚割りが貢進されているのでしょうか。伊勢神宮では、現在も毎日サメの楚割りが神饌として献じられている。あるいは愛知県の津島神社の神饌にも、サメの楚割りがある。サメに対する神聖視、ワニザメに対する神聖視ということがやはり背景にあって、神武の母や祖母が海神の娘だという伝承が生まれてきたのだろうと思います。

　物部氏や大伴氏は、物部や大伴部という部民を率いて大王に奉仕したことから、物部連とか大伴連という氏名になった。物部や大伴は地名ではない。物部郷は各地にみえますが、物部が多数分布していたからでしょう。大伴郷はみえません。大伴の御津の浜は、大伴氏の拠点だったことに由来すると思われます。ワニ氏の場合もおそらくそれと同じと考えられます。岸先生は和爾の地名の由来については言及されていません。ですから、ワニ氏が支配下に置いていたワニ部という集団は海民集団であり、その人たちはサメ、ワニザメを神聖視する、そういう信仰を持っていた。そのワニ部を支配下に置いていたから、ワニ氏という氏名を称するに至った。部民制の成立は六世紀前後とされています。私はもう少し遡らせて五世紀後半頃とみてよいと思いますけれども、葛城氏や蘇我氏など、地名に基づく氏族名が確定してくるのは、現在のところ五世紀後半代とされます。葛城氏や蘇我氏の場合はもう少し遡るかと思っています。葛城襲津彦《かつらぎのそつひこ》の墓が室宮山《むろみややま》古墳である可能性が大きくなってきましたから、葛城氏の場合は五世紀初め頃まで氏族名の成立を遡らせることができます。ただワニ氏に関連していうと、部民制が成立した五世紀末葉段階にワニ氏を名乗るようになったかと考えています。その辺りはまだ充分な根拠を欠きます。ディスカッションの折にその辺りのことを、先生方と一緒に検討させていただけたらと思っております。どうもご清聴ありがとうございました。

参考文献

上田正昭編『日本古代史大辞典』大和書房、二〇〇六年
加藤義成校注『出雲国風土記』今井書店、一九九七年
岸俊男「ワニ氏に関する基礎的考察」『日本古代政治史研究』塙書房、一九六六年
倉野憲司・武田祐吉校注『古事記　祝詞』岩波書店、一九五八年
奈良国立文化財研究所『平城宮発掘調査出土木簡概報』二二、一九九〇年
奈良国立文化財研究所『平城宮発掘調査出土木簡概報』二四、一九九一年
和田萃「大王と海民」森浩一編『海人たちの世界』中日出版社、二〇〇八年

3　技術移転論で読み解く中平銘鉄刀〈百練鉄刀の使命〉

鈴木　勉

1．はじめに

今日は、中平銘鉄刀のことでお話をさせていただきますが、この問題に関する金関先生の長いご研究の成果を勉強させていただいて、東アジア全体を見ながら考えなければならないということがよくわかりました。私は、以前から象嵌の銘によく使われる「百練」あるいは「卌湅」など、練に関わる銘文の研究をしておりました。そもそも百練というのは、今の刀鍛冶の方がするような折り返し鍛錬を百回したとか、折り返しされた鉄の層が百層あることを意味するのが通説であったのですが、いろいろな鉄のことを調べて行きますと、どうもそうではないようだと考えるようになりました。それは七支刀の復元等の研究を通してかなり明確になってまいりました。その結果、当時の東アジアには「百練鉄」という鉄素材があったということ、商品と言っていいかどうかは、はっきりわかりませんけれども、「百練鉄」なる鉄素材が、中国から朝鮮半島や日本列島へもたらされていたということが薄々わかってきたのです。

その百練鉄というのはどういう鉄なのでしょうか。技術的なことについては、現代のような情報社会で詳しく解説されてもよくわからないところがあります。ですから、古代の朝鮮半島や日本列島でも、実際の技術的内容云々ではなくて、簡単に言ってしまえば、「百練鉄」という名の良質な中国製の鉄素材が当時あったという程度の認識で良いだろうと思います。詳しくは、画像をご覧いただきながらお話をさせていただきます。

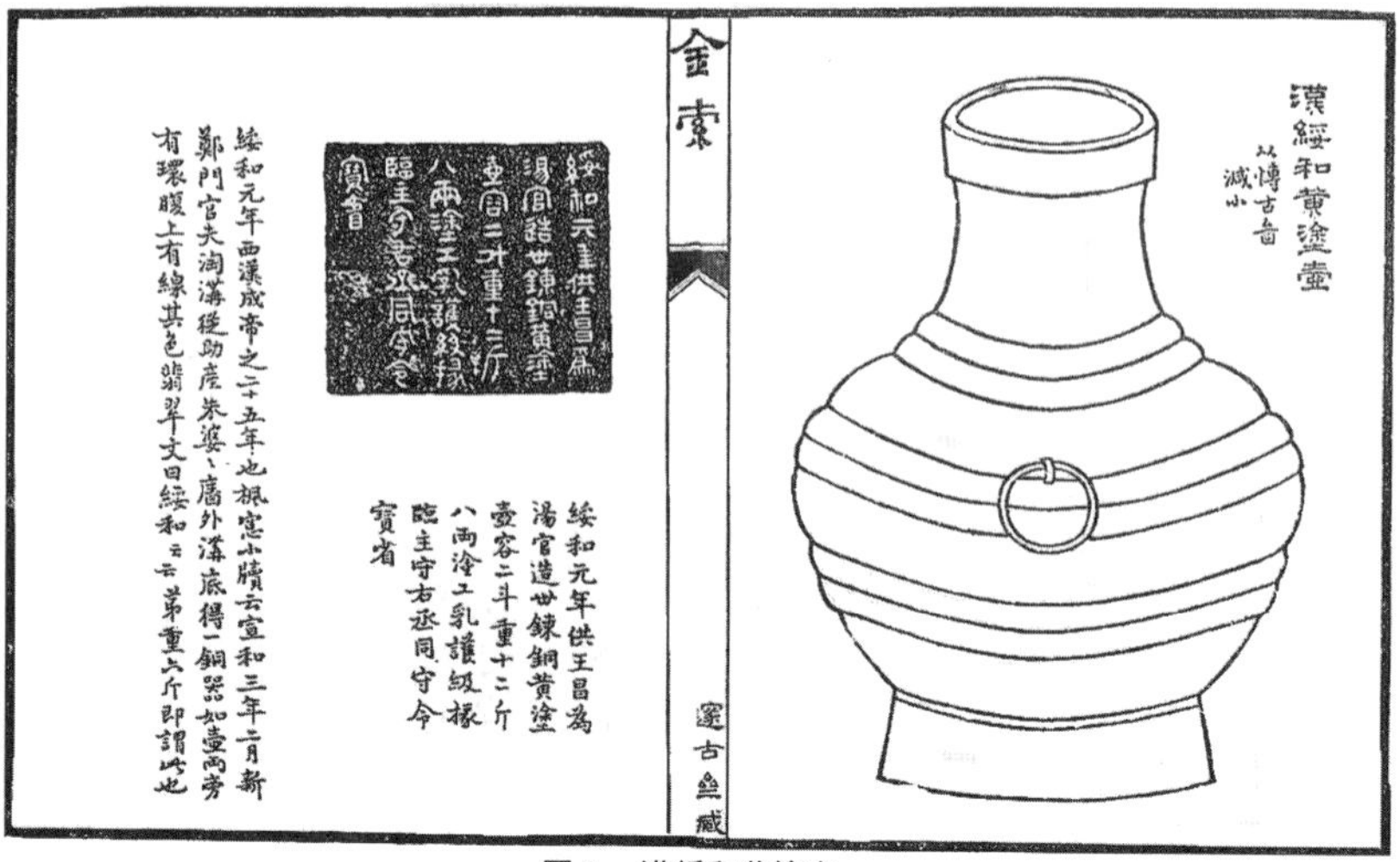

図1　漢綏和黄塗壺

2. 古代中国の鉄事情

漢代の「練」の意味

図1は前漢末の鋳造製の銅の壺です。[1] 内側か外側か分かりませんが壺の底部に銘文がありまして、そこに「卅錬」という文字が出てまいります。これは明らかに鋳造製品ですから、鋳造や溶解に関わるところの「卅錬」であろうと理解されます。仮に、先ほどご紹介した通説に依るとすれば、卅錬とは三十回折り返し鍛錬するのだということになってしまいますが、銅製品の場合は折り返し鍛錬をすることはまず考えられません。この卅錬は、中平銘鉄刀の「百練」とまったく違う意味で使われているのでしょうか。

表1に、前漢の末から後漢にかけての鋳造銅製品の中で「練」「錬」「湅」などの銘文を持つものを挙げておきました。八例ありますが、これは全てよく精錬された銅を使った製品だということを表わす意味で「練」「錬」「湅」などの文字が使われています。鋳造銅製品に使われていた「練」「錬」「湅」などの文字が、後に鍛造製と思われる後漢の鉄刀剣などの象嵌銘にも使われるようになったのです。後漢以降の鉄刀剣への象嵌銘の例を表2に示しました。

表1　紀元前後の紀年と「湅」「錬」を含む銘を持つ鋳造銅器

	名称	銘文
①	漢陽朔鼎	「上林十湅銅鼎、容一斗、并重十斤、陽朔元年（BC24）六月庚辰、工夏博造、四百合、第百一十七」
②	陽朔四年鐘	「陽朔四年（BC21）考工考工為湯官卅湅銅鐘、容五斗重廿三斤…」
③	永始三年乗輿鼎	「乗輿十湅銅鼎、容二斗、并重十八斤、永始三年（BC14）、考工工蒲造…」
④	漢元延鼎	「乗輿十湅銅鼎、容一斗、并重十一斤三両。元延三年（BC10）、供工工彊造…」
⑤	漢綏和黄塗壺	「綏和元年（BC8）供王昌為湯官造卅錬銅黄塗壺容二斗重十二斤八両塗工乳御級掾臨主守右丞同守令寶省」
⑥	京兆官弩鐖	「建武卅二年（AD56）一月虎賁官冶十湅銅□□鐖百一十枚工李厳造…」
⑦	建初元年鐖	「建初元年（AD76）楊呉造、四湅八石」
⑧	永元熨斗	「永元六年（AD94）閏月一日、十湅牢尉斗宜衣、重三斤、直四百、保二親、大富利、宜子孫」

以上のようなことが分かってくると、東アジアで広く使われていた「百練鉄」のことを考えるには、中国の鉄事情や倭国の鉄事情など、周辺の技術状況をもっとよく考えないと正確に理解できそうもないと思うようになりました。

漢代の鉄事情

漢代の鉄事情といいますと、やはりあの前漢の武帝が始めた塩と鉄の専売制度というのが問題となります。国による専売というと、近現代の日本の専売公社のことが頭に浮かびます。漢は、それまで多くを民間に任せていた、つまり自由競争であった鉄と塩の売買を、国の管理の下に置いたわけです。今日は特に鉄のことが問題ですので、塩のことは省きます。中国では、前漢時代に鉄の専売が始まりました。元狩三年（紀元前一二〇）武帝の時のことです。鉄の専売に関しては、どれくらいの範囲で、どのように行われたのかなど、様々な方面から研究が行われてきました。例えば大鉄官という名前の大工場が各地にあり、そこで一日一トンの鉄の生産をしたことや、大鉄官の他に小鉄官もあって、そこでは大鉄官で造られた鉄素材を使って様々な武器とか農具とか工具などが造られています。

鉄の専売は、文字通り解釈すると、鉄を国がもっぱら売るということになりますが、実際には売ることばかりではなく、生産から販売までの全てを、国の

表２　後漢代鉄刀剣銘一覧

	象嵌技法	名称	銘文
①	蹴り彫り象嵌	江蘇省徐州市銅山県駝竜山出土建初二年（AD77）金錯鉄剣	「建初二年蜀郡西工官王愔造五十湅□□□孫剣□」の金錯銘
②	蹴り彫り象嵌	山東省蒼山県出土永初六年（AD112）金錯鉄刀	「永初六年五月丙午造卅湅大刀吉羊宜子孫」の金錯銘
③	？	永元十□□年（AD99-105）銘廣□郡卅湅書刀	「永元十□□廣□郡工官卅湅書刀工馮武（下漫滅）」の金錯銘
④	？	永元十六年（AD104）銘廣漢郡卅湅書刀	「永元十六年廣漢郡工官卅湅□□□□□□□□□史成長荊守丞憙主」の金錯銘
⑤	？	「漢元嘉刀」銘刀（AD153）	「元嘉三年五月丙午日造此□官刀長四尺二□□□宜侯王大吉羊」
⑥	蹴り彫り象嵌	四川省天廻山３号崖墓光和七年（AD184）銘十湅書刀	「光和七年廣漢工官十湅□□服者尊長保子孫宜候王家富」の金錯銘
⑦	蹴り彫り象嵌	奈良県東大寺山古墳出土中平年（AD184-189）銘大刀	「中平□□五月丙午造作文刀百練清剛上應星宿下闢不羅」の金錯銘
⑧	？	廣漢郡□□□卅湅書刀	「（上缺）廣漢□□□卅□□□□秋造護工卒史克長不丞奉主」の金錯銘
⑨	？	漢廣漢金馬書刀（銘文存七字）	「（上訣）廣漢（中訣）史克長□□奉主」
⑩	？	漢廣漢金馬書刀（銘文可読者十一字）	「（上訣）年廣漢郡工官（中訣）成長□□丞憙主」
⑪	？	後漢李元金馬書刀	「巧冶練剛金馬託形、黄文錯鏤兼勒工名」

力によって無理矢理制限するのです。つい最近までの日本のお酒の専売制の下では、例え自分が飲む場合でも酒を造ると罰せられていたわけです。そのことが専売制度というものですから、専売イコール生産を禁じること、鉄を造ってはいけませんよ、というわけです。他で造ってはいけませんし、販売もしてはいけません。全部国でやります。そういう制度なのですね。つまり鉄に関わる利益の全てを、国家が独占しようという政策です。武帝の塩鉄の専売制によって、匈奴との戦いで疲弊した漢が、経済的な復活を果たしたというのはとても有名な話です。鉄の専売制は前漢代だけの話ではなくて、後漢になっても続きますし、ずっと下って、三国から唐代に至っても続いたというように言われています。鉄の専売制は中国の国家経営の屋台骨となったのです。

前漢代に鉄官や製鉄所がどれくらいあったかというようなことは、潮見浩氏が研究されていました(2)。図2は、潮見氏の鉄官と製鉄遺跡の分布図を前漢の版図勢力図の上に重ねたものです。白い○が鉄官、黒い●が製鉄遺跡です。鉄官は記録に残るもの、製鉄遺跡は考古学的発掘の成果でしょう。これ

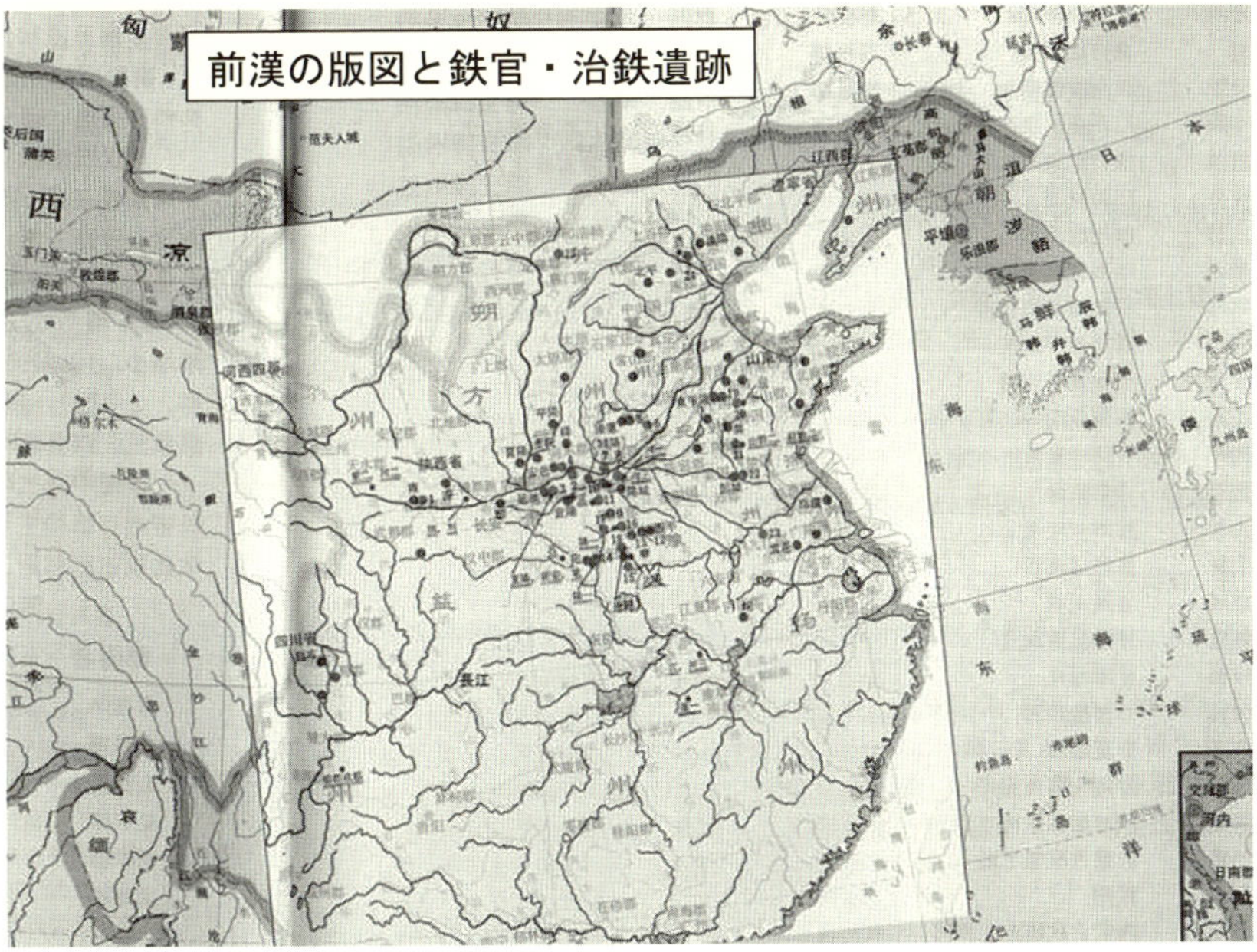

図２　前漢の版図と鉄官・冶鉄遺跡（潮見 1982・譚 1991 より改変）

を見ると、鉄官と製鉄遺跡が重なっているとは限らないということがわかります。国による鉄に関する厳しい制限があったことは事実ですが、必ずしも鉄の全部を、漢という国がコントロールできていたわけではないのです。特に、例えば図２の左下のあたりは蜀漢の地域ですが、一九八〇年当時ですでに三つほどの製鉄遺跡が発見されていました。現在はもっと発掘が進み、新たな製鉄遺跡も見つかっています。しかし、国営の鉄官が設置されていたという記録は無いようです。また、遼東半島のあたりまで、製鉄遺跡があります。前漢代の製鉄の状況というのは、一九八〇年当時で分かっているものだけでもこれだけあり、その後の調査も進んでいます[3]。前漢代には製鉄遺跡が中国全土に広がっていたことがわかります。

河西四郡と朝鮮四郡

紀元前一二〇年に鉄の専売制が始まった後、元鼎六年（紀元前一一一）に武帝は敦煌郡を設置し、これでいわゆる河西四郡が成立します。それに続いて元封三年（紀元前一〇八）には朝鮮四郡を設置するわけです。これら一連の武帝の版図拡大政策イコール拡大経済政策について、これまでは鉄の専売制との関連で論じられることはなかったようですが、いずれにしましても武帝の拡大経済政策というのがあって、それとの関連の中で河西四郡も朝鮮四郡も設置されていると考えるべきではないでしょうか。拡大経済政策の中で、河西や朝鮮など周辺地域における鉄の流通の管理が政策の重要課題の一つとなるのは自然のことと思われるのです。それらの地域で鉄の生産と販売に関する制限が乱れれば漢の経済が乱れてしまうことになるからです。朝鮮半島など周辺地域における鉄の専売は、鉄の生産を規制すると同時に鉄素材や鉄製品の供給を促すことを意味します。つまり生産の規制と販売の促進は表裏一体の政策といえます。こうした一連の鉄に関わる施策を「供鉄限冶」と言います(4)。

塩鉄論

そして、この鉄の専売制の下でも、生産を国が管理できていた地域と、管理できていなかった地域があったという古代中国の実情があるのですが、その中で、鉄の専売制をやめようとか、もっと続けようとかいう議論が、武帝の後の時代にありました。その記録が『塩鉄論』という書物となって伝わっております。その中に、例えば次のような記述があります(5)。

「鉄力は銷錬せず。堅柔は和せず」

これは、塩鉄の専売制の継続を主張した御史大夫が、「鉄器の制作を民間に任せていると」という前段があって、「うまく鉄の力を発揮させることができない。固さと柔らかさがうまくなじまない」と言っているのですね。鉄は、固いばかりではいけません。同時に柔軟性がないといけないのです。ここでいう「柔」とは、現代の「靱性」つまり

「ねばり強さ」のことでしょう。日本刀も固いばかりでなく、折れにくく欠けにくいものでなければなりません。農具と日本刀は、用途は違いますが、求められる性質は同じです。つまり固さと靭性という相反する性質を併せ持たないといけないのです。そうした技術的専門的なことが政治の場で議論されているわけです。

「剛柔和し、器物便なり」

これは、前の文章に続いて御史大夫が「剛柔、つまりかたいものと柔らかいもの、両方がうまくまじりあって、はじめて良い器物ができます」と言っているのです。

「今、県官鉄器を作るに、苦悪多く、用費省れず」

これは、塩鉄の専売制の廃止を主張する賢良（学者）達が、「県官（鉄官）が鉄器を作るようになって、悪い製品が多くなるばかりで、コストは一向に下がらない」と言っているのです。

「今其の原《もと》を総べ、其の賈を壱にす。器に堅磽多く、善悪擇するところなし」

これは、賢良達が、「作るところを一ヶ所にし、価格も同じにすると、容器に固いものが多くなり、買う人は選ぶことができない」と言っています。つまり固い鉄器はちょっと落としただけで割れてしまいますので、そういった割れやすい鋳鉄製品がたくさん出まわっていて困るということを言っています。

以上のようなことが、専売制を継続しようとする御史大夫（政治家）とそれに反対する賢良達（知識人）の両方から双方の自説を裏付けるために述べられています。良い鉄器を造ることが国の経済を左右することになるという点を、継続派も反対派も認めています。堅さと靭性を調和させることは、鉄の技術の神髄でありまして、古代から現代に至るまで変わることのない技術者たちの最大のテーマです。こうした深い技術的なテーマについて、前漢の、それも技術者が言っているのではなくて、当時の政治家や知識人たちが取り上げて議論しているのです。これは驚くべきことではないでしょうか？　漢という国における鉄技術と政治との密接な関係が見えてきます。

漢代鉄刀剣の金象嵌銘の意図

先ほどの金関先生のお話の中にも出てまいりました江蘇省徐州の潘塘で発見された「五十湅鉄剣」ですが、この金象嵌の銘に「五十湅」という文字が出てきます（図3）。銘文の最後の「直（値）千五百」は柄の部品にたがねで陰刻されています。それ以外は金象嵌銘です。この銘文の意味するところをよく理解するために、まず銘文を作った人の意図、そして銘文を金象嵌した目的についてよく考えてみたいと思います。

サラッとこれを読むと、「建初二年に蜀郡の西工官の王愔という人が五十湅の○○を造った」と理解できます。末尾の方の文字が欠けているところについては、古くから金属製品の銘文には「子孫に宜し」などの語が使われていますので、「孫」字の前後はそれに似た文章であったと推定されます。しかし、この銘文については、どこに意味があるのだろうか、という不思議な気持ちがします。日本人が期待するような重い意味がないのです。日本の金石文ですと、誰々さん（被葬者）が、○○の業績があったとか、大王のために働いたなどと彫り込まれたりします。しかし、この金象嵌銘には全くそういったことが記されていないのです。

この剣の柄の部品に彫られている「値千五百」は、いわば「流通価値」でしょう。表1の⑧「永元熨斗」の銘に、「重三斤直四百」というのが見えます。このような流通価値に相当する文字を銘文に彫るということが、当時の漢の社会によくあったということなのでしょう。刀剣の流通価値を評価し、それを銘文とするのです。そしてこの「値千五百」と「造五十湅…」の銘を併せて考えると、この金象嵌銘の主となる部分というのは、「五十湅の刀を造った」ことだと理解できます。さらに、「造五十湅…」というのは、「五十回鍛湅して」とは読めません。「五十湅の鉄素材

図３　江蘇省徐州市銅山県出土建初二年（AD77）金錯鉄剣（五十湅鉄剣）

を使って造った」ということであり、それがこの剣の流通価値を高めることになる、と理解できます。この剣が造られた当時、粗悪品がたくさん流通していたという背景があるために、「五十湅」というとても良い材料を使っていることを、敢えて金象嵌銘として彫りこむことに意味があったのではないでしょうか。そして「蜀郡の西工官で造った」と彫る。蜀郡の西工官とはおそらく官営工房ですから、「しっかりした技術を持った工房で造った」ということを保証する、すなわち品質を保証している文言であるのです。いずれにしましても、この銘文の意図というのは、良い材料と良い技術で造ったことを伝えて流通価値を高めるという点にあると思われます。いわば、流通する品物に対する品質の保証ということです。そこから逆に、当時悪い品質のものがたくさん出回っていたことがわかります。時代は少し前のことになりますが、『塩鉄論』にそうした実情が書かれています。この剣の陰刻銘は「値段は千五百もしました」と彫りつけて、鉄剣の流通価値の

永初六年
五月丙午
造卅湅
大刀吉羊

図４　山東省蒼山県出土永初六年（AD112）金錯鉄刀（丗湅鉄刀）

高さを更に強調しているのです。

次は丗湅鉄刀です。金象嵌銘が刀身の背の部分に彫られています（図４）。銘文は永初六年（西暦一一二年）の五月丙午に丗湅の大刀を造った。吉祥の下の文字は読めませんので、これだけです。この刀は、先ほど金関先生が例に挙げてくださった二例のうちの二つ目の鉄刀です。この銘文の主文は「造丗湅大刀」だと考えられます。他にはほとんど意味がありませんので、「丗湅の鉄を使って造った大刀」が主文だと考えざるを得ません。これも「造るのに三十回も鍛錬した」と読むことはできません。「丗湅」の上に「造」とありますから、「丗湅の鉄を使って造った大刀」ということになります。ですから五十湅の鉄剣銘の場合と同じように、この鉄刀の材料の素性を明示して流通価値を高めようとしていると考えることができます。

二つの刀剣の金象嵌銘を彫った意図は、その刀剣の品質を保証し、それによって流通価値を高めるということです。そのあたりが、古代日本の象嵌銘と様子が

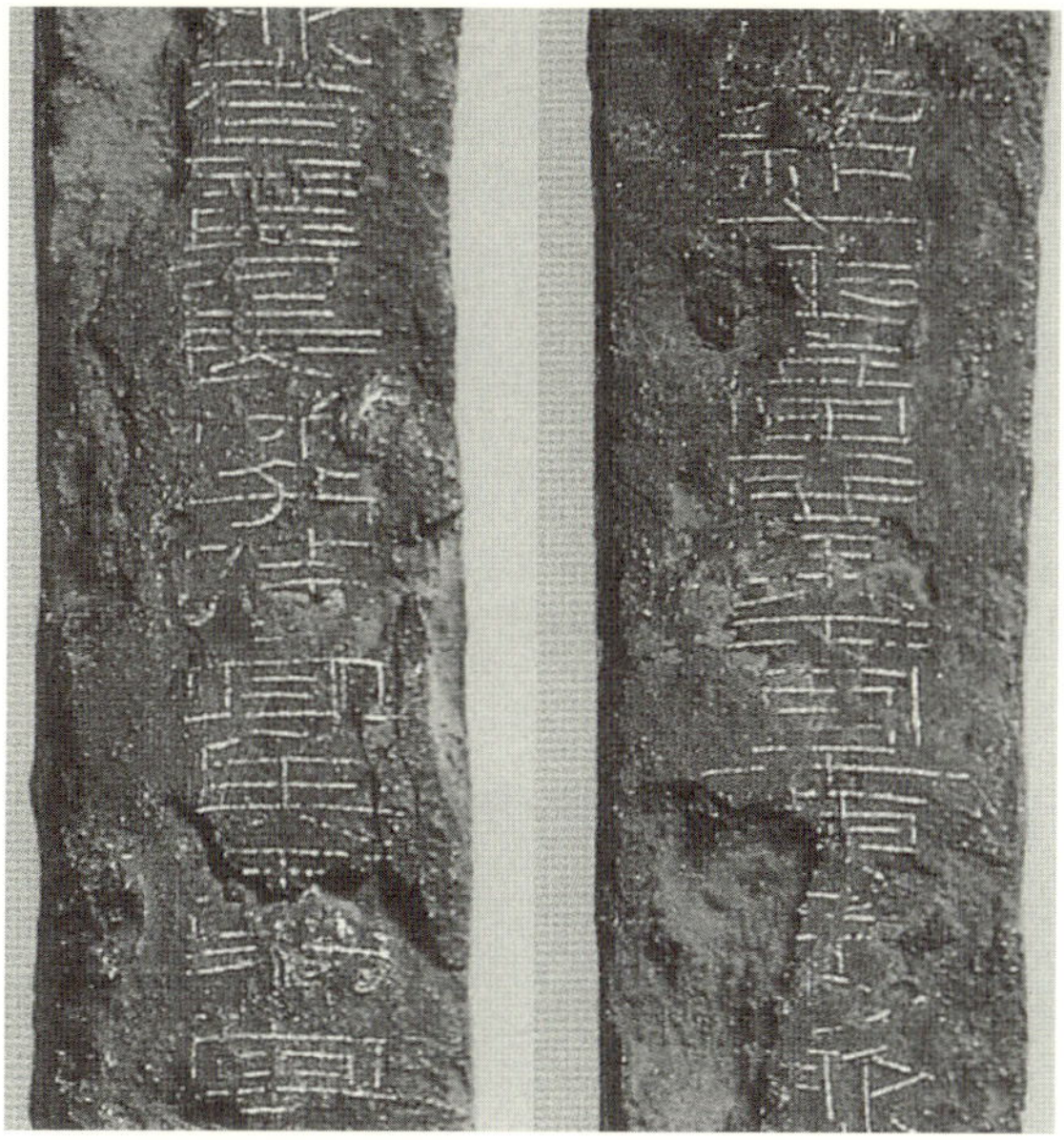

図５　四川省天廻山３号崖墓出土光和七年（AD184）銘十湅書刀

違うところだと思います。

もう一つ例を挙げましょう。光和七年銘書刀の銘文です（図５）。書刀は木簡を削るための刀、小刀ですね。銘文には「蜀郡の工官の十湅の書刀」、ここにもやはり十湅という文字が彫られているのです。少し読みにくい文字ですが、非常に特殊な文字で扁平に「十」と彫ってあります。その下が「東」のように見えます。これが「湅」の字の右側と思われます。これも意味は先の二つの象嵌銘と同じで、「蜀郡の工官つまり官営工房で、十湅の鉄を材料にして造った」ということを言っているにすぎません。先の二つの象嵌銘と意図・目的が全く同じです。

3. 古墳時代中期以前の倭の鉄事情

鉄という分類用語

ここで少し鉄のことを解説させていただきたいと思います。このシンポジウムは古代史の世界にありますので、私は今「鉄」という語を使っております。実は私は、もともとは技術屋として「鉄」をずっと使ってまいりました。ところが「鉄」を使う工房では「鉄」という言葉を全くと言ってよいほど使わないのです。銑《ずく》、鋼、生鉄。この三種類と、その下にある小分類のための語を使います。小分類の語は、いわば技術用語ですのでここでは説明を省かせていただきます。

平安時代に編まれた延喜式では、「鉄」という言葉以外にもう一つ「堅鉄《けんてつ》」という言葉が使われています。鉄を二種類に分けているのですね。延喜式で言っている「鉄」は用途から考えて「生鉄《なまがね》」のことだと思われます。「堅鉄」は工具用・武器用の「はがね」でしょう。

近代でも、「鉄」という言葉を使わないで「鉏鉄《あらてつ》」や「しなてつ」などと言っていたことが分かってきています。「鉏鉄《あらてつ》」とは銑《ずく》のことで、「しなてつ」とは鉧《けら》（製鉄で得られるはがねなどの大きなかたまり）のことを意味します(6)。伝統的な技術を受け継いでいる刀鍛冶も、「はがね」や「銑」や「生鉄」などという言葉を使います。中には「鉄《てつ》」という言葉を使う伝統的な工房もありますが、この場合は鉄全体のことを言っているのではなく、はがねやずくに対する生鉄を指して「鉄」と呼んでいます。

なぜそのように「鉄」という言葉を使わずにこれらの三つの言葉を使うかというと、この三つは同じ「鉄」の仲間ではあるのですが、全く別の性質を持つ素材であるからです。生鉄は炭素を少ししか含まない鉄で、現代では、鉄橋、スチール机、スチール棚、鉄扉、金庫、パイプイスなどのいわゆる構造材に使われています。はがねは、炭素をおおむね〇・三〜一%《パーセント》含む鉄で、包丁、日本刀、鋸などの工具や刃物に使われ、銑は、炭素を二〜五%《パーセント》程度含んだ鉄で、鋳鉄とも呼ばれます。ダルマストーブ、エンジンのシリンダーなどの容器類や万力、重さや減衰性が必要な機械のボディなどに使われます。このように用途がはっきり分かれているのは、その性質が大きく異なるためです。古代においては銑も、農具に使ったり、研ぎあげて工具などに使っていたようで、鋳造鉄斧なども出土していて、実際に使った痕跡が見えることもあるようです。鋳鉄製の農具は日本ではほとんど見かけませんが、中国では今も使われています。

古代史の中で注目すべきはなまがねの存在です。様々な器物のボディは、古代からつい最近の昭和三十年代までの東アジアでは、そのほとんどが木で作られていました。皆さんもご記憶にあると思うのですが、先に挙げた橋、机、椅子、本棚、家の柱、箱、建物などは、すべて木で作っていました。そうした器物のボディに鉄（＝なまがね）が使われるようになったのはつい最近のことなのです。現代では鉄利用の主役となっているなまがねは、古代では使い途が少なかったのです。ちなみに古墳から出土した鉄鋌の分析例を見ると、その多くがなまがねの部類に入ります。その一方で、古代といえども、工具や武器を作るには、なまがねでは実用に耐えない、ということが問題なのです。鉄鋌は様々な鉄器の材料と考えられてきましたが、鋳造用にも工具用や武器用にも使えないとしたら、一体何のために存在していたのでしょうか？　再考が望まれます。

銑は、はがねをつくる材料として有効に利用されます。したがって、はがねと銑は、古代においては大きな価値がありました。

列島の象嵌銘から見える倭国の鉄事情

これまで、中国の象嵌銘について検討してきましたが、ここで、日本列島に遺っている、「練」の文字が使われた象嵌銘遺物の中から、石上神宮の七支刀銘、さきたま稲荷山古墳鉄剣銘、そして江田船山古墳の銀象嵌鉄刀銘の三つについて考えてみます。

七支刀には、「造百練𨦟七支刀」と象嵌されています。これは百練鉄を使って七支刀を造ったという意味だと考えられます。従来は「百回折り返し鍛錬して」と理解されていました。しかし、そうではありません。これは、普通の鉄ではなくて「中国産の良質なはがねを使って七支刀を造った」、ですね。刀剣を造ることが出来るよいはがねがすなわち百練鉄であり、それを使って造られたのが七支刀だということです(7)。

さきたま稲荷山古墳金象嵌鉄剣銘も、同様です。銘文の末尾に「令作此百練利刀記吾奉事根源也」とありますが、「この百練の利刀を造らしめ、吾が事え奉る根源を記すなり」と訓《よ》むのでしょう。つまりこれも「百練という鉄素材を使って」、ということになります。これは朝鮮半島系の人が文章を作っていると考えられるのですが、その彼が、中国製の優れた鉄素材を使って刀を造ったという表現をしたのです。

もう一つここで最も注目しておきたいのは、江田船山古墳の銀象嵌鉄刀の「八十練」の銘です。「用大鋳釜并四尺廷刀八十練㕞十捃」とあります。これは、「大きい（鉄製の）釜と四尺の廷刀を用いて八十練して六十捃《くん》した」と訓むことができます(8)。ここでは「練」が動詞的に使われていることがわかります。「廷」は「挺」の省略で、「長くそびえる」刀です。四尺の長さというのはちょうど中平銘鉄刀と同じような長さで当時としては特別長大な刀です。「大きい釜と四尺の廷刀の両方を併せて使って八十回練りあげて、六十捃した」と解釈することができます。「捃」は、選び取るという意味。これを「振」などと読んでいる人もいますが、実際に銘文をよく見た人であれば、「振」などとは決して読めません。刀鍛冶の仕事の中で、鉄素材を敢えてバラバラに砕いて、良い部分だけを拾い取る作業があります。水減《みずへ》しと小割《こわ》りという一連の作業です。昔は均質な材料を得るのは難しかったので、敢えて割って良い部分だけを取り出して使う必要があったのです。良い材料を簡単に買うことができる現代の工場ではほとんど見られない光景ですが、古代ではとても重要な作業でした。なぜここで「百練」とせずに「八十練」としたのか、という点でありますが、「百練」が中国製のはがねだとしますと、日本にいる工人がそれに匹敵するものを造ったのだが、そこで少々遠慮して、「八十練」という言葉を使った、と理解することができます。「百十練」でも「三百練」でもないところが遠慮深く感じられて良いですね。

銘文のこの部分は鉄の技術的な記述となっています。日本最古の技術的文献資料ということになろうかと思います。その意味するところは歴史学的に重要な意味があります。江田船山古墳というのは五世紀末から六世紀頃の古墳ですが、銘文が語っているのは、この頃に、大鉄釜、つまり鋳鉄すなわち銑を使い、併せて刀の廃品を使って、この刀を造った、ということです。刀をリサイクルして海外からもたらされる刀に負けない刀を造ることができたことを宣言していると理解することも可能です。それ以前の日本列島ではまだ鉄の炭素含有量を自由にコントロールすることができなくて、中国または朝鮮半島諸国からはがねを分けてもらって、あるいは買ってきて、武器や工具を作らざるを得なかったものと考えられます。それがどうして分かるかというと、大きな鉄の釜と四尺の廷刀の廃品を使って新たに刀剣用の鉄、すなわちはがねを造ったということを敢えてこの銀象嵌銘に刻んでいるからです。このようなはがねの再生技術が当時ありきたりの技術であったとすれば、わざわざ銀象嵌銘にして記す必要もないでしょう。誇りたい新技術であるからこそ銀象嵌銘にして自慢しているのではないでしょうか。

鉄の炭素含有量をコントロールできなかった時代の倭は、武器や工具の生産量が、中国や朝鮮半島からのはがねの輸入量に制限されていたことになります。鉄素材の送り側である、中国や朝鮮半島諸国からすれば、倭人にはがねさえ渡さなければ、倭人は自由に大量の武器を作ることができない、ということになります。倭人に渡すはがねの量をコントロールすることによって、倭の力を制御していたことが推定されます。先ほど述べました漢の鉄の専売制度ならびに供鉄限冶政策とほぼ似たようなところがあるかと思います。

4. 中平銘鉄刀と技術移転論

古代中国の鉄事情と古墳時代中期以前の倭の鉄事情について少しだけご理解いただけたものと思います。続いて中平銘鉄刀の方に移らせていただきたいと思います。

私が進めている技術移転論というのは、次のようなことです。

中平銘鉄刀を作り手の側から考えてみます。中平銘鉄刀を作るには何が必要かということを考えるのです。必要な技術の一つ一つを「技術文化要素」といいます。中平銘鉄刀の場合は、①鉄の刀身の製作技術、②象嵌技術、③銘文の構造、中平銘鉄刀の場合は特殊な構造の銘文があるということ、最後に、④文字のかたち（結体）です。この四つの技術文化要素が中平銘鉄刀が生まれ出るために、なくてはならないものです。これらの一つ一つを検証することで、中平銘鉄刀がどのような背景でどのような目的に沿って造られたものであるかを考えることが中平銘鉄刀の技術移転論です。

①刀身の製作技術（長さと反り）

中平銘鉄刀の刀身の長さは約一一〇センチと復元されています。先ほどご紹介しました中国の五十湅鉄剣や卅湅大刀とほぼ同じ長さです。江田船山銀象嵌銘にある四尺の廷刀も、それに匹敵する長さです。中平銘鉄刀は内反りの姿をしています。図6のように、刃先が下の方に曲がっています。日本刀とは逆の反り方をしているのです。刀身の内反りの問題を研究された勝部明生氏が挙げている十数例の内反り刀の反りは、中平銘鉄刀の半分にも満たないものばかりです。[9] 中平銘鉄刀の大きな内反り[10]には、物理的か、あるいは技術的な必然性がどこかにあるのではないかと考えられ

中平銘鉄刀刀身長　　約１１０㎝
五十湅鉄剣刀身長　　　１０９㎝
卅湅鉄刀　刀身長　　　１１１．５㎝

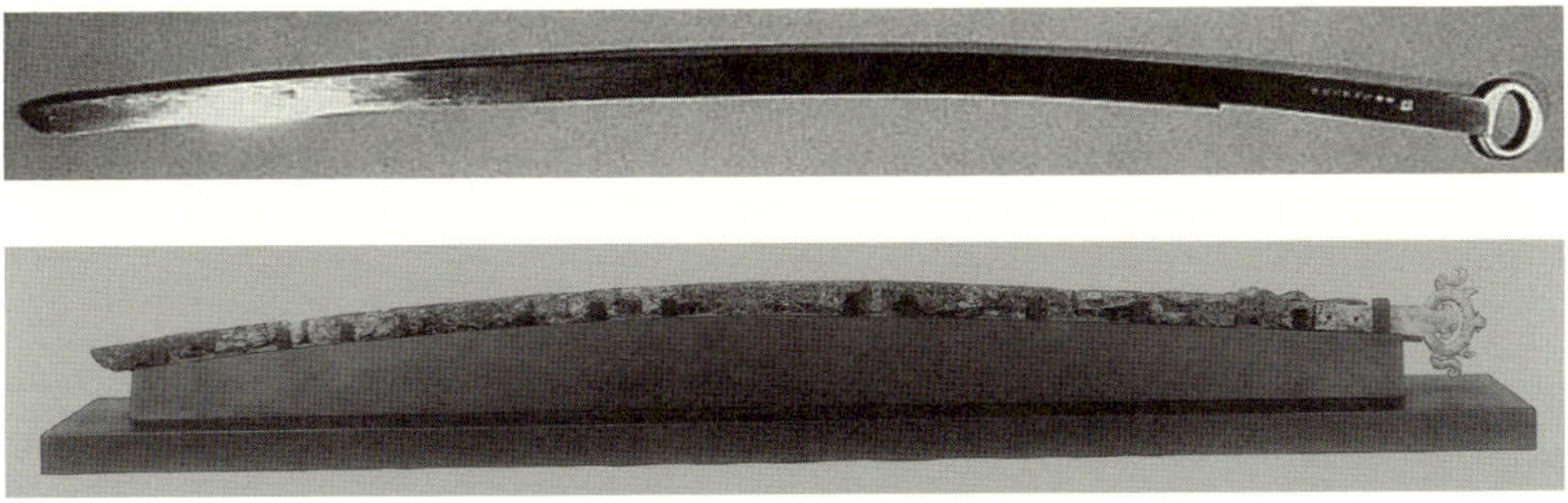

図６　復元された中平銘鉄刀の姿[11]

ます。

まずは長さのことについて考えてみます。先ほど紹介しました江田船山古墳の銀象嵌鉄刀の銘文ですが、中程のところに「四尺廷刀」とあります。長い刀は短い刀より折れやすい、曲がりやすい。ですから長い刀を造る時は、短い刀よりも良い素材を使うようにしなければならないし、丹念な刀造りをしなければならないのです。つまり「長い刀」は良い素材と良い技術がなければ造れないということになりますから、長いことを意味する「四尺廷刀」と銘文に刻むことは、その刀が良い材料と優れた技術で造られたことを象徴的に示しているのだと思います。そして大きい鉄の釜、これも同じ意味で使われているのでしょう。大《だい》という文字の持つ意味というのは、鋳造で容器を作る時に、小さいものは簡単にできますけれども、大きいものは良い材料を使わなければ作れないということ。ですから、釜には敢えて「大《だい》」という形容詞を使い、刀の方には「四尺の廷」刀として、ダブって大きい、長いということを形容する言葉を使ったと考えられます。それがこの銘文を作った人の意図だと言えるのではないでしょうか。中平銘鉄刀の場合は、長大な姿が、良質な素材と優れた技術によって造られたことを誇示することにな

表３　直刀製作の各工程における「反り」の制御（河内國平氏による）

	工程	反りの状態	その時点における内反率
①	火造りの終了時	約４～８㎜内反りに造る	＋０．５～＋１．０％
②	熱処理（焼入れ焼き戻し）後	約４～９㎜外反りになる	－０．５～－１．３％
③	鍛冶押し（あら研ぎ）後	約３㎜位外反りが残るまで研ぐ	－０．４％
④	研磨（仕上げ研ぎ）後	真っ直ぐになる	０％

るのです。

次に、中平銘鉄刀の反りの問題ですね。日本刀が反っている、つまり外反りをしているのは皆さんよくご存じのことと思いますが、外反りしている日本刀も鍛造を終えた時点、つまり焼き入れ前は、ほぼ真っすぐだということもご存じのことだと思います。それが、焼き入れした瞬間に反るのです。焼き入れの後は研ぎの工程に入るのですが、研ぎ始めると、今度は次第に反りが緩くなっていきます。そうしてほどよい反りのところで研ぎをやめる、というわけです。

刀鍛冶の方たちは、伊勢神宮の遷宮に際しての刀、直刀を造って奉納してきました。この刀は直刀ですから仕上がりは真っ直ぐです。直刀の製作工程について、反りの変化をキーワードにして見ていきます（表３）。

刀の製作は、まず①鉄のかたまりを火造りして形を整え、②熱処理し（焼きを入れ）、次に③あら研ぎ、最後に④仕上げ研ぎ、と大きく分けて四工程となります。刀身が真っすぐな直刀を造るには、②の熱処理（焼き入れ）の時に、少しだけ外反り、つまり日本刀と同じ向きの反りで日本刀より小さな反りになるようにします。少し小さな反りにしておかないと、その後の③と④の工程で刃を研いだ後に真っすぐにならないのです。それからもう一つ前の工程ですが、①の火造りの段階では少しだけ内反りになるようにします。②の熱処理で、その反りが反転して外反りになるように造るので①の火造りの段階ではあまり大きく内反りにはしません。表３のように工程に従って反りを調整していき、最後の④の工程を終えた時点で真っすぐになるようにするのです。刀身の反りは、刃側の材料の伸びようとする力と棟側の材料の伸びようとする力の釣り合いで決まるということが分かります。つまり刃側の部分が研磨によって減るとその力が弱くなり、相対的に棟側の材料の力が強くなります。それによって、刀身は一層内反り気味になっていくのです。したがって、稀に見る大きな反りを持っている中平銘鉄刀は、刃側の材料が度重なる研磨によって減じ、それによって内反りが大きくなっていった可能性が考えられます。中平銘鉄刀は、製作時から長い年月の間大切に伝世され、その間、何回かの研ぎ直しが行われたことを想定することが出来ます。一度だけの研ぎ直しにしては反りが大きすぎるので、研ぎ直しが数十年に一度行われたとすると、伝世されたその間、数回の研ぎ直しが行われたこと、つまり、中平銘鉄刀は一〇〇〜二〇〇年の間の伝世期間が推察される姿をしているとも言えるのです。

②象嵌技術（蹴り彫り象嵌）

二つ目の技術文化要素は象嵌技術です。東大寺山古墳の発掘のときに白木原先生がこの象嵌銘を研ぎ出した[12]というお話が先ほど金関先生からありました。図7を見るまでは分からなかったのですが、実はこの中平銘鉄刀の金象嵌は、蹴り彫り象嵌という技法で彫刻されています。例えば丙午の「午」の字の縦の画を見ていただくと、三角形の点が繋がっているのが見えますね。このような三角形を連ねる彫り方を、彫金の世界では「蹴《け》り彫《ぼ》り」と言います。蹴り彫りの溝の中に金を埋める象嵌技術というのは古墳時代の日本列島にも朝鮮半島にもありません。これは後漢の技術です。先ほどご紹介した卌湅鉄刀（図４）も五十湅鉄剣（図３）もどちらも蹴り彫り象嵌です。卌湅鉄刀の蹴り彫り象嵌では、三角形の点がつながっているのが見えます。五十湅鉄剣は蹴り彫り象嵌の痕跡が「初」のつくりのところに見えます。三角形が点々とつながっています。中平銘鉄刀は中国の技術者によって造られているのです。先ほど

蹴り彫り象嵌技術

図７　中平銘鉄刀の蹴り彫り象嵌

金関先生がご紹介されましたように、中国の研究者で中平銘鉄刀を日本製とする説を唱えている方がいらっしゃるのですが、蹴り彫り象嵌はやはり日本では見られない技術ですので、それは少し難しいかなというふうに思います。

③銘文の構造（四言押韻の句）

三つ目の技術文化要素は銘文の構造です。中平銘鉄刀銘の特徴的なところは、その銘文が四言で押韻された句であるということです。押韻する、つまり韻を踏むということは、南朝の時代に定められ、唐で広く使われたと言われる詩を作るための「きまり」の一つですが、押韻自体は、中国では古くから行われていました。それが後に定められたのです。中平銘鉄刀では、「剛」の文字、それから「羊」あるいは「祥」と推定されている文字ですが、これらの文字はどれも七陽という発音のグループに属していまして、よく似た発音を持っているのです。この同じグループ内の漢字を、あ

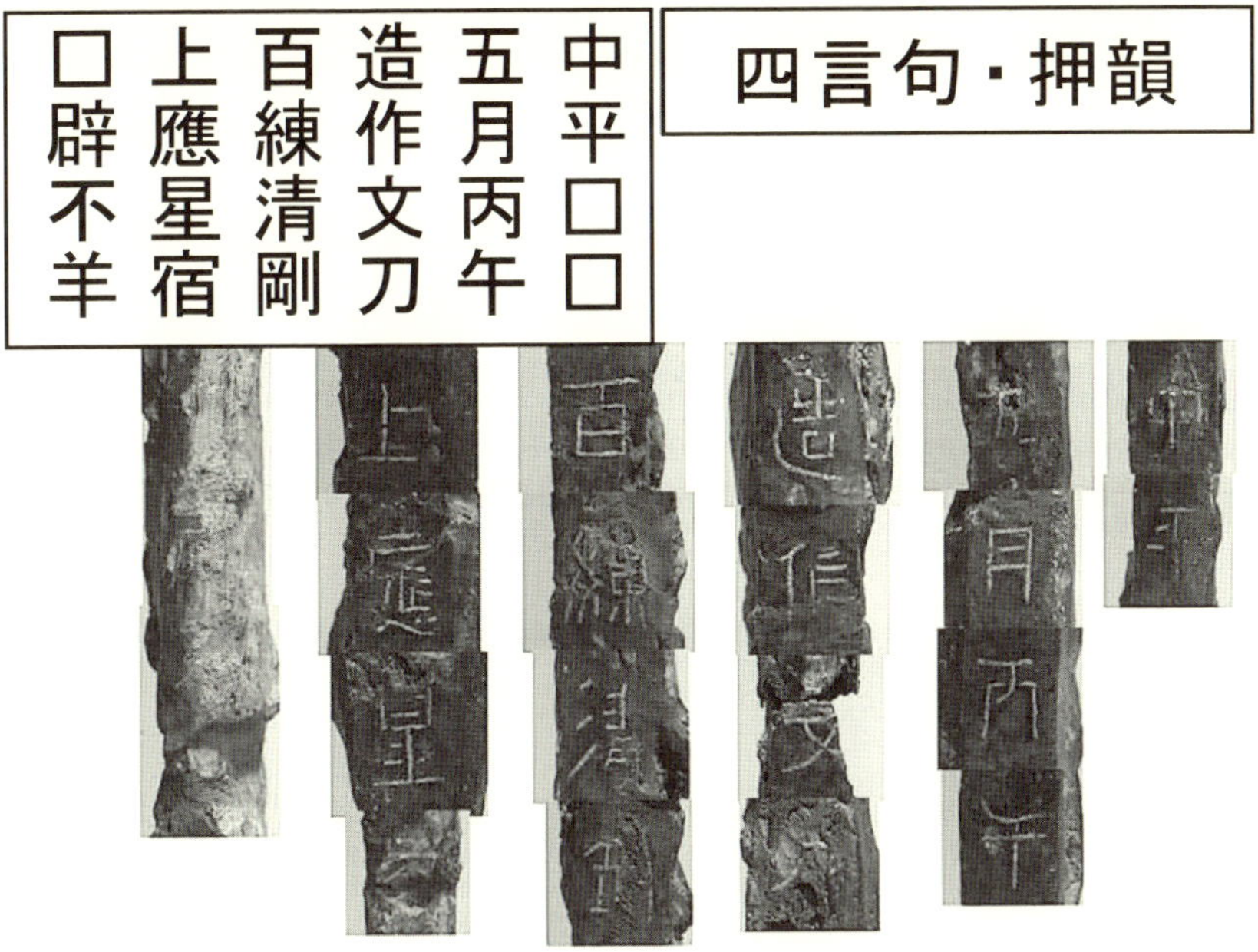
四言句・押韻
中平□□
五月丙午
造作文刀
百練清剛
上應星宿
□辟不羊

図８　中平銘鉄刀の四言押韻の句

る規則性を持たせて詩や銘文の行の末尾に使うと、詩のリズムが良くなります。これが、押韻ということです。四言句で押韻していること、これが中平銘鉄刀銘の一つの特徴です。

これは金関先生がすでにご指摘になったこと[13]でありますけれども、天紀元年（二七七）の重列神獣鏡と永安四年（二六一）銘の重列神獣鏡、どちらの銘文も七陽の韻で押韻されています。押韻は、定型化される以前から行われているのですから、その発音は中国中原に根差したものとなります。そこに暮らし、そこの発音を理解できる人でないと韻が踏むことができません。中平銘鉄刀の銘文を作った人は、中国中原で生まれ育った人と考えるべきでしょう。押韻も一度定型化され、マニュアル化されれば、日本列島の人でも朝鮮半島の人でもできるようになるのですが、中平銘鉄刀銘はそれ以前のものでありますので、やはり発音がわかる地域に生まれ育った人によって作られたものと推定されます。

④文字のかたち（鏡銘体との類似）

最後、四つ目の技術文化要素は文字のかたち（結体）[14]です。中平銘鉄刀の文字については梅原先生が最初の報告[15]の中でおっしゃっているのですが、「これらの文字はすべて整った後漢の書体でかかれている」と指摘されました。しかし、この点については、すでに金関先生が訂正されておられまして、漢代の洗練された隷書とは少し違うとのご指摘です。比較図を作ってみました（図９・図10）。丗湅鉄刀と五十湅鉄剣の文字を見ると、どちらも扁平な結体であることがわかります。後漢代の石碑の文字は、漢代の文字の中でも完成された隷書と評価されていますが、これらと丗湅鉄刀と五十湅鉄剣の文字の結体がとてもよく似ているということができます。①扁平であること、②波磔のある横画の収筆《しゅうひつ》（筆の収め方）が右上方向に抜けていること。「造」のしんにょうをみると、後漢の隷書の特徴と同じように、波磔の収筆が右上方向に跳ね上がっています。丗湅鉄刀と五十湅鉄剣の文字も、後漢代の石碑の文字（隷書）と同じ結体の特徴を持っています。

ところが、中平銘鉄刀の文字の結体は、典型的な後漢代の隷書とはかけ離れています。扁平ではないし、波磔もありません。隷書の結体の特徴を持っていません。「ちょっとこれは違うな」という感じです。図10で後漢の石碑の文字と中平銘鉄刀の文字を較べてみましたが、やはりどうも違う。どうやら中平銘鉄刀の文字は、後漢の典型的な隷書の影響を受けた文字ではないようです。文字というのは突然生まれ出るものではないので、私は、中平銘鉄刀の文字と似た文字がないかと周囲の遺物をあれこれと探しておりました。そうしましたら、鏡の銘文の中に中平銘鉄刀とよく似た結体の文字がみつかりました。

鏡の背面には銘帯という幅数ミリの帯状で円周状の領域がありまして、そこに銘文が彫られています。「銅出徐州」とか、「呉作明鏡」、「陳氏作鏡」などと鋳型にヘラ押しされて文字は陽文になります。中平銘鉄刀の文字を鏡の銘帯の文字と較べますと、実によく似ています。図9の中平銘鉄刀の「五」の文字と、その右側の泰始七年銘葉紋帯神獣鏡の「五」は左文字になっておりますが、縦横比も同じくらいで、第三画の縦の線が第二画の縦画に平行している点も同じです。さらに「清」字はさんずいもつくりも鏡銘の文字とそっくりです。その下の「月」の四角い結体と、同じく縦画二画を真っすぐに引いている様子はほぼ同じだと言えましょう。それから「造」の文字もそうですね。縦長の結体であること、そして波磔がないこと、これだけでもう後漢の隷書の域をまったく逸脱しているわけですが、同じ時代の後漢の文字の中でも、鏡銘だけが後漢の隷書とは異なった結体になっていることが分かります。こうした特徴的な結体を持った文字の一群を「鏡銘体」というふうに私は名付けました。

ここで鏡銘体とその他の文字との、縦横の比率の比較を表4に示しました。これを見ると、中平銘鉄刀の文字の結体がいかに縦長であるか、漢碑の隷書がいかに扁平であるかがわかります。漢碑の隷書の縦横の比率を計りますと、高さが横幅の六二パーセント、四六パーセント、八二パーセントなどとなっています。中平銘鉄刀の文字は高さの方が大きい縦長の結体になっていまして、これは三国の鏡、後漢の鏡の文字の結体、つまり鏡銘体と共通します。

表4　字の縦横寸法比

文字	後漢の隷書	中平銘鉄刀	後漢鏡銘	三国鏡銘
五	46.5	84.6	−	84.6
清	−	175.0	−	185.7
作	62.8	125.0	88.2	98.2
練	82.6	121.7	166.7	144.6
剛	85.4	150.0	−	125.4

（数値が大きいほど縦長の結体であることを示す）

他に特に特徴的な文字を挙げておきますと、中平銘鉄刀の「剛」という文字ですね、この文字の結体は、後漢の隷書の中には見つかりません（図10）。その右側の「剛」は、三国時代の三角縁新作徐州銘四神四獣鏡銘ですが、とてもよく似た結体を持っています。同じく図10の「作」の字もほとんど同じです。鏡銘体とよく似ています。それから図10の糸へんは鏡銘体とうり二つというくらいです。「文」も鏡銘体そのものと言って良いでしょう。

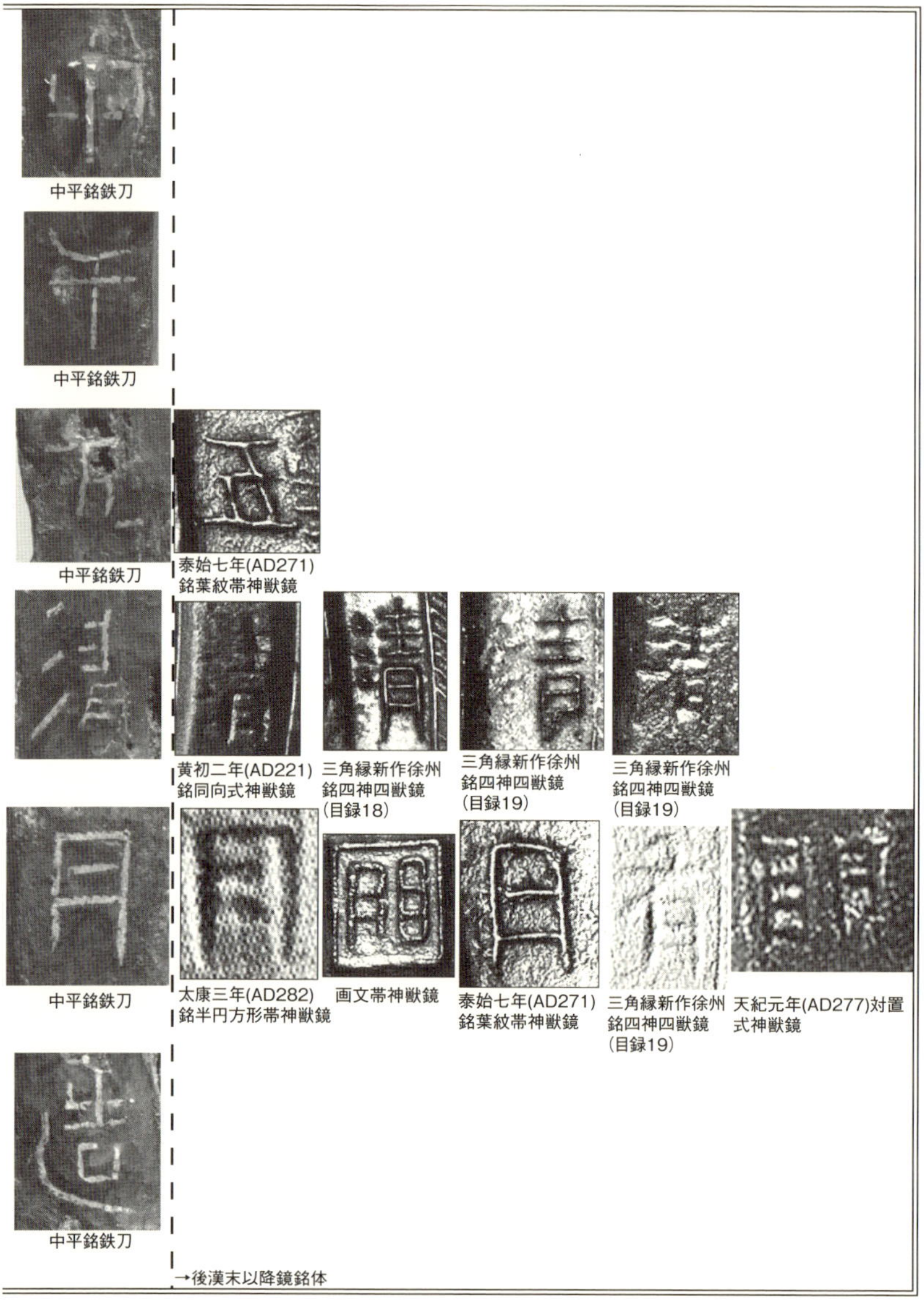
中平銘鉄刀
中平銘鉄刀
中平銘鉄刀
泰始七年(AD271)銘葉紋帯神獣鏡
黄初二年(AD221)銘同向式神獣鏡
三角縁新作徐州銘四神四獣鏡(目録18)
三角縁新作徐州銘四神四獣鏡(目録19)
三角縁新作徐州銘四神四獣鏡(目録19)
中平銘鉄刀
太康三年(AD282)銘半円方形帯神獣鏡
画文帯神獣鏡
泰始七年(AD271)銘葉紋帯神獣鏡
三角縁新作徐州銘四神四獣鏡(目録19)
天紀元年(AD277)対置式神獣鏡
中平銘鉄刀
→後漢末以降鏡銘体

文字の結体を比較する（1）

図９　象嵌銘と漢碑と鏡銘の

三角縁新作徐州銘
四神四獣鏡（目録37）

三角縁新作徐州銘
四神四獣鏡（目録19）

三角縁新作徐州銘
四神四獣鏡（目録19）

三角縁新作徐州銘
四神四獣鏡（目録18）

三角縁新作徐州銘
四神四獣鏡（目録18）

三角縁新作徐州銘
四神四獣鏡（目録19）

巌窟神人竜虎四
方対列式明鏡

永安四年(AD261)
銘重列神獣鏡

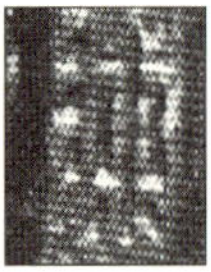

太康三年
(AD282)銘半円
方形帯神獣鏡

正始元年(AD240)
陳是作同向式
神獣鏡

三角縁陳是作
四神四獣鏡（目録52）

三角縁新作徐州銘
四神四獣鏡（目録18）

三角縁吾作四神四
獣鏡（目録36-37）

三角縁張是作六神
四獣鏡（目録62）

三角縁吾作徐州銘
四神四獣鏡（目録37）

文字の結体を比較する（2）

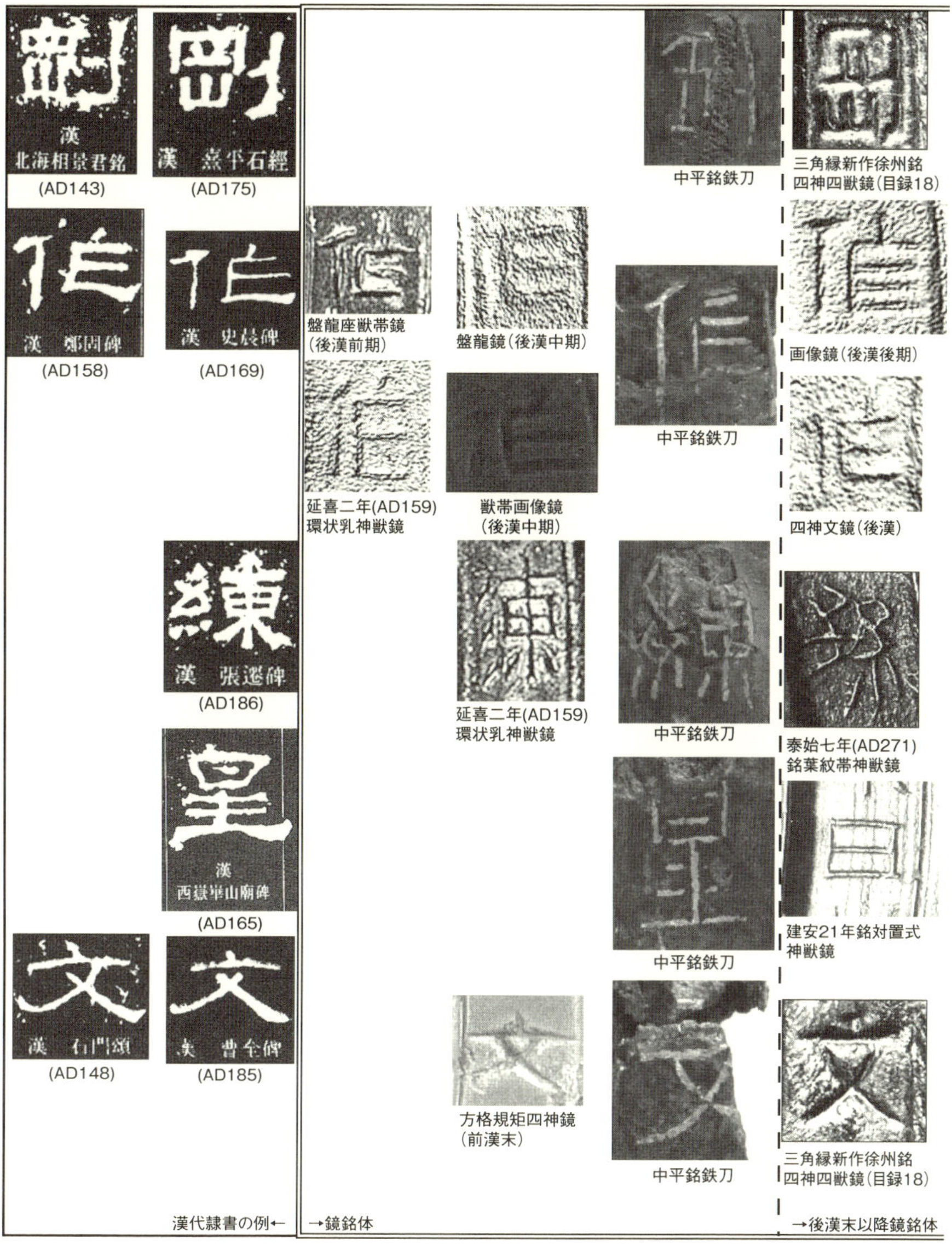
漢 北海相景君銘
(AD143)
漢 熹平石經
(AD175)
中平銘鉄刀
三角縁新作徐州銘
四神四獣鏡(目録18)
漢 鄭固碑
(AD158)
漢 史晨碑
(AD169)
盤龍座獣帯鏡
(後漢前期)
盤龍鏡(後漢中期)
中平銘鉄刀
画像鏡(後漢後期)
延喜二年(AD159)
環状乳神獣鏡
獣帯画像鏡
(後漢中期)
四神文鏡(後漢)
漢 張遷碑
(AD186)
延喜二年(AD159)
環状乳神獣鏡
中平銘鉄刀
泰始七年(AD271)
銘葉紋帯神獣鏡
漢
西嶽華山廟碑
(AD165)
中平銘鉄刀
建安21年銘対置式
神獣鏡
漢 石門頌
(AD148)
漢 曹全碑
(AD185)
方格規矩四神鏡
(前漢末)
中平銘鉄刀
三角縁新作徐州銘
四神四獣鏡(目録18)
漢代隷書の例←
→鏡銘体
→後漢末以降鏡銘体

図10　象嵌銘と漢碑と鏡銘の

文化と技術の時空図

ここまで、中平銘鉄刀の技術文化要素のそれぞれについてお話して来ました。和田先生は『時空散歩』という新聞の連載をなさっておられます。本日私がはじめてご紹介する図は「技術と文化の時空図」（図11）と名付けたものです。時空図は、物理学の分野で相対性理論を説明するときに使われるものです。私の時空図は、横軸に時間軸、縦軸に空間軸を取っています。空間軸に距離を取り、少々強引ですが、軸上に長安とか洛陽を置いて、上に向かって山東半島、遼寧省、朝鮮北部南部、一番上に倭を置きます。それから下の方にきて江南とか四川あたりというように地域をグラフの縦軸に置きました。中平銘鉄刀の四つの技術文化要素は、①鉄の刀身の製作技術（素環頭大刀）、②象嵌技術（ローカルな蹴り彫り象嵌）、③銘文の構造（四言押韻）、④文字（鏡銘体）を挙げました。この四つの技術文化要素の時間的空間的な存在のエリアを「時空」としてこの図に描きます。

まず、①鉄の刀身の製作技術（素環頭大刀）の時空（S1）が大きく示されます。この時空はかなり広くなりました。素環頭大刀の研究は考古学ではあまり進んでいるとは言えないようで、それが造られていた地域と時代性について厳密に詰められていないようです。したがって後漢代からおおむね四世紀の末ぐらいまでを想定しなければならないということになります。

次は④文字（鏡銘体）の時空（C2）です。鏡銘体が見られる地域と時期の範囲を図に落としていきます。最近の鏡の研究では工房が中国のあちこちで見つかっており、あまり特定できておりませんが、それでも最近は楽浪付近に鏡の生産地があるとか、三角縁神獣鏡は倭国で作ったという説もありますので、できるだけ多くの可能性を残して鏡銘体の時空C2を描いてみました。

そして三つ目が③銘文で四言押韻の時空（C1）です。鏡の銘文で探しますと、四言の銘文は決して多くありません。後漢も後半になると少し出て来るようです。中平銘鉄刀が造られたのは、詩の世界で押韻が制度化される以前のことですから、中原でなければ押韻が難しいと考えられます。この中原の位置で後漢以降のことだとすると、図11のような時空C1を描くことが出来るだろうと思います。

四つ目は、②象嵌技術、すなわち蹴り彫り象嵌です。蹴り彫り象嵌は二つに分けることができます。一つは中原の蹴り彫り象嵌で、先ほどご覧にいれた卅湅鉄刀と五十湅鉄剣などがこれに入り、とても高い技術レベルであり、中原で一、二世紀の範囲で時空Z1を描くことができます。中平銘鉄刀は蹴り彫りのピッチも粗いですし、文字の結体も端正とは言えません。中原の象嵌とは時間的・空間的懸隔があると言えるでしょう。その懸隔の大きさについては、金関先生もすでにご指摘のところです。その懸隔をローカルな蹴り彫り象嵌の時空Z2として表現してみました。三、四世紀の中原か、二世紀の周辺地域か、というところです。

中平銘鉄刀というのは全ての条件が揃わなければ生まれ出ないと考えることになります。つまり、技術文化要素のすべての時空が重なるエリア、これが中平銘鉄刀誕生の時空A1（図11）と考えることができるのです。

中平銘鉄刀誕生の時空

中平銘鉄刀誕生の時空について、その可能性の範囲についてお話しします。中平銘鉄刀は金石学資料ですから、まずは銘文通り中平の年間に造ったと理解する。これがまずスタートです。しかし、他にも色々な可能性を考えておく必要があります。象嵌銘には後刻、追刻の可能性がついて回ります。中平銘鉄刀の誕生は、その時代については、三国時代に入った頃以降から三世紀末から四世紀に懸かる頃までの間が検討の対象となるのではないでしょうか。どこまで下げて良いのかもう少し検討を重ねる必要があります。そして、地域としては倭国とか、朝鮮半島などの領域は入

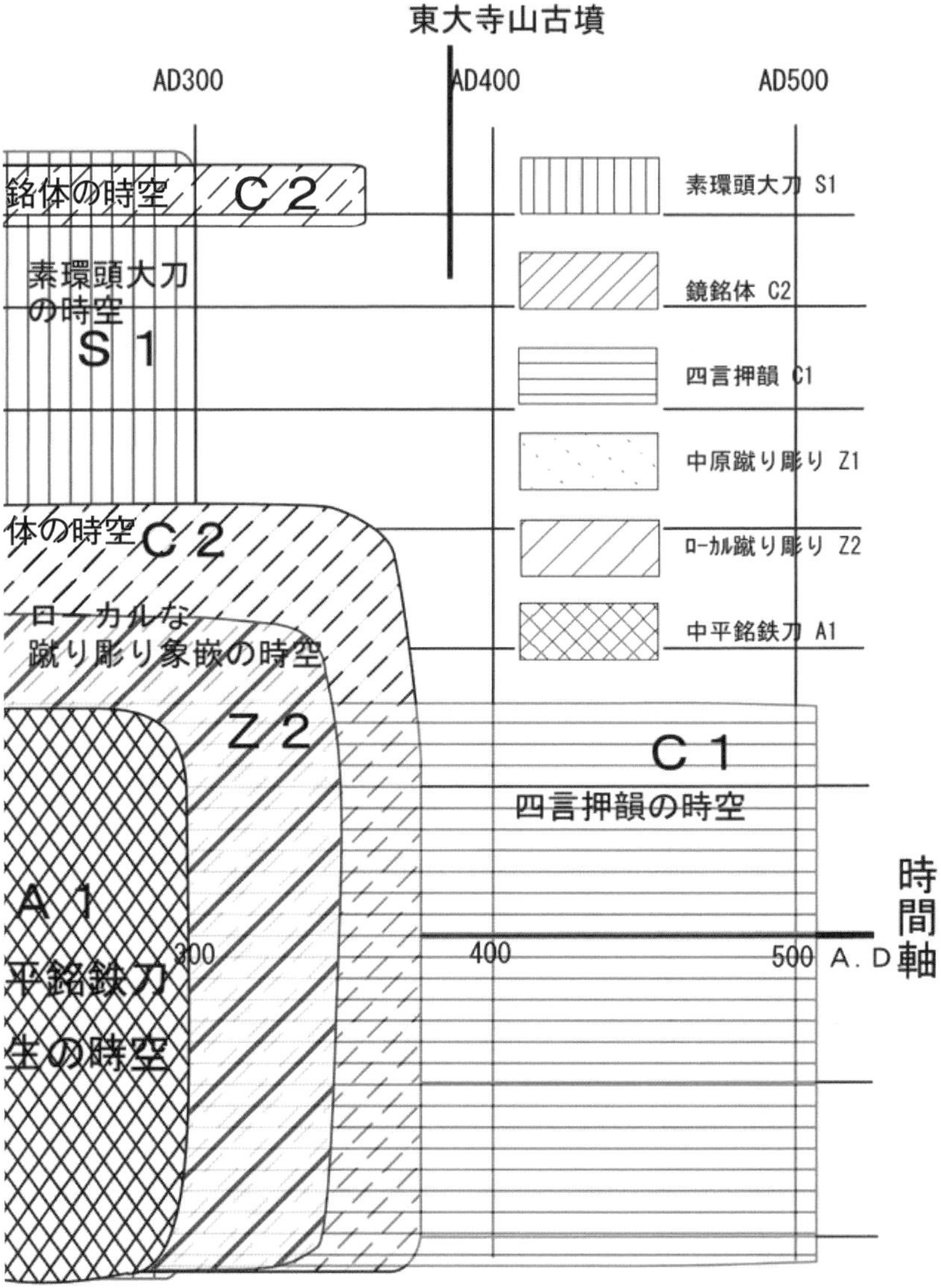
東大寺山古墳
AD300
AD400
AD500
銘体の時空
C 2
素環頭大刀
の時空
S 1
体の時空
C 2
ローカルな
蹴り彫り象嵌の時空
Z 2
A 1
平銘鉄刀
生の時空
C 1
四言押韻の時空
300
400
500
A．D
時間軸
素環頭大刀 S1
鏡銘体 C2
四言押韻 C1
中原蹴り彫り Z1
ローカル蹴り彫り Z2
中平銘鉄刀 A1

文化の時空図

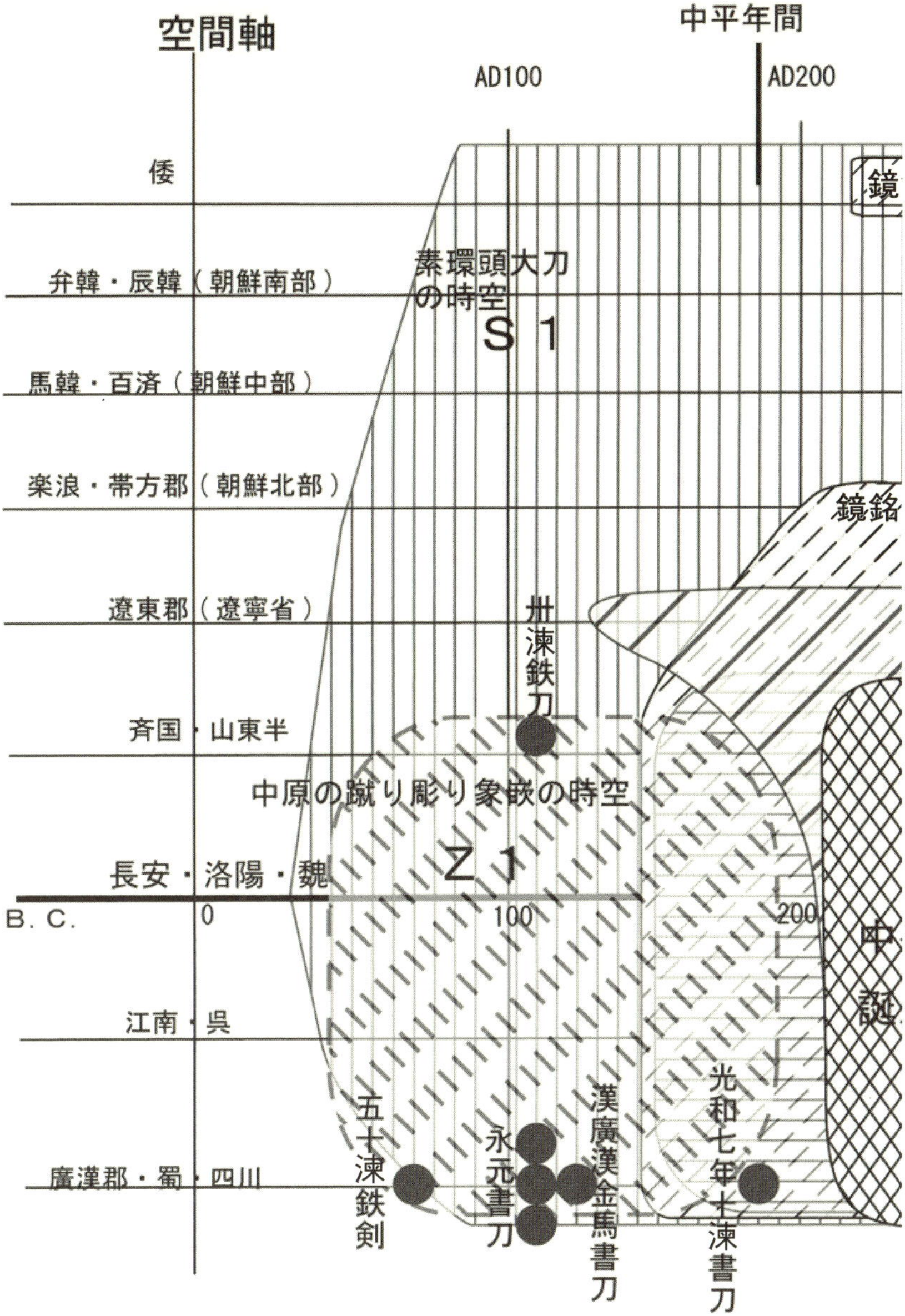
空間軸
中平年間
AD100
AD200
倭
鏡
弁韓・辰韓（朝鮮南部）
素環頭大刀
の時空
S 1
馬韓・百済（朝鮮中部）
楽浪・帯方郡（朝鮮北部）
鏡銘
遼東郡（遼寧省）
卅湅鉄刀
斉国・山東半
中原の蹴り彫り象嵌の時空
長安・洛陽・魏
Z 1
B. C.
0
100
200
江南・呉
五十湅鉄剣
永元書刀
漢廣漢金馬書刀
光和七年卅湅書刀
廣漢郡・蜀・四川

図 11　中平銘鉄刀・技術と

らないと思います。中原、あるいはその文化が直接的に及ぶ地域で造られたと理解するのが良いのではないか、と思います。

5．百練鉄刀の使命

最後になりますけれども、百練鉄刀の存在理由は、すぐれたはがねである百練鉄が欲しかった倭国と、その供給側の中国との関係の中で考えるべきものでしょう。鉄の専売制という国を支える柱であった重要な施策の中で、できるだけ鉄を売りたい当時の中国の政府が、倭国や朝鮮諸国へ働きかけをし、鉄素材を拡販しようとするために中平銘鉄刀が製作されたと考えたいと思います。鉄素材の拡販政策は、結果的には東アジア諸国の軍事力を制御することにもなるのです。「鉄素材を供給する」ことは、「鉄の技術を渡さない」ということと同義です。決して「友好の証し」などではありません。鉄素材の拡販と周辺地域の武力の抑制は、表裏一体のものなのです。事は、国家間の外交の問題なのですから。

中平銘鉄刀にしろ、魏志倭人伝にしてもそうですが、これまでの研究の視点が受け取り側の立場にあるように思えてなりません。品物の贈り側の視点、つまり戦略的な外交政策の視点に立ったとき、また別の様相が見えるのではないでしょうか。物を作る、作って渡すという時には、作り側贈り側の都合や事情があったと思うのです。作り贈った側に何らかの利益がなければ、いったい何のためにこのようなことをするのだ、ということを考えたいところです。あくまでも国同士の外交の話ですから、国家的な経済戦略の一環として理解すべきでしょう。そのように見ると、中平銘鉄刀の百練の銘というのは、倭人に対して、百練の鉄で造った刀の優れたところを見せるために造られたのではないかということです。魏志倭人伝には、よく皆さんが注目される、五尺刀二口と銅鏡の記事がありますが、私が注目しているのは後半にある、「還り到らば録受し、悉く以て汝が國中の人に示し、国家汝を哀れむを知らしむべし」というところです。贈った側の魏が、倭人に対してその品物を國中の人に見せろと。なぜ魏がわざわざそのような文言を付け加えるのか。貰った側の視点では全く理解できないのではないでしょうか。わざわざ魏志倭人伝に残すくらいの魏の強い意向があったのだろうと思います。これはまさに宣伝行為だろうと、私は思います。つまり、中平銘鉄刀は、中国側の鉄器、鉄素材の拡販の尖兵であった。つまりこれをもって中国の鉄すなわち百練鉄の優秀さを倭人に対して知らしめたいと、そのあたりが贈り側が中平銘鉄刀に託した使命なのではないかというふうに私は考える次第です。

大変長い時間を戴きまして、ありがとうございました。

この講演は、次の三編の論考を基礎とした。論拠など詳細についてはこれらを参照していただきたい。

①鈴木勉「「百練」と名付く　―鉄官の改廃と鉄の流通―」鈴木勉『論叢　文化財と技術1　百練鉄刀とものづくり』雄山閣、二〇〇八年

②鈴木勉「百練鉄刀の使命　―東大寺山古墳出土中平銘鉄刀論―」鈴木勉『論叢　文化財と技術1　百練鉄刀とものづくり』雄山閣、二〇〇八年

③鈴木勉「百練について」鈴木勉・河内國平『復元七支刀　古代東アジアの鉄・象嵌・文字』雄山閣、二〇〇六年

注

（1）　馮雲鵬・馮雲鵷輯『金石索』一八二一年

（2）潮見浩『東アジアの初期鉄器文化』（吉川弘文館、一九八二年）と譚其驤『簡明中国歴史地図集』（中国地図出版社、一九九一年）の図を合成した。

（3）李京華『中原古代冶金技術研究』第二集、中州古籍出版社、二〇〇三年

（4）李京華『李京華文物考古論集』鄭州中州古籍出版社、二〇〇六年

（5）山田勝美『塩鉄論』明徳出版社、一九六七年

（6）渡辺ともみ「近世東北北部のたたら製鉄と製品の流通」『講演会「鍛冶映像＊東北北部タタラ製鉄＊鉄の輸送」資料集』二〇〇七年

（7）鈴木勉・河内國平『復元七支刀　古代東アジアの鉄・象嵌・文字』雄山閣、二〇〇六年

（8）鈴木勉・福井卓造「江田船山古墳出土大刀銀象嵌銘「三寸」と古墳時代中期の鉄の加工技術〈付説：法隆寺金堂釈迦三尊像光背銘の「尺寸」について〉」『橿原考古学研究所紀要考古学論攷』二五、二〇〇二年

（9）勝部明生「鉄刀の経年変化について」『関西大学考古学研究室開設三十周年記念　考古学論叢』一九八三年

（10）古谷毅氏の復元案によれば、内湾距離は三㌢を超えるとされる。古谷毅「金象嵌銘花形飾環頭大刀の形状に関する考古学検討」『重要文化財東大寺山古墳出土金象嵌花形飾環頭大刀』東京国立博物館・九州国立博物館編、二〇〇八年

（11）金関恕「争乱を鎮めた大刀」『卑弥呼誕生―畿内の弥生社会からヤマト政権へ』大阪府立弥生文化博物館、一九九九年

（12）梅原末治氏は「日本出土の漢中平の紀年太刀―大和櫟本東大寺山古墳新出土品―」（『大和文化研究』七―一一、一九六二年）の注で、中平銘鉄刀の象嵌銘の研ぎ出しを主になって行った白木原和美氏の次のような知見を紹介した。
①まずタガネを当て、打撃をあたえながら字画にそうてタガネを移動させる。これによって平面は鋭二等辺三角形、断面はV字状の点の連続した線が出来る。
②その線に金條を当ててそれを打ち込む。

③タガネによる地鉄のめくれと金線の凸出した部分をヤスリですり取って仕上げる。

(13) 金関恕「後漢中平紀年銘鉄刀再論」『有光教一先生白寿記念論叢　高麗美術館研究紀要』第5号、二〇〇六年

(14) 結体とは間架結構によってできあがった文字のかたちを言う。間架結構法とは、造形理論のこと。点画の間のあけ方（間架）、点画の組み合わせ方（結構）を考えて、フリ合い（均衡）よく造形する方法のこと（西川寧・安藤更生・加藤諄・堀江知彦「書道辞典」『書道講座』八、二玄社、一九五五年）

(15) 注（12）に同じ

4　パネルディスカッション

司会　三先生と天理参考館の顧問近江昌司先生によって、これまでの話の続きにもなると思いますが、討論をしていただこうと思います。よろしくお願いいたします。

近江　本日の調整役を承りました近江です。皆様のご協力を得て順調に、かつ何ほどかの成果があげられればと思います。先ほど三人の先生方から多くの課題が提出されました。その中から私なりに問題点を整理いたしまして、先生方に再度お話をいただくことから進めます。

　まず東大寺山古墳は、大和国あるいは畿内の前方後円墳の中では、どのような位置づけになるでしょうか。周濠がない点、円筒埴輪列がある点、さらに立地、墳形や主体部の構造などの特徴から、いつ頃造られたと考えられるでしょうか。例えば資料の白石太一郎先生の「畿内における大型古墳の編年」（金関図3）では四世紀中頃の古墳にされています。金関先生はその辺はいかがでしょうか。

金関　時期については白石先生が設定しておられるように四世紀半ばでいいと思いますけれども、最近の古墳の研究では全体に時代が上にあがっているので、あるいはもう少し古くなる可能性があるかもしれませんね。

　埴輪は調べた限りでは二重にめぐっております。墳頂部にも立てられていました。ただあの時期の調査ですから、中央部だけを掘り、埴輪列を徹底的に調べたわけではありません。まだ調査する余地があります。葺石はありました。総じていうならば丘の上に造られたこの時期の前方後円墳として典型的なものだと思っております。

近江　それでは四世紀中頃の古墳として進めましょう。この東大寺山古墳の東北方約一キロ辺りのところが天理市和爾町で、ここが和田先生のお話にありましたように古代豪族ワニ氏の本貫地、本籍、出身地です。大和盆地における主要な古代豪族の勢力圏の分布については、岸俊男先生が図示されたものがあり、その後若干修正されながらいろいろな書物に引用されています。それによりますと盆地の南西部で葛城氏が大きな勢力をもち、大型古墳群が分布しています。対する盆地東北部では東大寺山古墳から北方に向かい、春日山からは西方に曲がって、いわゆる佐紀盾列《さきたたなみ》古墳群に至る範囲が、ワニ氏の勢力圏とされています。最近の研究では佐紀盾列古墳群ははずす方向にあるようですが、和田先生、古代豪族と古墳との関係からみると東大寺山古墳はどのように考えれば良いでしょう。

左から近江、金関、和田、鈴木の各氏

和田　奈良盆地の古墳の分布と、それにどういう氏族の奥津城《おくつき》が対応するのか、これまでいろいろ議論がありました。岸先生は文献と対応させて、今、近江先生のお話にありましたような図を作っておられます。その中で例えばワニ氏、あるいはその同族氏族については添上郡の地、今の天理市の北部から春日野にかけてのあたりがワニ氏とその同族の本拠地と考えておられます。また葛城氏については、考古学の研究者を含めて、馬見古墳群を充てるというのが一般的であると思います。ただ馬見古墳群については、少し別の見方もできるかと考えています。古代で葛城と呼ばれた地域はかなり限定されていて、二上山の麓から金剛山の東麓、御所市朝妻の辺りにかけてであり、記紀にみえる葛城氏の伝承とも結び付きます。馬見古墳群は葛城氏とは結び付けにくい。具体的な氏族名というとなかなか難しいわけですが、葛城氏とは異なる、王族集団といった理解をしています。

それからワニ氏については、佐紀盾列古墳群と結び付ける説もあります。「京北斑田図」に丸部《わにべ》里や上丸部里がみえることから、ワニ氏と結び付けて発言をされている研究者もおられます。しかし私は佐紀盾列古墳群については、ワニ氏と結び付くのかどうかまだよく分からないように思っています。

和田萃氏

近江　では佐紀盾列古墳群には神功皇后や日葉酢媛、磐之媛らを始め天皇、皇族関連の陵墓と伝える古墳が多くみられますから、別に考えるとしましょう。先ほど和田先生から、ワニ氏の同族の春日、小野、粟田、大宅、柿本などが大きくなり、むしろ春日氏が中心になっていくというお話がありました。春日氏は春日野周辺を拠点にしたのでしょうが、その他のワニ氏の同族たちはどの地域に、どのような展開をみせるのでしょうか。

和田　そのあたりは難しい問題です。小野氏や粟田氏に関わる史料をみますと、大津市の北に和邇浜の水泳場があって、ワニの地名が残っています。また同じく、大津市の小野湖青のあたりに小野神社や小野妹子の伝承がありますから、むしろ湖西からワニ氏の同族である小野氏が山城なり大和へ出てきた。粟田氏についても、京都市左京区の粟田口のあたりに関連する史料がありますから、必ずしも大和北東部から山城や近江へ進出していったというより、逆の場合もあるのではないか、というふうな気が最近してならないのですけれども。

近江　おっしゃった地域、つまり山城や近江から大和北東部へ、ワニ氏の同族、というよりも一族といった方が良いのでしょうか、分布発展していったと考えればよろしいのですね。金関先生、その湖西地方には東大寺山古墳に匹敵する規模の古墳は少ないように思いますが、ワニ氏あるいは一族の勢力分布や性格と関連して考えられる古墳はありますか。

金関　そうですね、あまり規模の大きな古墳はないと思います。ただし、特に湖西地方に焦点を当てれば、あのあたりには弥生時代の終末期から古墳時代の初期頃、非常に大きな集落が数多く分布し、伊勢遺跡のように重要な建造物群が見つかっております。また、木製の祭器などもたくさん見つかっております。大和と匹敵するような大勢力、あるいは重要な一族が住んでいたのではないかと思われます。そのあたりから大和の古墳成立期に何か影響力が及んでいたような気がしております。

近江　すると和田先生のお話からは、ワニ部の分布は湖西から若狭湾、丹後半島、はては北の海にまで考えられる。そこに金関先生のご意見を加えて、ワニ氏は海人《あま》族、つまり海の民であるワニ部を支配する氏族から出発したとすると、海のない大和国に入り、天理市和爾町に至って大きな勢力を持ち得たことは、不思議な気がします。次に進みましょう。

東大寺山古墳の出土遺物の問題に移りましょう。金関先生から詳細な説明がありました。私たちは古墳の出土品というと鏡・剣・璽、つまり鏡と剣《つるぎ》と玉の三種が基本だと教えられましたが、東大寺山古墳からは鏡が出土していません。鈴木先生のお話から考えても三角縁神獣鏡が出土してもいいように思います。類例として、最近発掘調査された奈良県川西町島の山古墳も出土品は碧玉製品が大半で、鏡は出土していません。金関先生、鏡のないことはどのように考えたらいいのでしょう。

金関　京都府の椿井大塚山古墳や奈良県の黒塚古墳などは、多くの鏡が副葬されていたことで有名ですね。ともに埋葬施設が盗掘されずによく残っていた例です。だから副葬品のうち腐朽しないものは採集することができたと考えて良いわけです。東大寺山古墳は埋葬施設の中心部がすっかり盗掘されていたので、棺内に鏡の副葬があったかどうか分かりません。発掘の結果からいえば武器・武具の副葬品が多いと思います。粘土槨には革の甲《よろい》さえ封じ込められていました。これは近江先生が一生懸命になって爪楊枝で掘られたではありませんか。

近江　上手に露呈させることが出来ませんでした。

金関恕氏

金関　黒塚古墳は東大寺山古墳よりもずっと古く、副葬された鏡の数が多い古墳です。古墳の時期の新旧が鏡の副葬の多少を左右するのかもしれません。三重県の石山古墳の槨の一つでも鏡が一面出ました。石山古墳は東大寺山古墳と同様、石製腕飾類の副葬が多いのです。時期も同じ頃でしょう。古墳によって副葬の品目に特色がある可能性もあります。

近江　東大寺山古墳は金属製武器の類が非常に多く出土していますね。矢が三〇本ほどで一束になって、一〇箇所から発見され、矢羽根の痕跡まで残していました。槍も柄の形態が明瞭に観察できました。資料に遺物類の図面が載せられています（金関図6・12）。出土品の中で最も重要なものは中平銘のある鉄刀ですが、銘文について検討を始める前に環頭飾りについて話題にします。出土した鉄刀の中で、柄頭に丸い環だけが付いた素環頭は七本で、別の五本には環の内側は三葉形で、環の外側は家形あるいは鳥か花形の環頭飾りが付いていました。鳥形の環頭飾りが付いた刀の一本から中平の銘文が見つかりました。金関先生この家形、鳥・花形の飾りについて、お話いただけますでしょうか。

金関　はい。これについては今日の報告では触れませんでしたけれども重要視されるべきものです、中平銘の刀は本来あった環頭の部分が切り取られています。その痕跡がよく残っています。元の環頭は、山東省卞荘で出土した永初六年銘の刀や漢代のほとんどの鉄の大刀がそうであるように素環頭であったと思われます。切りはずした理由は分かりません。長い間使用しているうちにその部分が損傷したのかもしれません。あるいは、このごろ柄の付いた鉄の素環頭の部分だけを切り取って副葬した古墳がいくつか見つかっています。刀が手に入らない首長に力を分与しようとした可能性も考えられます。破鏡の分与のように。元の柄頭をはずした五振の鉄刀には、東大寺山古墳に埋葬する直前とおぼしき時期に日本の工人が青銅で新しい意匠の柄頭を作り付けました。デザインは二種類あって、鳥形を付けたものが三つ、家形を付けたものが二つです。

鳥形あるいは花形ですね。環体のやや上の方の左右に一対の鳥頭または龍頭のようなものを作り出し、上の中央に半花形を飾っています。私は中国の家屋か殿堂の屋根の飾りを表現しようとしたものではないかと思います。中国の画像石、画像磚などにはこうした意匠のものを見受けます。環体の表面を飾るデザインも龍文崩れかと想像しています。中平銘の刀に装着されていたのはこの種のものです。一方、家形のものは竪穴式の住居を表したものです。金関図12の左側の例は入り口に桟敷のようなものを作り出して、蓋《きぬがさ》を付けた竿を立てています。おそらく貴人の住まいであったことを示していると思います。これは日本の住居のデザインだと思います。環体には直弧文《ちょっこもん》の崩れたものと想像されるデザインが表されています。

近江　東大寺山古墳の代表的な出土遺物である鉄刀の環頭飾りは、家屋をデザインしたものなのですね。しかも一つは日本の家屋を、もう一つは中国の建物をモデルにしているわけですか。ワニ氏の本拠地たる東大寺山周辺は大変国際色豊かな地域だったといえますね。

時間も限られていますので先に進みますが、東大寺山古墳の最も大きな問題は、中平銘鉄刀でありましょう。今日は金関先生と鈴木先生とでは製作年代・製作事情といった面では大分相違したところがあります。

私なりに簡単に整理しますと、金関先生は中平は西暦一八四年から一八九年までの約六年間ありますから、その時期がちょうど、倭国大乱の時期にあたります。それでそのころ倭国の女王に推戴された卑弥呼にこの鉄刀が与えられたのであろう、と考えられるわけですね。公孫氏や楽浪・帯方などとのからみはおいておきまして。鈴木先生は銘文の字体や配列、刻み方などを詳細に観察され、他の諸例と比較照合されて、銘文を刻んだ時期は三国時代にさがるであろう。とすれば「呉」の鏡銘にも近いし、魏志倭人伝に載せる、景初三年（二三九）に卑弥呼の遣使に下賜された「五尺刀二口」にあたる可能性もある、という新説を提起されました。そうするとお二人の考え方でいきますと、中平銘鉄刀の製作時期は五〇年ほどの違いが出てきます。

これを聞いておりますと、金関先生は長い間にわたって積み重ねてきました考古学の成果の上に立っての考え方ですし、鈴木先生は最新の理工学的な研究成果でございます。同じ研究対象ですが学問の種類が違うと、こんなにも違った結果が出てくるものなのですね。だからこそ共同研究というか、学際的・多角的な研究調査の必要性を痛感いたします。とはいえ異なった学説の間隙を埋めるためには、まずお二人の議論から始めましょう。それでは金関先生から鈴木先生の発表について、何かコメントをお願いできますか。

金関　はい。先に鈴木先生のお話をうかがいたかったのですけれども、ご指名なので、大変僭越で畏れ入りますが鈴木先生のお考えを私なりに要約したいと存じます。もし間違っていますならばご訂正いただけますでしょうか？

鈴木先生のお考えでは、中平銘の鉄刀が造られたのは後漢代であろう。霊帝の頃としても構わない。ただし銘文は後で入れたのであろう。呉の工人が入れたものかもしれない。そうだとすれば刀は後漢の終わり頃までに呉に伝わり、その地で金象嵌の銘が彫られている。その理由として、まず文字の字体が典型的な後漢のものとは違う。金関図13には、後漢の永初七年（一一二）に造られた刀の銘があります。その左は中平の銘です。ご覧になっても分かるように永初刀の銘は大変流麗に書かれ象嵌されている。中平刀の銘は同じ後漢の年号だけれどもたどたどしい字体である。それからもう一つの理由は銘文。このような刀の銘文のスタイルは鏡の銘文のそれを借りているであろう。その鏡の銘文は紀年鏡による限り呉の紀年鏡にある銘文で、後漢鏡にこのような銘文の例は見当たらない。こういうふうに要約させていただいてもよろしいでしょうか？

近江　では鈴木先生どうぞ。

鈴木　呉というところまでは私はちょっとまだ考えが至っておりませんけれども、時間的なお話は先生の今おっしゃる通りでございます。

金関　そうだとすれば、この刀が造られたのは後漢の中平年間（一八四～一八九年）としてもよろしいわけですね。銘文は別として。

鈴木勉氏

鈴木　はい。やはり中平と彫られていますので、中平年間に造られた刀だという伝承があった上での後刻、追刻の可能性を考えたいと思うところでございます。

金関　ちょっと司会役をいただいてよろしいでしょうか。では先生、この刀が日本の四世紀半ばの古墳に入るまでの経緯をどのようにお考えなのでしょうか？

鈴木　これはですね、実は先ほどちょっと説明を省かせていただいた、中平銘鉄刀の内反りのことがあります。ちょっと白板をお借りしてお話させていただきます。

日本刀の反りについてはみなさんよくご存じのことと思いますけれども、日本刀の反りを少し大袈裟に書きますけれども、このように反りがあるとしますと、もともと焼きを入れる前はほぼ真っすぐに造っておいて、それを水に入れた瞬間に、すっと反ってしまうということをご存じだと思います。それにつきましては、バイメタルをご存じだと思いますが、コタツ、電気コタツなどの温度の制御に使っている二枚の金属が貼り合わさった材料ですけれども、二種類の金属が貼り合わされていますと、それぞれの膨脹係数が違う、つまり膨脹の仕方が違うものですから、熱が加わると反ってしまうのですね。金属が反るのです。それと同じようなことが日本刀でもいえまして、刃の部分は焼きが入っていわゆるマルテンサイトなどといわれる金属組織に変化するわけです。棟の部分はもともとのフェライトやパーライトと呼ばれる金属組織、焼きの入らなかった部分です。このマルテンサイトという焼き入れで硬くなった部分は体積が膨張します。刃の方だけ膨張しますので、それまで真っすぐだった刀が、このように反るというのが理屈でございます。

ある刀鍛冶の方に、伊勢神宮の直刀はどう造るんですかと質問しました。伊勢神宮の直刀は、最後に真っすぐにならなくてはならないのです。この刀をバイメタルだと思ってください。二層の鉄だと思っていただくと分かりやすいと思います。実は日本刀を造るには、最後に研ぎが入ります。それは刃の部分をたくさん研ぎます。そうすると、この膨張しようとするマルテンサイトの部分が減るのです。膨張して伸びようとしている部分が減ると、反ろうとする力が弱くなりますので、反りが元に戻ってきます。刃側が微妙に縮むのです。刃側の鉄と棟側の鉄の力の関係でそのようになります。荒研ぎ、仕上げ研ぎの前の直刀は少しだけ反らせるのですね。日本刀ほどではありませんが、僅かだけ反らせる。それを研いでいるうちに次第に真っすぐになっていって、真っすぐになったところで研ぐのをやめるということなのです。その前に、焼き入れという工程があります。焼き入れでは刀身がかなり反りますから、焼き入れ前の刀身は、内反りに造っておく。これを寸法でいうと約四ミリぐらい内反りにするのです。これは刀身の長さ七五センチの正倉院刀や、伊勢神宮刀の場合です。これを焼き入れすると今度は約四ミリぐらい外反りになります。それから刀鍛冶が自分で「荒研ぎ」をして、だんだん真っすぐにしていく。最後の仕上げ研ぎは研ぎ師に出しますが、荒研ぎは刀鍛冶がやります。ですから、刀鍛冶はあと少しで真っすぐになるという状態で研ぎ師に出します。そして研ぎ師が反りの様子をみながら仕上げ研ぎをし、真っすぐになった段階で研ぎを終えることにするということです。

ですから中平銘の鉄刀の反りについてこの理屈を使う

と、中国の古代の直刀はほぼ真っすぐです。私が中国に行ってみてきたものは若干の違いはありましたけれども、ほんの一ミリか二ミリ反っているかどうかという程度でした。中平銘の鉄刀の反りは三〇ミリぐらいあります。かなりある方です。仮に真っすぐだったものが内反りになったのだとすれば、この刃の部分を研ぎ下《おろ》していくことによって、どんどん内反りになっていきます。一回ぐらいの研ぎ直しでは三〇ミリも内反りになりませんから、何十回とはいいませんが、数回は研ぎ直さないとここまでの内反りにはならないだろうと思います。刀の研ぎ直しというのはそう毎日やるわけではありません。何十年に一度ということでしょう。研ぎ直しが例えば五回だとして、二〇年ごとに行ったとすると、それで一〇〇年になってしまいますね。二〇年ごとに研ぎ直したとして、五回やって一〇〇年。この年数についての基礎データは非常にあいまいなものですけれども、少なくともあの内反りの姿というものは、中平銘の鉄刀が、造られてから墓に納められるまでに、何度かの研ぎ直しがあったことの証になるのではないかというふうに考えております。

金関　ありがとうございます。私は刀を仕上げた後で研《とぎ》などによって刀の反りが変わっていくなどということは今まで全然知りませんでした。教えていただいてありがとうございます。東大寺山古墳の鉄の刀も、内反りのものは随分長い間地上で使われて、何回も研ぎ直しされて、その結果内反りになってきたと理解してよろしいですか。

鈴木　そういう考え方をしたら、とても理解がしやすいということです。

金関　中平銘の刀は、鈴木先生の資料でもよくご覧いただいたと思いますが内反りになっています。しかし、出土した時には内反りの状況を確かめていません。たくさんの刀が束ねたように置かれていました。錆びに覆われ、割れて、短く折れていました。同一の個体であることを確かめながら、折損した破片を一振ずつ竹筒に入れ、持って帰ってから接合しました。割れた面が錆びておりましたからできるだけの努力はしましたが、正確に復元できたかどうか自信はありません。一応接合して内反りであることは確かめました。その後、あの資料が文化庁に納まり、東京国立博物館に並んでいた当初は直刀に復元されていました。幸い現在は内反りの刀に復元されております。そんな経緯がありますので、内反りであることは間違いありませんが反りが何ミリという数値を信用していただいては困るわけなのです。

鈴木　はい。分かりました。ありがとうございます。

金関　先ほど私は鈴木先生が「銘文を入れたのは呉の工人だ。」と、いわれたようにはやとちりして、すみませんでした。呉の工人だと特定できないけれども銘文は後入れだとおっしゃったことについて、もう少しコメントをいただけたら。

鈴木　実は鏡銘体ということとか、四言の押韻をしている句のことですが、これは確かに金関先生のご指摘のように、呉の鏡に非常に関係が深いのです。ですから私は、内心は呉の鏡と関連させて書こうかなと思ったのですが、今日の話やお配りした資料には呉の話を載せていないという意味でございまして、実は鏡銘、鏡銘体という文字も含めて、中平銘の鉄刀は呉の年号の入った鏡との関連が非常に強いのです。ですから、金関先生のご指摘はまさにその通りでありまして、ただ私がちょっと遠慮して書かなかったということでございますので、ご了解いただきたいと思います。

　鏡銘体という言葉は実は今日初めて使わせていただいた言葉でございまして、先ほど少し「時空図」というのをご覧にいれましたけれども、文字のかたちは自然発生的に出てくるもので、人間が意図的に変えることはできない、というところがあるのです。ですから、文字に関して時空図に示したものは、かなり精度が高いだろうと思っております。その代り、素環頭の精度については自信がありません。文字に関してはあの範囲でいいと思うので、実は私はどちらかというと二一〇～三〇年頃以降、その後は三世紀の末ぐらいはいって良いのではないかと思っているのです。必ずしも魏志倭人伝の「五尺刀二口」に該当する刀だといっているわけではございませんで、中平銘の与えられた使命が魏志倭人伝に出てくる五尺刀二口と同じだろうということなのです。つまり中国側から鉄の拡販政策の先兵として倭人に与えられたというふうに考えるわけでありまして、ワニ氏は、それの輸入元だというふうに思っていただければ、ご理解いただけるかなと思いました。そんなことでよろしゅうございますか。

近江　ありがとうございました。司会をとられている間に倭国大乱や、卑弥呼とはどう関連するのかといった話はとんでしまいました。今回は勘弁してもらって次の機会にまわしてもらいましょう。

近江昌司氏

私から質問ですが、今ちょっと話が出たのですが、鈴木先生はこの鉄刀は後漢の作品で、銘文は三国時代に刻んだ、いわゆる追刻の銘と考えて不都合はないといわれるのですね。それではなぜ「中平」という年号を選んで刻んだのでしょうか。

鈴木　大変痛い質問でございまして、背中に冷や汗が流れておりますけれども、先ほど申し上げましたように、文字とか四言の押韻ですね、そういったものの精度から、三世紀に置けないものかという気持ちがございます。もしそれに整合性を与えるとすれば、つまり後刻・追刻の理屈を付けるとすれば、中平時代に造られたなどとの伝承のある刀が、三世紀にまで至ったのではないかと。その伝承がなければあそこに中平の銘を付けることができないのです。ですから、刀は私は三世紀のものではなくて、中平の年間に造られたものだろうというふうに申し上げているわけでありまして、中平の年間に造られたという確かな証拠があるわけではないのです。そこのところはご勘弁いただきたいと思いますが。

近江　それではその辺はさらにご研究の結果を、後日おうかがいできることを楽しみにしたいと思います。そこでこの鉄刀は後漢末の中平年間に造られたとしましても、また三国時代の作品だとしましても、倭国大乱か卑弥呼の時代か、いずれかに我が国へもたらされたと考えていいわけですね。倭国大乱なら二世紀後半、卑弥呼の時代なら三世紀前半になります。一方鉄刀が副葬された東大寺山古墳の築造年代は、始めに話がありましたように四世紀中頃としますと、その間、約一五〇年から一〇〇年余りの年月が経過していることになります。一体その期間に鉄刀はどこにあったのでしょうか。もっといえばどちらにしても倭の女王卑弥呼と深く関係する鉄刀です。ひょっとしたら彼女が手にしたか、息がかかっているかもしれません。最初に大和に来たか、九州へ来たか、それによって邪馬台国の所在論に大きく関わってくる資料です。金関先生、この問題についてはどのようにお考えでしょうか。

金関　この刀は、卑弥呼共立時に倭の邪馬台国の支援を願って派遣された使者に授けられたという仮説を前提にお話したいと思います。つまり、後漢の霊帝、あるいはその代理者が卑弥呼に授けたというのが前提です。卑弥呼はその刀の威力によって倭国の乱の再発を防ぎ、邪馬台国の政治的なイニシアティブを確保したのだと思います。刀は一振だけではなく、複数であったかもしれません。青銅の環頭に替えられたものはその可能性が考えられます。後漢が滅びた後は、この銘文のある刀の威力も失われ、蔵にしまわれてしまったのでしょう。そのころから大和王権を支える上で軍司的役割を果たすようになったのはワニ氏の遠祖であろうと憶測しています。

近江　この鉄刀は最終的にはワニ氏の手にわたって東大寺山古墳に副葬されたと考えられますが、それまでの経緯は分かりませんね。和田先生、ワニ氏は朝廷を支える大豪族だったと金関先生もおっしゃいましたが、岸俊男先生のご研究で知られるように、ワニ氏は古代豪族の中では天皇の后妃を一番たくさん出しているのでしたね。

確か応神天皇から敏達天皇まで、五世紀から六世紀まで七人の天皇に九人の后妃を出している。しかし后妃が生んだ皇子が天皇になったことも、一族中の人物には政権に近づいて権力者になった者もいない、非常に珍しいというか、特殊な立場にいた豪族だと考えられています。それがどうして中平銘鉄刀を保有し得て、四世紀中頃の一族の長《おさ》らしき者が、死に臨んで東大寺山古墳を築き鉄刀を副葬したのでしょうか。何かお考えがありましたらお話ください。

和田　文献の方からお答えするにはまことに難しいご質問ですけれど、先ほど、中平銘の鉄刀のことが話題となりました。後漢の中平年間に造られ、そして倭国に送られてきたものですが、それも大和なのか九州なのかということでは議論の分かれるところだろうと思います。最終的には卑弥呼のもとにあったと考えています。私は邪馬台国大和説に立っていますから、纒向《まきむく》遺跡の地にあったということになります。なぜそれが東大寺山古墳の被葬者に与えられているのか、そのあたりは想定の域を出ませんが、中平銘のものであっても後漢から下賜されたものですから、後漢が滅びてもその価値がなくなるのかどうかは少し疑問を覚えます。ですから比較のために三角縁神獣鏡を取り上げますと、長らく大和王権のもとに保管され、あるいは椿井大塚山古墳の被葬者のもとに保管されて、四世紀初頭頃に西日本各地の首長に分与されたという小林行雄先生の同笵鏡論と同じようなケースも考えられるのではないか。特に重要なのは素環頭の環頭を切り取って、倭国的な花柄や鳥柄、あるいは家屋などを装着した時期、あるいはその理由や背景について、さらに深められる必要があるのではないか。そのように思います。

それから東大寺山古墳では武器類の副葬が非常に多かったわけですが、比較してすぐに思い浮かぶのは奈良県桜井市のメスリ山古墳で、メスリ山古墳も武器武具類の副葬が非常に多かった。そして墳丘もやはり随分大きいものですね。二〇〇㍍を超す。ですからかつて桜井市教育委員会に勤務されていた清水真一さんはオホビコと結び付けて論じられたことがあったわけですが、そういう意味では東大寺山古墳の被葬者は武人的な性格が非常に著しい。その点は動かないと思います。ただ古代史の立場からみると、例えばワニ氏や葛城氏といった氏族の実態がみえてくるのは、五世紀代に入ってからなので、四世紀代中頃の中平銘鉄刀をワニ氏に結び付けうるかどうかというのは、まだ少し問題を残しているのではないかと思います。むしろ邪馬台国大和説に立つとすれば、卑弥呼に従った武人集団の首長といったところだろうかと思われます。

それからワニ氏というのは特異な氏族で、后を輩出しているわけですけれども、その所生の皇子が即位したという事例はないのですね。そういう点では葛城氏とは違う性格をもっている。そのあたりをどう説明するのか、まだ私自身、断案をもっておりません。

近江　ありがとうございました。和田先生はご講演の終わりの方で、ワニ氏とワニザメの関係について話をされましたので、中平の鉄刀とは少し問題がそれますが、金関先生サメについて何かございませんか。

金関　目下、サメとは全く付き合いがありません。私は旧制高等学校で飢えていた時に学生寮の食事で出る魚はいつもエイかサメでした。サメには感謝していますが、あんなに不味いものはないと思っていましたので、今日はあれが大変おいしいものだということを教えていただき、心を改めて味わってみようと思います。

近江　私などはワニザメというとごく素朴に「因幡の白兎」を思い出します。民族誌の成果では、ウサギとワニの話が南シナ海から東南アジア、南太平洋などに類型神話がずっと分布しているそうですが、今日は文献史料をたくさん集めてご教示いただきました。大変興味深く拝聴しました。またご研究の新しい展開をうかがうことができると期待いたします。

大体シンポジウムでは聴衆の方《かた》からご質問をいただくことが多いようですので、あまり時間がありませんが一人か二人、何かご質問がございましたら承ります。ただしことが邪馬台国問題に関わりますので、自説を述べられますと話があらぬ方向に行くおそれもありますので、東大寺山古墳と中平銘鉄刀の件に限らせていただきます。はいどうぞ。

参加者　金関先生が九州説だということは初耳で、とても嬉しくなりましたけれども、それはともかくとして、今日の話で私は巴形銅器の話がもっと出てきてほしかったと思います。それと中平銘鉄刀がセットでわたってきた時期が四世紀の半ばぐらいではないかと思うのですが。それとワニ氏の出自の話ですよね。かつて森浩一先生が対馬のシゲノダン遺跡から出土した巴形銅器と似ているというようなことをどこかで書かれていましたけれど、そのワニ氏というのは、対馬に出自を求められるのではないかというようにも思っているのですけれど。その辺のところどうでしょうか？

金関　発言が至らなくて、私が九州説であるような印象をお与えしたとすればお詫び申します。私は大和説の可能性が高いと思っております。私自身がまだ、不勉強で、中平銘の刀と巴形銅器の関係については突き詰めて考えておりません。巴形銅器は弥生時代から連綿と日本で造られ使われています。佐賀県の吉野ヶ里遺跡ではその鋳型が出土しています。その形の起源はスイジガイであろうという説もあります。伝統的な日本の楯の飾りとしてなぜこの形が選ばれたのかという疑問に対して、これが矢を絡めとめる形だという呪術的な信仰を理由として、三島格《みしまいたる》さんが説明されています。金関図7に先ほど申しましたように韓国の大成洞古墳群で出土したものが提示されております。日本の影響を受けて造られたのか、日本から運ばれたものかとも思われます。

それからワニ氏が対馬出身ということは面白いお考えです。和田先生がお答えいただけると思います。

和田　日本海側にはワニ部の分布が随分多いですから、それは当然考えられていいことだと思いますね。例えば大和《おおやまと》神社は大和直《やまとのあたい》が祀っているわけですが、なぜ神武伝承に出てくる椎根津彦《しいねつひこ》の後裔が奈良県天理市の大和神社で祀られているのか、よく分かりません。ただ大和直の同族の分布をみますと、淡路島あたりに随分多いのですね。ですから大阪湾岸から紀淡海峡、さらに淡路島を含む海域を支配していた氏族の首長が大和で大和の国魂の神を祀るようになった。そういうふうにみるべきだろうと思います。そういう意味では、伯耆や出雲あたりの山陰海岸で現在に至るまで、サメがかなり捕獲され、なおかつ獲れたサメが中国山地に運ばれて、今でも日常的に食べられておりますから、そういう意味では、サメを神聖視する観念は強かったように思いますね。

近江　先ほど、ワニ部は海辺の民族、海人族で、それを支配管掌していたのがワニ氏だということでしたが、海の民を管轄していたワニ氏が海のない大和の国中《くんなか》へやってきて、朝廷と特殊な関係をもった大豪族になったのはやはり不思議ですと申しましたが、今の和田先生のお話を承りますと、案外古代大和は海と関わりが深いことが分かってまいりました。地質学の先生に聞きますと、かつて大和盆地は大阪湾とつながっていた海だったと聴きますから、海とは有縁の地だったのでしょう。

そろそろ予定の時間がまいりました。主題の中平銘鉄刀につきましては、鈴木先生から三国時代の製作だという貴重なご発表をいただきました。慎重にこれが『魏志倭人伝』の「五尺刀二口」にあたるとまではおっしゃいませんが、もし該当するとなればこれに続く「銅鏡百枚」とともに我が国に伝来したことになります。銅鏡百枚は三角縁神獣鏡か否かをめぐって多くの議論が展開しておりますが、三角縁神獣鏡は三〇〇枚以上も出土しているそうです。対するに五尺刀に関係して考えられるかと思われるのは、中平銘鉄刀がただの一本、その意味でも大変重要な資料であるという、私の極めて皮相的といいますか勝手な印象で終わることになります。

今日は私の司会進行がまずかったために、折角の議論はごく入り口のところで大きな展開をみることなく終わることになりました。先生方にもご来場の皆様にも失礼を申しました。どうぞご容赦くださいませ。ではこれで終わることに致します。ありがとうございました。

第Ⅱ部　初期ヤマト王権の古墳と遺跡

1　古墳出現前夜のヤマト

桑原　久男

はじめに

近年、古墳時代の始まりの年代が三世紀に遡ると考えられるようになり、少なくとも三世紀半ば以降のヤマト＝奈良盆地が、当時の倭人社会の政治的中心地となっていることは間違いがないと思われる。古墳時代前期（三世紀後半～四世紀はじめ）の王墓や大小の古墳が密集するオオヤマト古墳群は、初期ヤマト王権を支えた王侯集団の奥津城と考えられ、黒塚古墳から出土した三三面の三角縁神獣鏡は、倭と魏との政治的関係を背景にしなければ理解ができないものである。

一方、オオヤマト古墳群からやや北に離れた東大寺山古墳から出土した「中平」銘鉄刀は、日本列島最古の紀年銘資料として、その歴史的意義は極めて大きい。後漢の霊帝最後の年号である「中平」は、後一八四～一八九年にあたり、その頃の日本列島は「倭国乱」終息直後の時期と考えられる。二世紀末の中国で作られたこの鉄刀が、おそらくは遼東の公孫氏を経由した政治的交渉の中で倭の政権に授けられ、製作から一五〇年あまりの年月を経た四世紀半ば、最終的に東大寺山古墳に副葬された経緯については、激動の東アジアの政治情勢と関連づけたさまざまな解釈や説明がなされている。この「中平」銘鉄刀が製作された二世紀末の時代、日本列島の倭人社会、そしてヤマト＝奈良盆地の地域社会はいったいどのような状況だったのだろうか。

変化した弥生時代の暦年代観

最初にまず確認しておきたいのは、この十数年来、新しい年代測定法の研究が著しく進み、弥生時代の暦年代観が大きな変更を余儀なくされていることである。従来、弥生時代中期以前に関しては、甕棺墓に副葬された漢鏡などの中国系文物が暦年代の推定に有効な北部九州以外の地域では、暦年代を考古学的に決定する直接的な材料がなく、推定を重ねた年代観が採用されていた。これに対して、年輪年代法、AMS年代測定法といった新しい手法では、中国系文物の年代観に頼ることなく、遺跡から出土する木材や有機質資料から直接に暦年代を測定することができ、広域的に有効な方法であることから、各地においてデータの蓄積が着実に進展しているのである。

AMS年代測定法では、北部九州に本格的な水稲農耕が伝わった弥生時代早期の較正年代が、国立歴史民俗博物館の研究グループによって前一〇～九世紀と大きく遡ることが報告されたが、近畿地方でも弥生時代の各時期に対する測定網が広げられつつある。また年輪年代法は、資料的な制約はあるものの、信頼度は抜群であり、大阪府池上曽根遺跡の大型建物の柱材が伐採された年代が後五二年に確定され、近畿地方の弥生時代中期後半が前一世紀に重なることが明らかになるなど多大な成果が得られている。

近畿地方の弥生時代後期に関しては、これまで集落遺跡からみつかる貨泉や五銖銭など、新～後漢代の貨幣が暦年代推定の材料になっていたが、各地における年輪年代法、AMS年代測定法の報告例を付き合わせると、後一世紀初頭～二世紀末の約二〇〇年にかけての年代を想定できる。弥生時代後期の始まりは、北部九州、近畿地方共に紀元前後の頃と想定され、時間的な隔たりを考えなくてもよくなった。「中平」の時代、すなわち後二世紀末の日本列島は弥生時代後期の末葉にあたることになる。

前一世紀〜後一世紀の倭人社会

日本列島の弥生時代中期後半（前一世紀）は、「楽浪海中に倭人あり。分かれて百余国となる。歳時をもって来たり献見す」という『漢書』地理志の記述から、前一〇八年に設置された楽浪郡に、百余国が分立した倭人社会のどこかから定期的な遣使が行われていたことが知られる。

この時期の倭と漢（楽浪郡）の交渉を考古学的に裏づけるのが、北部九州の甕棺墓から副葬品として出土する漢鏡などの文物である。特に、岡村秀典氏による漢鏡３期（前一世紀後半）の鏡は、弥生時代中期後半（前一世紀）の福岡県須玖岡本遺跡、三雲南小路遺跡などの甕棺墓をはじめ、北部九州だけで一〇〇面近く出土している。須玖岡本遺跡は奴国の王墓、三雲南小路遺跡は伊都国の王墓と考えられ、北部九州の一部の「国」が楽浪郡と接触していたことを窺うことができる。

後一世紀には、『漢書』王莽伝が、後五年の上奏文に、大海を渡って朝貢した東夷王が国珍を奉じたことを記し、『後漢書』東夷伝は、楽浪郡の回復を受けて、建武中元二年（五七）、朝貢を行った倭の奴国に対して、光武帝が印綬を賜与したことを伝えている。福岡県志賀島出土の「漢委奴国王」金印は、この奴国王の朝貢の際に授けられたものと考えられる。「王」というのは、周辺諸族としては最高位の位置づけである。

考古学的には、弥生時代後期初頭の佐賀県三津永田遺跡一〇四号甕棺から全長約五〇センチの素環頭鉄製大刀が出土し、やや時期が下がる福岡県平原一号墓から全長八〇センチあまりの長大な素環頭鉄製大刀が出土するなど、弥生時代後期以降、最新の武器である鉄刀が墳墓の副葬品にしばしばみられるようになるが、岡村秀典氏は、その歴史的意義について、東夷王や倭奴国王が朝貢する後一世紀の時期、倭人の地位が漢に対する朝貢国から外臣の「王」へと上昇したことに伴って、外臣への「冊封」の象徴として大刀が特別に贈られたとして、漢帝国の国際的な戦略と関連づける考えを示している。

前一世紀から後一世紀頃の近畿地方

近畿地方の状況を考古学的にみると、中期後半（前一世紀）の弥生社会は、流麗な櫛描文や凹線文を描き、儀礼的用途を思わせる多様な器種が発達する「櫛描文様式」の土器が広く用いられ、農耕祭祀に用いた青銅祭器と考えられる銅鐸が盛行するのが特徴である。また各地域において、大小の規模の拠点集落が点々と分布し、土器や石器石材など物資の交換を通して各集落が網のように結び付く安定した地域社会が形成されている。大阪府池上曽根遺跡や奈良県唐古・鍵遺跡のような大規模集落では、環濠で囲まれた広い区域に、青銅器などの工房が設けられ、モニュメント的な大型建物が築かれた。集落の近辺には、大阪府瓜生堂遺跡、加美遺跡に代表されるような方形周溝墓群が営まれ、墳丘の大きさなどから階層化の進展が指摘されている。百余国が分立するという『漢書』地理志の記述は、王墓に特徴づけられる北部九州の弥生社会だけでなく、こうした近畿地方やその他の地域の状況をも含めて理解をしなければならない。近畿地方で製作された銅鐸が、島根県の加茂岩倉遺跡のように、はるか遠方まで数多く運ばれているのは、各地域社会（『漢書』のいう「国」）の有力な集団間の儀礼的・競覇的な贈答によるものだろう。

これに対して、弥生時代中期末～後期前半にかけての時期（後一世紀）は、近畿地方を含む広い地域で、土器様式の変換、銅鐸の大型化、石器から鉄器への移行、拠点集落の衰退・再編、高地性集落の形成など、考古学的に大きな変化がみられる時期である。近畿地方では、弥生時代中期後半に発達した方形周溝墓が後期に入ると衰退するが、それに歩調を合わせるように、土器の無文化が進み、中期的な「櫛描文様式」から後期的な「脱櫛描文様式」へと様式的な変化を遂げる。

また、石鏃などの石器が衰退することから利器の鉄器化が進行したことが推察され、瀬戸内海から大阪湾沿岸地域では、防御的な性格をもった高地性集落が発達し、広域的な緊張状態が感じられるようになるのもこの頃のことである。瀬戸内ルートを通じた物資流通が逼塞状況を呈するこの時期、それまでの北部九州に代わるようにして、山陰・北近畿・北陸といった玉生産に特徴づけられる日本海沿岸地域で、ガラスや鉄製刀剣などの副葬品を豊かにもつ墳墓（台状墓）が発達を始める。こうした地域は、野島永氏が指摘するように、独自ルートで韓半島から鉄素材や刀剣類を入手し、列島内に供給する広域的な威信財交易の拠点地域であり、また、その中で蓄積された富が特定の集団に集中するようになっていると思われる。

激動する後二世紀の東アジア世界

後二世紀には、『後漢書』倭伝に、安帝の永初元年（一〇七）、「倭国王の帥升等、生口百六十人を献じ、願いて見えんことを請う」という記事がみられる。しかし、その後、倭国による朝貢は、公孫氏の滅亡直後の景初三年（二三九）、卑弥呼が帯方郡を通して魏に朝貢したと伝える『魏志』倭人伝の記述までの一三〇年あまり、記録が途絶える「空白」の時代となる。倭と中国の交渉窓口だった楽浪郡は二世紀末には高句麗の侵入などもあって衰退し、中国本土の後漢帝国も中平元年（一八四）の黄巾の乱以降、混乱と衰退が続く。

「中平」の時代はまた、『後漢書』倭伝が「倭国乱」があったとする桓帝と霊帝の治世（一四六〜一八九年）の最末期にあたる。「倭国乱」の時期をより限定して霊帝の光和年間（一七八〜一八四年）とする『梁書』倭伝や『太平御覧』四夷部倭の条の記述もあり、これに従うならば、「中平」は、「倭国乱」の終息後まもなくの年代ということになる。

『魏志』倭人伝は、戦乱が続いたため、邪馬台国の一女子卑弥呼が王として共立されたと記している。つまり、卑弥呼の共立は「倭国乱」只中のことであり、「中平」の時代、二世紀の末は、すでに宗教的能力を備えた卑弥呼が連合国の盟主として祭政にあたり、「倭国乱」を鎮めた直後だったと推定することができる。

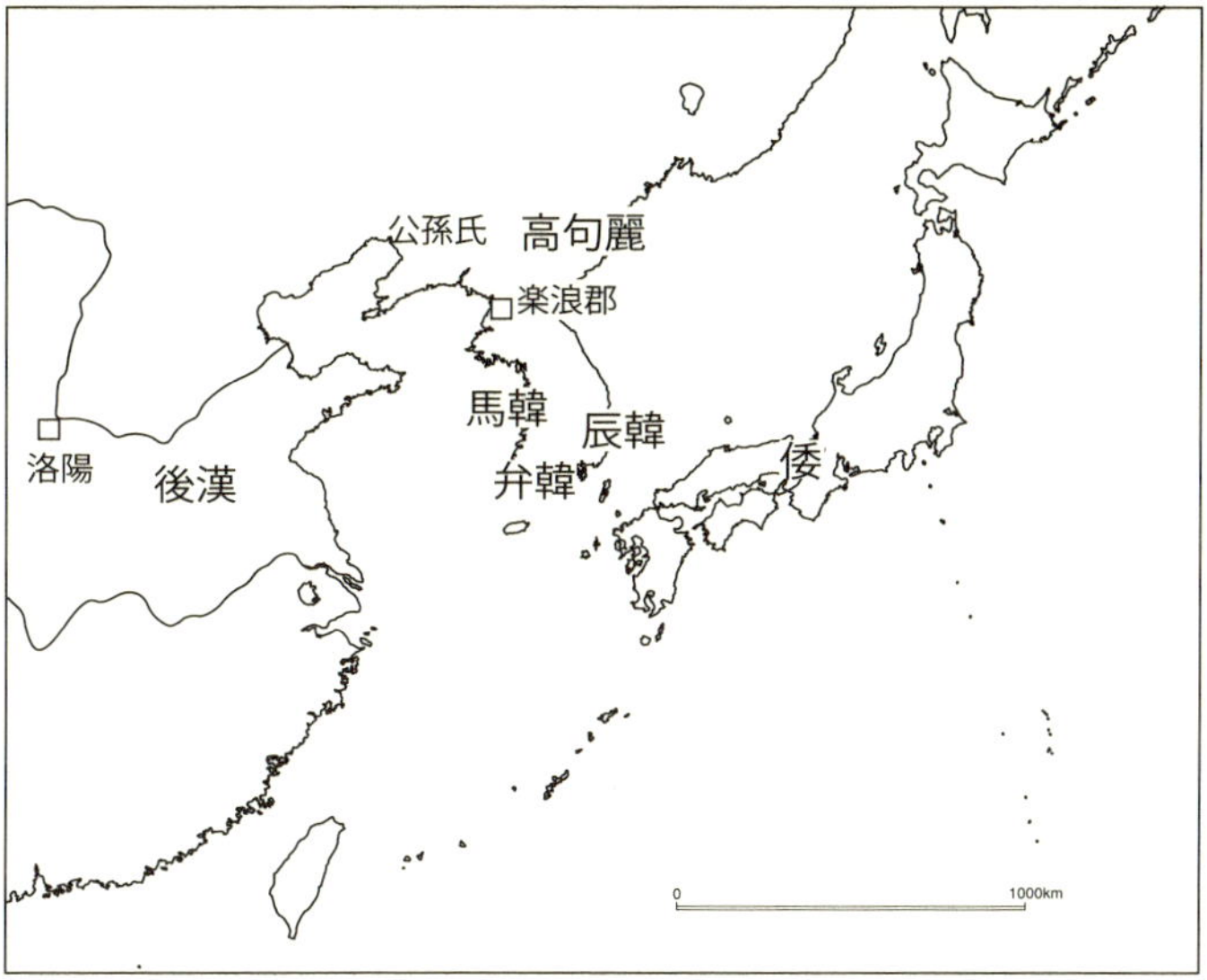

図１　後２世紀末の東アジア

後二世紀の日本列島は、考古学的には弥生時代の後期後半にあたり、後期前葉に瀬戸内海沿岸から大阪湾岸地域を中心に発達した防御的性格の強い高地性集落が、今度は、近畿地方の中央部にかけて分布域を東方に移して形成されるようになる。また、山陰から北陸にいたる日本海沿岸の先行地域に続き、終末期にかけては、吉備や讃岐・阿波など瀬戸内海を挟んだ地域でも、刀剣などの鉄製武器類や銅鏡を副葬する規模の大きな墳丘墓が営まれるようになる。核となる有力集団の形成と富の集中が各地域社会で進行すると同時に、「社会的緊張」が奈良盆地とその周囲の地域に及び、守りが固められていることが読み取れ、『魏志』倭人伝が伝える二世紀末の倭人社会の状況と重ねても違和感がない。

『魏志』倭人伝は、倭人社会に使訳通じる三〇ヶ国が含まれることを記す。二世紀末の「倭国乱」の只中に、その倭人社会の政治的主導権が「邪馬台国」の王権へと移動し、中国の

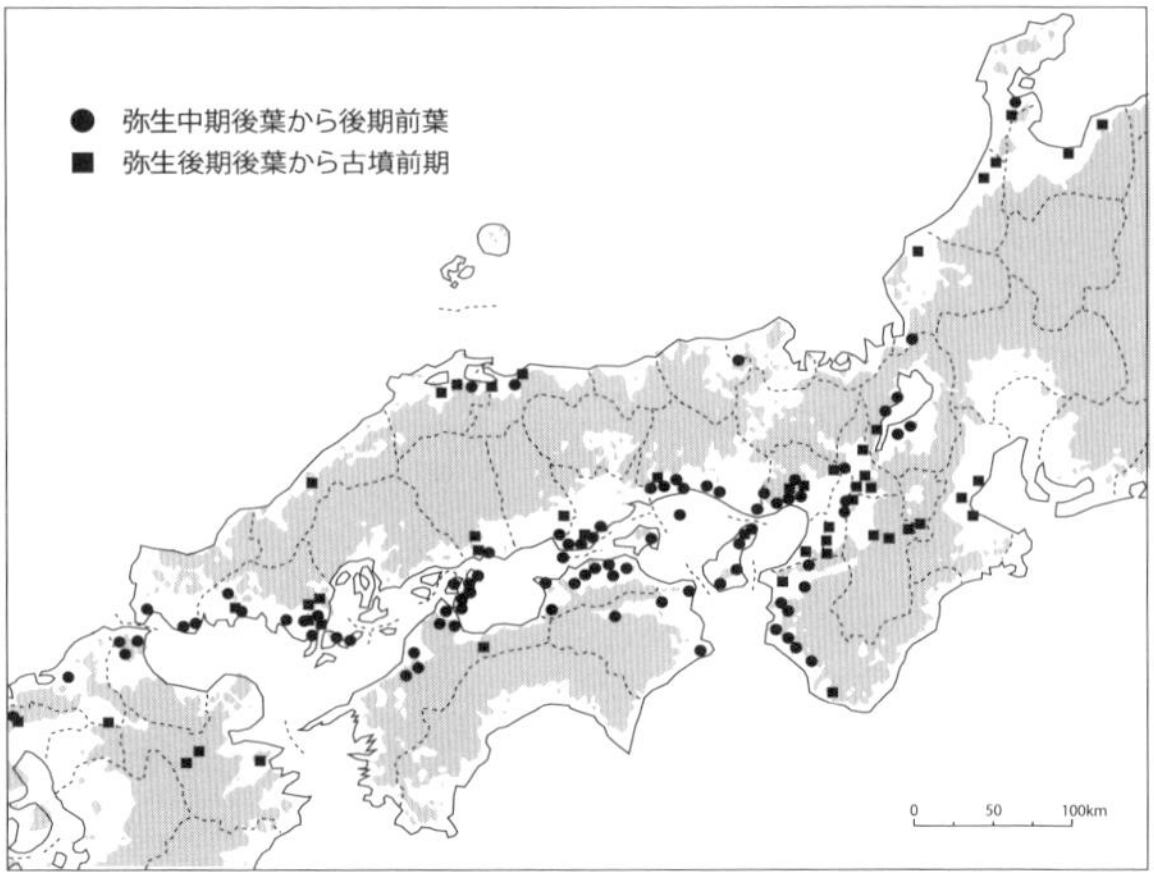

図２　高地性集落の分布（小池編 2005 より改変）

威光を後ろ盾にした女王卑弥呼の下、広域的な政治連合＝邪馬台国連合（＝初期ヤマト王権）が形成されることになったのだろう。興味深いのは、その王権の拠り所のひとつが、鬼道の能力によって衆を惑わすという女王卑弥呼の伝統的な宗教的権威にあったとみられることである。

「ヤマト弥生社会」の成立と展開

弥生時代の開始期、ヤマト＝奈良盆地は本格的な稲作農耕の導入が北部九州や瀬戸内地域よりもやや遅れ、むしろ周辺的な地域であったのが、古墳時代前期には、巨大な前方後円墳が集中する中心的な地域へと変貌する。この間、奈良盆地の弥生社会＝「ヤマト弥生社会」に関しては、かつて、初期ヤマト政権の成立基盤となった地域として、社会的発展の度合いを高くみる意見があり、例えば佐原真氏は、可耕地の広さ、各種の工芸品にみられる高度な技術的発達などから、奈良盆地を含む畿内の弥生中期の文化が北部九州に比べて先進的だったと主張した。これに対して、森浩一氏は、弥生時代後期における大和の政治的・文化的優位をとくことは不可能に近いと述べ（森一九六二）、以後、「ヤマト弥生社会」の先進性、主導性について疑問視する意見が次第に有力になり、特に近年の一部の論調では、必要以上に貶められ、低く評価されているように思われる。その論拠としては、大きく分けて、①先進的文物の貧弱性、②集落動向の保守性、の二つがある。以下、その実情について具体的にみてゆくことにしよう。

奈良盆地では、縄文時代晩期後半、狩猟採集に適した扇状地に展開していた布留遺跡のような縄文集落がみられなくなり、代わって、前栽遺跡や坪井・大福遺跡など、平野の低湿地に進出した場所で生活の営みが開始される。次いで弥生時代前期には、西日本の広域に分布する「遠賀川式土器」が定着するのと同時に、本格的な水稲稲作農耕が開始され、水田に適した低湿地の微高地や自然堤防上に集落が営まれるようになる。最近発掘された川西根成柿遺跡は、奈良盆地における弥生時代前期の環濠集落として大変貴重な実例であるが、弥生時代中期には継続せず、稲作農耕の定着には試行錯誤があったことが窺える。一方、水資源に恵まれた盆地南部の平野部では、弥生時代前期、大和川の水系に沿うようにして、唐古・鍵遺跡や平等坊・岩室遺跡、坪井・大福遺跡などの集落が形成され、その後着実な発展を遂げながら、拠点的な大規模集落として弥生時代を通して継続する。奈良盆地では、最近、萩之本遺跡で弥生時代前期とみられる水田跡が初めて広範囲に確認されたが、金原正明氏の花粉分析の成果によると、盆地域の景観は弥生時代の中で大きく変化し、森林が縮小すると同時に水田が増加したと考えられる。

弥生時代中期の「ヤマト弥生社会」に関しては、組織的な発掘調査が継続されている唐古・鍵遺跡をはじめ、坪井・大福遺跡、平等坊・岩室遺跡、新沢・一町遺跡、多遺跡、芝遺跡など、盆地南部に拠点集落がひしめくように密集し、各集落内部の様相が明らかになりつつある。唐古・鍵遺跡では弥生時代前期に三つの地区に分かれていた居住域が中期中頃にはひとつにまとまり、大環濠で囲まれるようになる。南北六〇〇メートルに及ぶ唐古・鍵遺跡全体の面積は約四二万平方メートルに及び、弥生時代最大級の規模を誇る。集落内では、無数の柱穴や井戸・溝が確認され、他の遺跡を凌駕する多量の土器や石器・木製品が出土する。鹿の肩甲骨を用いた卜骨や絵画土器など、祭祀に関わる遺物が多くみられることも特徴である。また、銅鐸などを製作する青銅器工房跡がみつかり、鋳型外枠破片や取瓶とみられる高坏形土製品、送風管、銅鐸片、銅滓など、鋳造に関わる各種の遺物が出土している。集落の西地区でみつかった中期前半の大型建物は総柱になっていて倉庫かとも思われる。北地区の大型建物は何度かの建て替えが認められ、残存していた柱根（ケヤキ材）が直径八〇センチと巨大であることから、単なる穀物倉庫ではなく、「集団祭祀」に関わる「公共的建造物」（祭殿）、あるいは「首長の館」など、モニュメント的な特殊な性格をもつ建築とみて差し支えないと思われる。

古くからいわれている①先進的文物の乏しさに関しては、中国の鏡や武器形青銅器など先進的な文物の副葬品をもつ北部九州の甕棺墓とは異なって、ヤマトを含む近畿地方では、大阪府瓜生堂遺跡や加美遺跡のような大型の方形周溝墓でも副葬品が非常に乏しい。しかし、これは弥生時代の近畿地方にはそもそも副葬の習俗が発達しないことに由来するのであって、近畿地方を中心に分布する青銅器である銅鐸は、集団祭祀に関わる祭器として、丘陵上や山中などに埋納され、そもそも墳墓に副葬されることがなかった。唐古・鍵遺跡から北に約六〇〇メートルの清水風遺跡の包含層で前漢鏡の破片が出土していることも忘れてはならない。

「ヤマト弥生社会」の変貌

弥生時代後期、出土鉄器の増加や石器の消滅などの状況からみて、日本列島の各地で鉄器の普及が進んだことが推察できる。ただし指摘されているように、北部九州あるいは、日本海沿岸地域や瀬戸内沿岸などと比べても、ヤマトを含む近畿地方では鉄器の内容と出土量が確かに貧弱であるといわざるをえない。ヤマトやその周辺の地域では、中期にあれだけ発達していた方形周溝墓が後期になると衰退し、鉄製武器や鏡などを副葬する墳墓の発達もみられない。石器から鉄器への移行にあたり、必需財になりつつも、長距離交易の必要な稀少財である鉄資源を巡る地域間の軋轢が、後期における社会的変動の要因となったとする通説は妥当であるが、その背景には、ヤマトを含めた近畿の弥生社会における鉄資源に対する需要の高まりとその裏腹の供給の乏しさがあった可能性が考えられる。

「ヤマト弥生社会」においては、後期前半（後一世紀）、各拠点集落がその規模を保ったまま継続しながら、吉備遺跡、大福遺跡など、中小規模の集落が場所を移して新しく営まれるようになる。後期後半（後二世紀）になると、集落数の増加がさらに拡大するが、各拠点集落もまた依然として継続する。森岡秀人氏が指摘するように、中・東部瀬戸内及び大阪湾岸を中心とする地域では、後期初頭までに拠点集落の衰退、集団の再編が認められるのに対して、奈良盆地では、中期末〜後期初頭の集落の再編がみられず、中期の大規模拠点集落がいずれも環濠を保持したまま後期後半まで継続するのである。また、防御性の高い高地性集落の形成も、大阪湾沿岸や瀬戸内地域よりも遅れ、後期後半まで認められない。

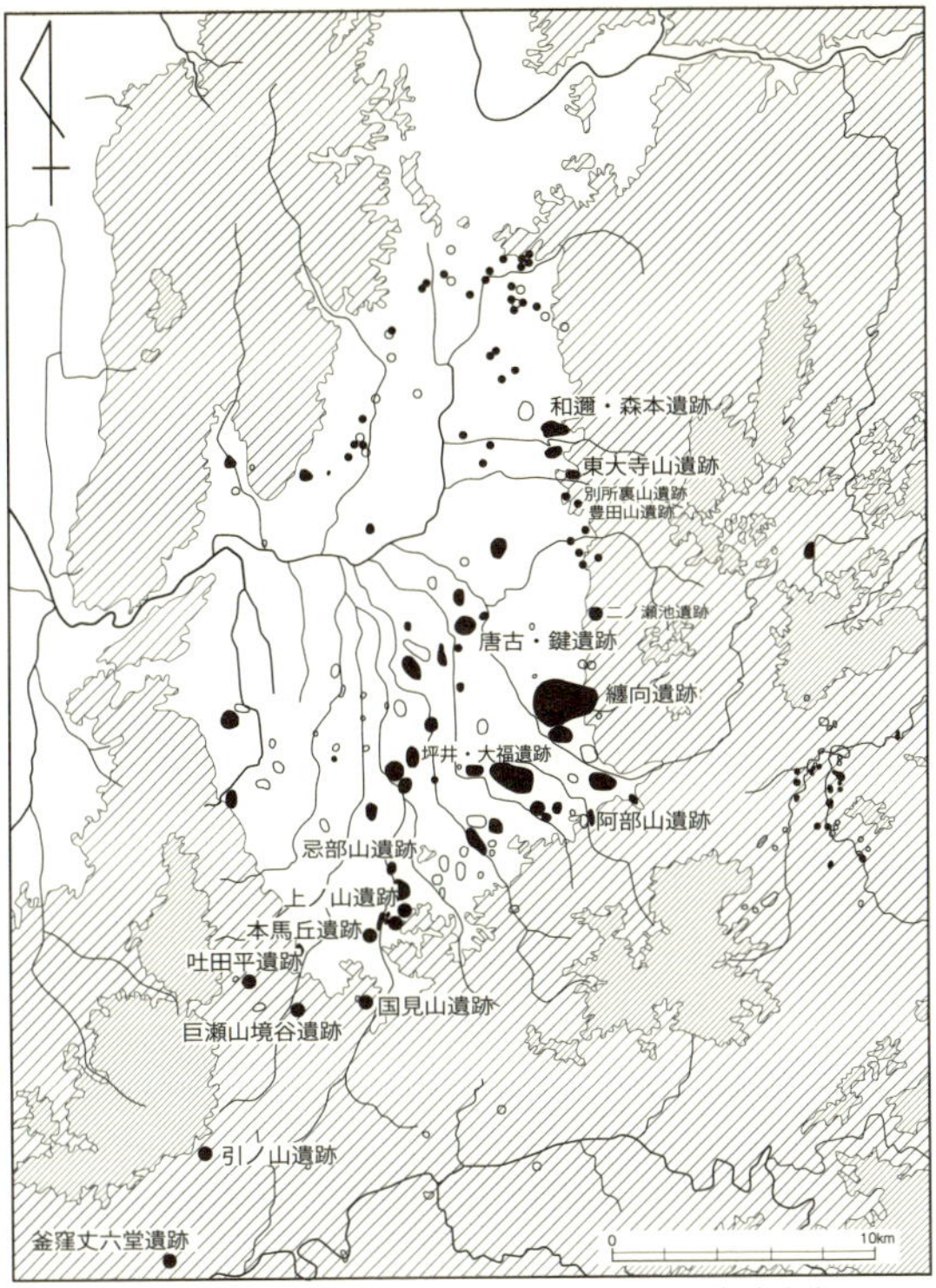

図３　奈良盆地における弥生後期後半の遺跡分布

ただし、②集落動向の保守性としたこの事実から、北條芳隆氏や森岡氏のいうような「ヤマト弥生社会」の後進性・成熟度の低さといったネガティブな評価のみを強調することについては疑問があり、逆に、その安定性・継続性の強さというポジティブな面もまた重視をしなければならない。松木武彦氏が述べるように、「弥生後期の大和が空白の地だったわけではなく、集落をみる限り有数の人口密集地」となっていることが集落の分布から見て取れる。盆地南部の集落密度が大きく高まる後期後半の時期、各集落で溝に投げ込まれて廃棄された土器の量はすさまじく、調査担当者を悩ませているが、膨大な量の土器を必要とした多くの人々が現実に存在したことを示している。松木氏のいう「それだけの生産と消費のサイクルの束を集めて息づく、優でも劣でもない大和の姿」がそこにあるといえる。

弥生時代の遺構面が洪水による土砂で何度も厚く覆われる河内平野のような地域では集落の移動も頻繁で不安定であるが、弥生時代の奈良盆地では、現在よりも起伏が多かったとはいえ、洪水による被害は河内平野ほどではなく、また盆地を囲む四方の山々が外敵からの天然の要害となる。そうした安定した環境の中で、豊かな内容をもつ「ヤマト弥生社会」が形成され、唐古・鍵遺跡の大型建物、銅鐸や絵画・記号文土器に象徴されるヤマトの文化的伝統が熟成され、ゆるやかに変質を遂げてゆくものと考えたい。

さて、卑弥呼が共立されたと考えられる二世紀末の頃、「ヤマト弥生社会」においては、社会的緊張に備えるように、盆地へ入る交通の要所において守りが固められる。後期後半の時期、東大寺山古墳のすぐ近くの東大寺山遺跡は、春日断層崖を刻む高瀬川沿いの交通路を見下ろす丘陵上にあり、二重の環濠と竪穴住居群が確認されている。弥生時代中期～後期前半、丘陵下の低地部に展開した長寺遺跡と交代するように現れて短期間営まれた遺跡であり、時期が、ちょうど「中平」と重なる二世紀後半～末頃にあたることが注意される。桜井市では、二〇〇七年調査された桜井公園遺跡群（安倍山遺跡）で、同じく奈良盆地が一望でき、眼下に東方との交通の要所である初瀬谷を見下ろす丘陵上から、後期後半に掘削された三重の溝が確認された。

纒向遺跡の出現

このような高地性集落は出現するのも突然であるが、消滅するのもまた唐突である。防御性の高い高地性集落が終焉を迎える弥生時代後期末の時期、ワニ氏の拠点地域といわれる天理市の北部山麓では、東大寺山丘陵北側の低地部にある和爾・森本遺跡が古墳時代に向かって大規模化してゆき、盆地東南の三輪山山麓では、清水真一氏が強調するように、それまで「空白」になっていた扇状地に進出する形で、最古の都市とも評価される纒向遺跡が、突如として形成を開始し、東西約一・六キロ、南北約〇・六キロの範囲にわたって展開するのである。

纒向遺跡が広がる扇状地は、高低差が大きく、水稲農耕に不向きな地形であることから、弥生時代中期には集落の形成がみられなかった場所である。このような場所に都市的な様相をもつ大集落が形成される理由として、ひとつには、大和の神奈備である三輪山の存在があるものと思われる。さらにもうひとつの理由として、古くから指摘されているように、水の支配に関わる問題をあげることができるだろう。伊達宗泰氏が試みた水系単位で地域を考える視点である。伊達氏は、古代村落は水を媒介にして結合し、支配者はその水を支給しうる地域を単位に台頭し、それが連合統一されて支配地域を形成するとして、「水支配地域」の設定を試みた。

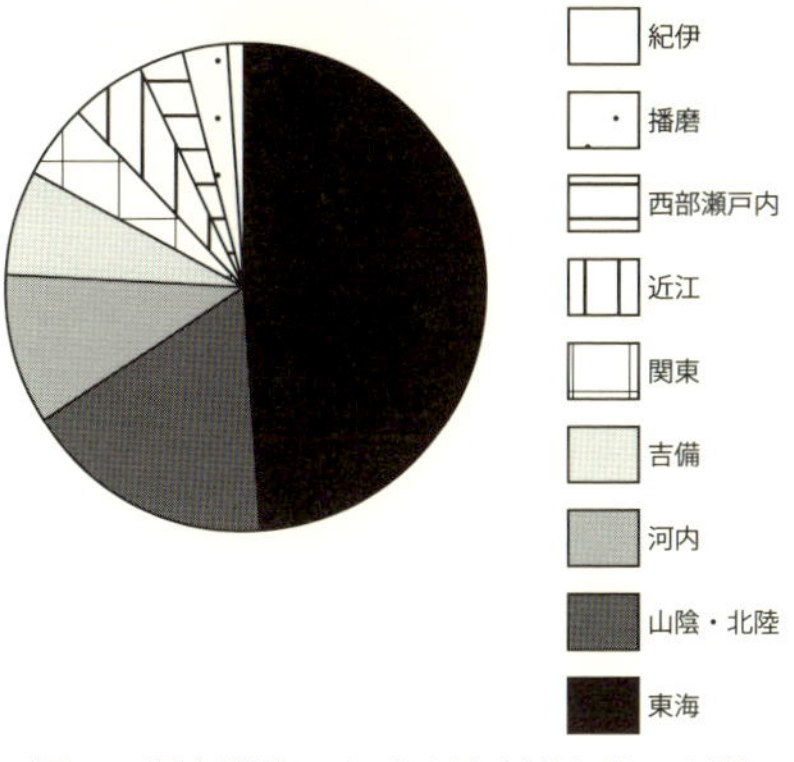

図４　纒向遺跡における外来系土器の内訳

清水真一氏は、平野部に営まれて弥生時代を通して繁栄した環濠をもつ拠点集落が、弥生時代末期には崩壊し、その後に営まれた纒向遺跡・布留遺跡・紀寺南遺跡などの集落が大和青垣地帯と呼ばれる盆地東部の扇状地地域に立地するのは、弥生集落が農業技術の限界から沖積平野の湿地のそばを離れ得なかったのに対して、傾斜地をも水田化することが可能となる農業社会（灌漑や水路）への社会変化を意味するとして、弥生時代には無用だった扇状地が古墳時代には政治経済の中心地に変化することの意義を強調する。弥生時代後期末に突如として出現して大規模化する纒向遺跡は、奈良盆地南部、初瀬川流域の要となる場所に集約的に設けられた計画的集落であり、灌漑システムの管理を通して流域の集団を統合的に支配していたことが考えられる。

纒向遺跡では、矢板で護岸をした人工水路や木樋と槽を連ねた導水施設、祭祀土坑など注目すべき遺構・遺物が確認されている。特に注目されるのは、出土土器に含まれる外来系土器の割合の多さである。弥生時代中期の唐古・鍵遺跡でも、吉備やその他の地域の外来系土器は数多くみつかっているが、纒向遺跡から出土した外来系土器の由来する地域は、東は東海・関東地方、西は瀬戸内・四国・九州地方、北は山陰・北陸の日本海沿岸地域にいたる非常に広い範囲に及んでいて、しかもその割合が一五パーセント、多い時期（纒向３式）には三〇パーセントに達しているのである。同じく春日断層崖の形成する段丘面に展開する天理市の乙木・佐保庄遺跡でも、古墳時代初頭の流路から、さしば形木製品、団扇形木製品など、「権威の象徴」ともされる儀礼的な性格の遺物が出土していて、纒向遺跡と同じように、外来系土器の割合が一六パーセントに及んでいる。三〇余国を含むと『魏志』倭人伝が伝えるその頃の倭人社会の各地域から、奈良盆地東南の山麓地域に、多量の物資が持ち込まれ、多数の人々が集まっていたことの考古学的な証拠であり、東西の交流の中心として栄え、都市的な様相を呈していたことが想定できる。

農耕祭祀の伝統と変容

『魏志』倭人伝の記述によると、二世紀末に成立した「邪馬台国」の連合王権が統合の拠り所としたのは、鬼道によって衆を惑わすという女王卑弥呼の宗教的権威と能力だったという。その鬼道とはおそらく、「ヤマト弥生社会」において発達した稲作のマツリの伝統に由来するものだったのではないだろうか。

弥生時代中期後半の頃、唐古・鍵遺跡を中心に、奈良盆地南部の各集落では、農耕祭祀に関わると考えられる絵画土器が発達し、特に、全国で出土した六〇〇点以上のうち、唐古・鍵遺跡と清水風遺跡の二遺跡に四〇〇点以上が集中していることが特筆され、農耕祭祀の中心地ともいえる様相を示している。中期末〜後期初頭の唐古・鍵遺跡では、やはり農耕祭祀に関わる銅鐸もまた鋳造されている。後期に入ると、具象的な絵画土器に代わり、長頸壺などの土器に抽象的な記号文が盛んに描かれるようになり、井戸に土器（壺）などの供物を奉じる水の祭祀が著しく発達する。弥生時代に展開したこのような農耕祭祀の伝統と変容を、纒向遺跡の調査成果の中にみることができる。

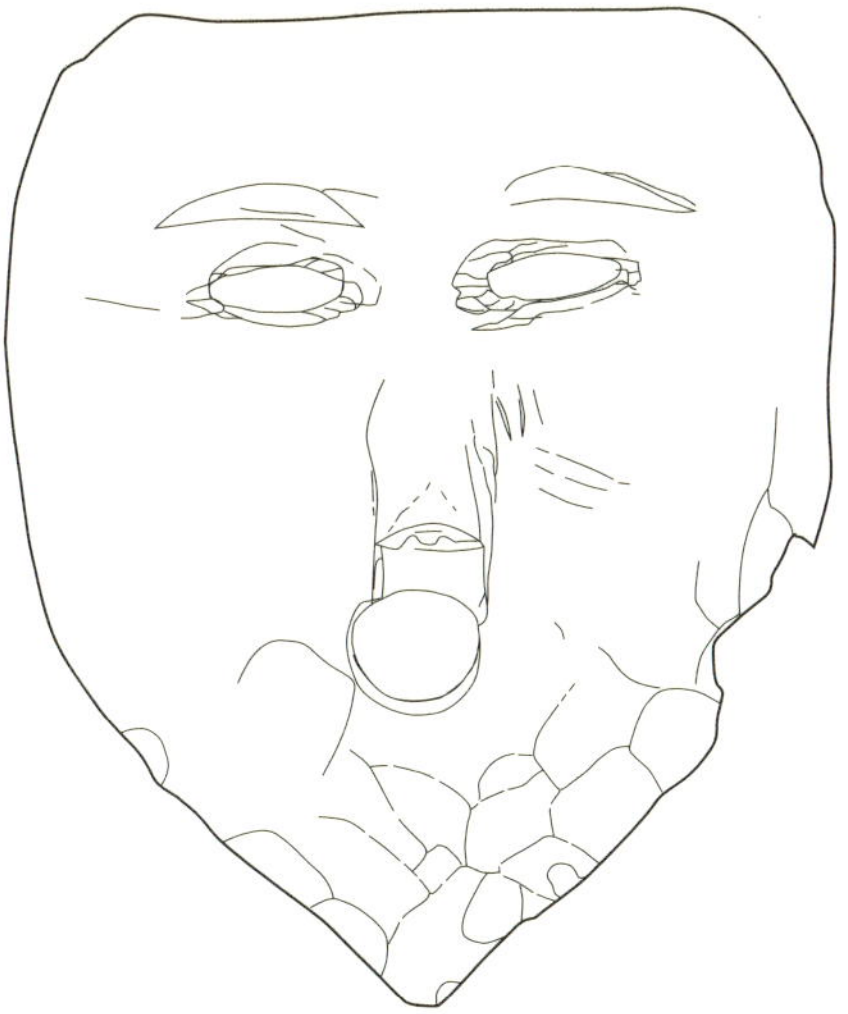

図５　纒向遺跡出土の木製仮面

石野博信氏は、纒向遺跡太田北微高地の川辺に設けられた大小さまざまの土坑に、籾殻、竪杵、大型高坏、機織具、水鳥形木製品、舟形木製品、儀杖など、祭祀に関わる土器や木製品が廃棄されているとして、後の律令祭祀の原型を思わせるような「纒向型祭祀」を提唱し、同様な祭祀土坑は弥生時代の唐古・鍵遺跡にも大量に存在するとしている。纒向遺跡の第一四九次調査では、最近、「祭祀土坑」のひとつから、木製仮面が、籠状製品、朱塗り木製盾破片、鎌柄と共に出土して、「邪馬台国時代」のまつりに関わる資料として大きく報道された。広鍬を転用した日本最古の木製仮面は、目を新しく穿孔し、口は鍬の柄穴を転用し、眉は線

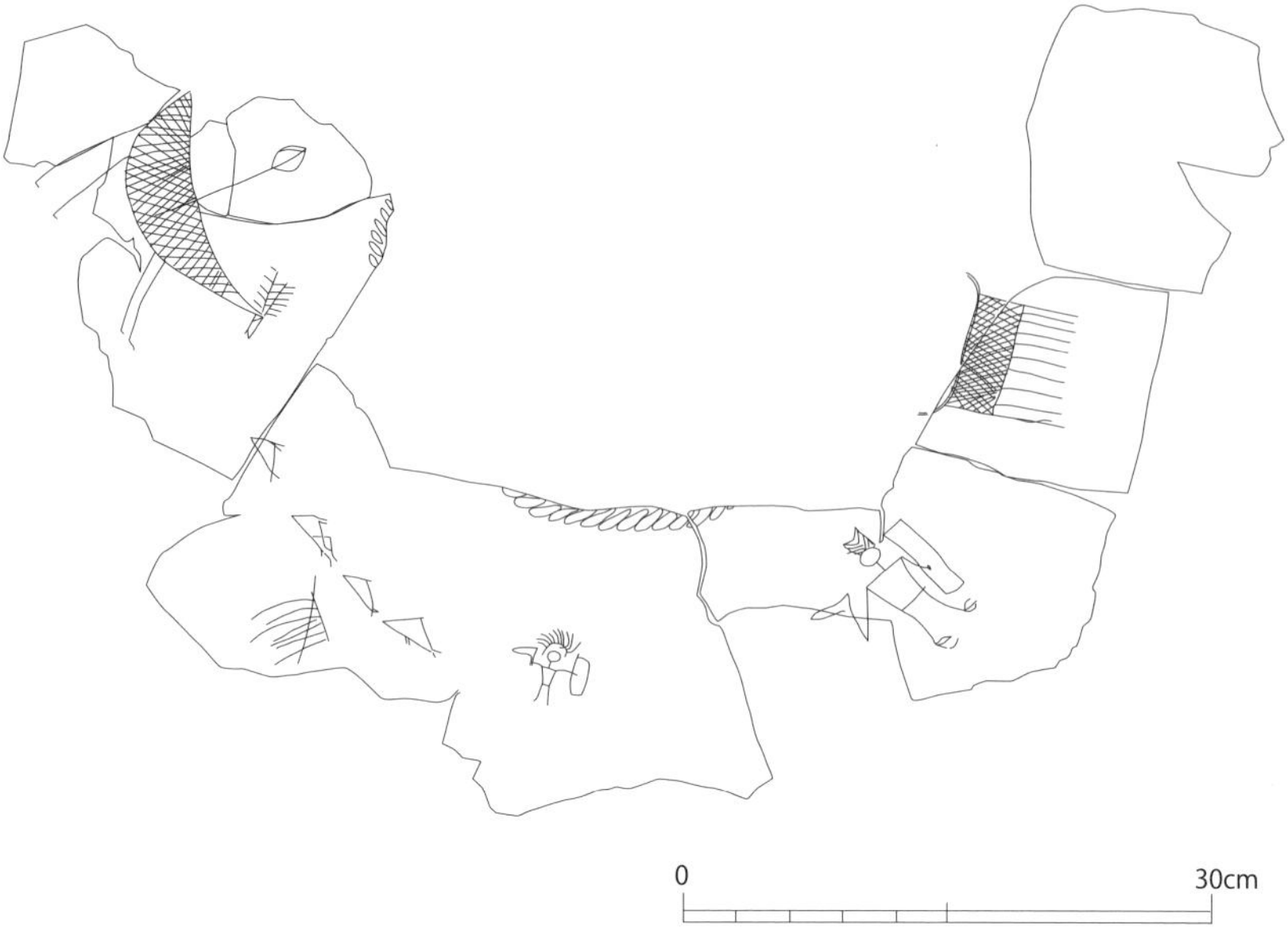

図６　清水風遺跡の絵画土器

刻で表現している。装着のための紐穴はない。

注目されるのは、この仮面が盾や刃物（鎌柄）と共に出土したことである。盾と刃物の組み合わせは、唐古・鍵遺跡と隣接する清水風遺跡から出土した弥生時代中期後半の絵画土器のモチーフとも共通する。清水風遺跡の絵画土器で有名なのは、高床の建物、盾と戈をもつ大小二人の人物、四匹の魚、柵のような図柄、背に矢を負う雄鹿を大型の壺に描いたものである。このモチーフは、『風土記』の伝承や民俗事例なども参考にすると、次のように解釈できる。つまり、水を直接表現することがない古代にあっては、魚は水の象徴であり、さらには水田を表現しているともみることができる。また鹿は、食用のための実用性をもつと同時に、霊獣や害獣としての性格をもつ獣である。そうすると、この絵画土器の場合は、稲を荒らしにきた鹿とそれを退治しようとする人間が水田脇の柵を挟んで対峙しているモチーフであるとみることができる。

清水風遺跡、纒向遺跡のどちらの事例も、稲作の妨げとなる獣や邪霊を武器（刃物）によって予め制圧しておき、一年の豊作を祈願する呪術的儀礼が、集団祭祀、稲作農耕に関わる予祝のマツリとして盛大に行われたことを物語っているのではないだろうか。清水風遺跡の場合は弥生時代を特徴づける戈が表現されていたが、纒向遺跡の場合は、戈という武器自体がすでに衰退していた時期であるから、刃物として鎌を用いたのであろう。

弥生時代以降、稲は生活・社会の物質的基盤となり、政治的な意味をもった作物、租税へと転化する。「税」の起源は、「初穂」を神に奉納することであったという。稲作のマツリにおいて奉納された「初穂」＝コメは、貴重な財として倉庫に保管され、それを掌る司祭者や有力者の中から、政治的な実力をも備えるようになり、やがて古墳へと埋葬される卑弥呼のような卓越した人物が登場して来るものと考えられる。

その一方、弥生時代後期後半〜末にかけての時期、纒向遺跡、脇本遺跡、大福遺跡など、後期以降に始まる桜井市域の集落遺跡では、大型銅鐸の破片がみつかっている。特に、大福遺跡では、二〇〇八年、後期後半〜末の土器に伴って、送風管の破片、土製の鋳型外枠片、銅滓がみつかり、唐古・鍵遺跡の系統を引く技術を用い、銅鐸片を材料にした青銅器の製作・鋳造を行っていたことが確認された。中国との交渉を通して銅鏡や鉄製武器など新たな威信財が導入される中で、弥生時代に風靡した祭器であり威信財である銅鐸は、旧習の産物として打ち捨てられる運命をたどることになったのであろう。

東大寺山古墳の「中平」銘鉄刀

石野博信氏は、纒向遺跡の調査成果を紹介した近著において、「邪馬台国でなければなにか」として、纒向遺跡から東大寺山古墳までを含む奈良盆地東南部の山麓部一帯をその範囲に想定したが、それは、弥生時代末〜古墳時代初頭、纒向遺跡、乙木・佐保庄遺跡において西日本の広範な地域に由来する多量の外来系土器が出土する地域であり、また、オオヤマト古墳群、東大寺山古墳群などとして、三世紀～四世紀にかけての前期古墳＝初期ヤマト王権の王侯集団の墳墓群が集中的に営まれる地域であった。歴史的にみると、狭義の「ヤマト」がもともと意味する地域であった。

東大寺山古墳の「中平」銘鉄刀は、二世紀の末、ちょうど奈良盆地の守りが高地性集落によって固められ、続いて、盆地東南隅に纒向遺跡の形成が始まる時代、「倭国乱」の混乱のさなかに共立された卑弥呼が、中国（おそらくは遼東の公孫度政権）に遣わした使いに授けられたと考えられる。『魏志』韓伝が「倭と韓は帯方に属す」と記すように、二世紀末、倭の卑弥呼政権は、中国本土の混乱に乗じて遼東地域を独立支配した公孫度の政権と外交を行い、その統括下に入り、後漢献帝の建安九年（二〇四）、公孫度の後を継いだ公孫康が楽浪郡の南に帯方郡を設置して以降は、公孫氏支配下の帯方郡との政治的関係を継続したのではないだろうか。

ところが、景初二年（二三八）、公孫淵は魏によって滅ぼされてしまい、その翌年、卑弥呼政権が帯方郡に使いを送ったときには、すでに帯方郡は魏に接収されて、洛陽から新たな太守が任じられていた。卑弥呼の使者は、その太守劉夏に導かれて魏の天子に朝貢を行ったのである。卑弥呼の死後、その宗女壱与が王となり、魏との外交関係を継続し、泰始二年（二六六）には西晋への朝貢を行う。しかしその後、華北は八王の乱（三〇一年）による混乱が続き、かつて漢王朝の窓口だった楽浪郡も、三一三年、高句麗に滅ぼされ、やがて五胡十六国が乱立する時代へといたる。四一三年、倭王讃が東晋に入朝して中国南朝との外交関係を樹立するまでの一五〇年近く、中国の史書には倭人の入朝の記録がみられないのである。

東大寺山古墳が築かれた四世紀半ば、初期ヤマト政権にとって、中国との外交関係は失われ、忘却の彼方へと遠ざかろうとしていた。中国との関係が「空白」の四世紀、石上神宮に伝わる七支刀が、東晋の泰和四年（三六九）の年号を金象嵌で刻み、百済王世子と倭王の政治的関係を伝えるように、初期ヤマト政権の重要な外交関係は、百済など、倭と同じく国家形成が進んだ韓半島を軸とするものにシフトしていたと思われる。中国の威光の下で輝いていた卑弥呼政権伝来の「中平」銘鉄刀は、この時代、その輝きを失い、初期ヤマト政権を支える有力者（おそらくはワニ氏）と考えられる東大寺山古墳の被葬者のため、ついに副葬品として奉じられることとなったのであろう。

参考文献

秋山浩三「弥生実年代と都市論のゆくえ　池上曽根遺跡」『遺跡を学ぶ』二五、新泉社、二〇〇六年
石野博信「邪馬台国の候補地　纒向遺跡」『遺跡を学ぶ』五七、新泉社、二〇〇八年
石野博信編『大和・纒向遺跡』増補新版　学生社、二〇〇八年
オオヤマト古墳群シンポジウム実行委員会『オオヤマト古墳群と古代王権』青木書店、二〇〇四年
岡村秀典「漢帝国の世界戦略と武器輸出」福井勝義・春成秀爾編『戦いの進化と国家の生成』東洋書林、一九九九年
唐古・鍵考古学ミュージアム『平成一八年秋季企画展弥生時代の青銅器鋳造～唐古・鍵遺跡の鋳造遺物を中心に～』「唐古・鍵考古学ミュージアム展示図録」Vol.４、二〇〇六年
桑原久男「畿内弥生土器の推移と画期」『史林』七九―二、一九八九年
桑原久男「戦士と鹿―清水風遺跡の絵画土器を読む」『宗教と考古学』金関恕先生古稀記念論文集、勉誠社、一九九七年
小池香津江編『ムラの変貌―弥生後期の大和とその周辺』「奈良県立橿原考古学研究所附属博物館特別展図録」六三、二〇〇五年
清水真一「大和の弥生時代から古墳時代へ―弥生から古墳期の集落立地とその社会変化―」『東アジアの古代文化』八五号、

一九九五年
清水真一「最初の巨大古墳　箸墓古墳」『遺跡を学ぶ』三五、新泉社、二〇〇七年
田原本町教育委員会編「弥生の絵画～唐古・鍵遺跡と清水風遺跡の土器絵画」『田原本町の遺跡』四、二〇〇六年
伊達宗泰「遺跡分布よりみた古代地域の考察」『近畿古文化論攷』吉川弘文館、一九六二年
野島永「鉄器からみた諸変革」『国家形成過程の諸変革』シンポジウム記録二、考古学研究会例会委員会編、二〇〇〇年
北條芳隆「古墳時代の開始と社会変革」『古墳時代像を見直す』青木書店、二〇〇〇年
松木武彦「北條芳隆・村上恭通・溝口孝司著『古墳時代像を見直す―成立過程と社会変革―』」『考古学研究』四七―四、二〇〇一年
豆谷和之「奈良盆地　唐古・鍵遺跡」『集落から読む弥生社会』弥生時代の研究八、同成社、二〇〇八年
森岡秀人「弥生時代抗争の東方波及」『考古学研究』四三―三、一九九六年
森岡秀人『研究史と展望』『弥生時代の実年代　炭素14年代をめぐって』学生社、二〇〇四年
森浩一「日本の古代文化」『古代史講座』三、学生社、一九六二年

2　東大寺山古墳群

山内　紀嗣

はじめに

東大寺山古墳群は南は高瀬川で区切られ、北は菩提山川までとする。この間には前方後円墳が八基、円墳が約一二〇基、方墳が三基ある。「東大寺山」の名称は律令期以降、このあたりが東大寺の荘園であったことによる。地形は笠置山地から西に伸びる丘陵と谷であり、大部分の古墳は丘陵上に築かれる。南の高瀬川のある谷は東に深く入り込む。それに対し北の菩提山川は谷が浅い。間の丘陵は小さな谷が複雑に入り組んでおり、古墳はそうした地形を利用して築造されている。現在は天理市に含まれるが、かつては添上郡であり、古墳群東側の一部分は山辺郡であった地区もある。

前方後円墳のうち、前期古墳は東大寺山古墳、赤土山古墳、和爾下神社古墳があり、続いて中期には櫟本墓山古墳がある。後期では南端に岩屋大塚古墳と北端近くに野田古墳がある。また、東大寺山古墳の東方には東大寺山二四号墳と東大寺山二五号墳があるが時期については不明確でありここでは触れない。現在、高瀬川は岩屋大塚古墳の北側を流れているが、古墳時代には谷の南辺を流れていた。川は奈良時代に付け替えられたのである。したがって、古墳時代には高瀬川の北にあった岩屋大塚古墳も東大寺山古墳群に含める。前期の発掘調査された円墳には上殿古墳がある。

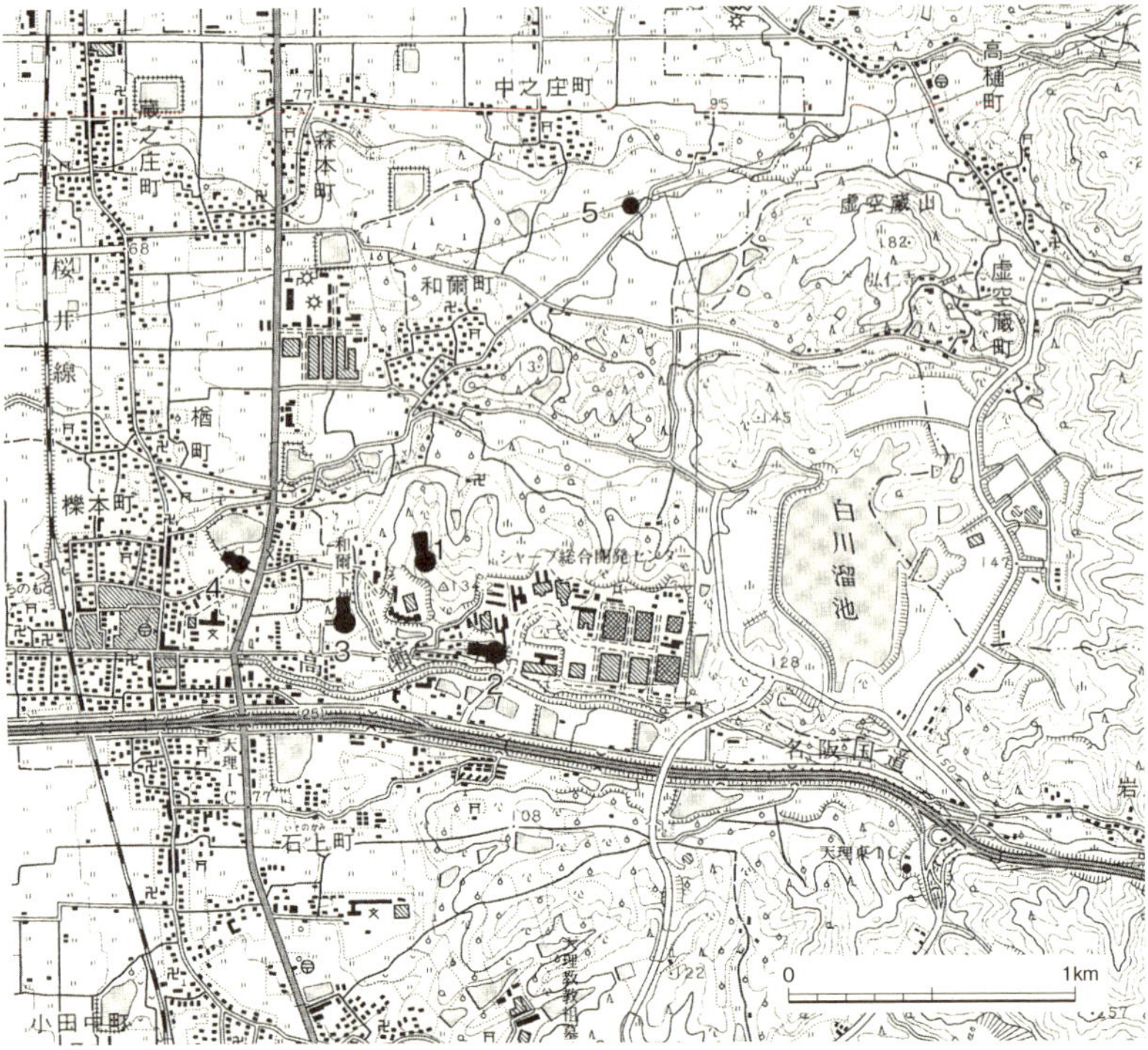

図１　東大寺山古墳群の前期〜中期古墳（国土地理院 25000 分の１地形図「大和郡山」より改変）
１．東大寺山古墳　２．赤土山古墳　３．和爾下神社古墳　４．墓山古墳　５．上殿古墳

この古墳群の範囲内には「和爾」という集落があり、古代氏族の和爾氏の本拠地であったと想定されている。また、集落内には後期の円墳の上に和爾赤坂彦神社が鎮座しており、古くから和爾氏がこの地を本拠にしていたことを想像させる。なお、文献によれば和爾氏は律令時代には柿本・楢・在原・小野・長氏などに分かれ、本拠を奈良市以北に移したことになっている。

ここでは前期の赤土山古墳、上殿古墳、和爾下神社古墳、中期の墓山古墳について説明し、東大寺山古墳については別項があるので省略する。

赤土山古墳（あかんどやまこふん）

現在、天理市教育委員会では「あかつちやまこふん」と呼んでいるが、かつて地元では「あかんどやまこふん」と呼称していた。そ

図2　赤土山古墳の墳丘（1/1000）と埴輪（1/32）（天理市教委 2003）

う呼ぶべきであろう。

東から伸びる丘陵上に位置し、南は高瀬川が流れる。一九八二年より天理市教育委員会によって発掘調査が実施され、墳丘についてはかなり分かってきた。一九九二年には国の史跡指定を受けて保存されている。

全長は一〇六・五メートルある。発掘調査以前には測量が天理参考館によって行われ、その結果、前方後方墳とされていた。しかし、発掘の結果、後円部の北・南側は地震による地滑りで抉れたため、等高線が直線的になっていたことが分かった。後円部直径は約六六メートル、高さ約一〇メートルある。前方部の幅は推定で約五二メートルとなる。後円部・前方部とも二段に築造されている。段の上面と裾には埴輪列があった。また、東側後円部の東には方形の造出しが大小二ヶ所認められた。付近には家形埴輪、囲い形埴輪などがおかれており、祭場の様子を表すものであった。主体部は発掘調査を行っていないので確定できないが、墳丘が崩れているにもかかわらず、石室の石材がみられないことから粘土槨であったとみられる。

出土遺物には埴輪類の外、本来は主体部にあったとみられる石製品がある。碧玉製鍬形石二、同石釧二、滑石製勾玉一八八、同玉杖一、碧玉製筒形二、碧玉製合子一、滑石製刀子四、同剣一、碧玉製鏃形一などである。

埴輪と石製品の様子からみれば東大寺山古墳よりやや新しい要素が多いといえる。

上殿古墳（うえどのこふん）

東大寺山古墳の北東約一・五キロにあり、和爾の集落の東北約五〇〇メートルに位置する。和爾集落の北側は森本古墳群とも称されており、墳丘を失った円墳が多数検出されている。上殿古墳は直径二三メートルの円墳である。段については不明であるが、墳頂は直径約一二メートルで、埴輪列が巡っていたことが分かっている。埴輪には家形埴輪、円筒埴輪と壺形埴

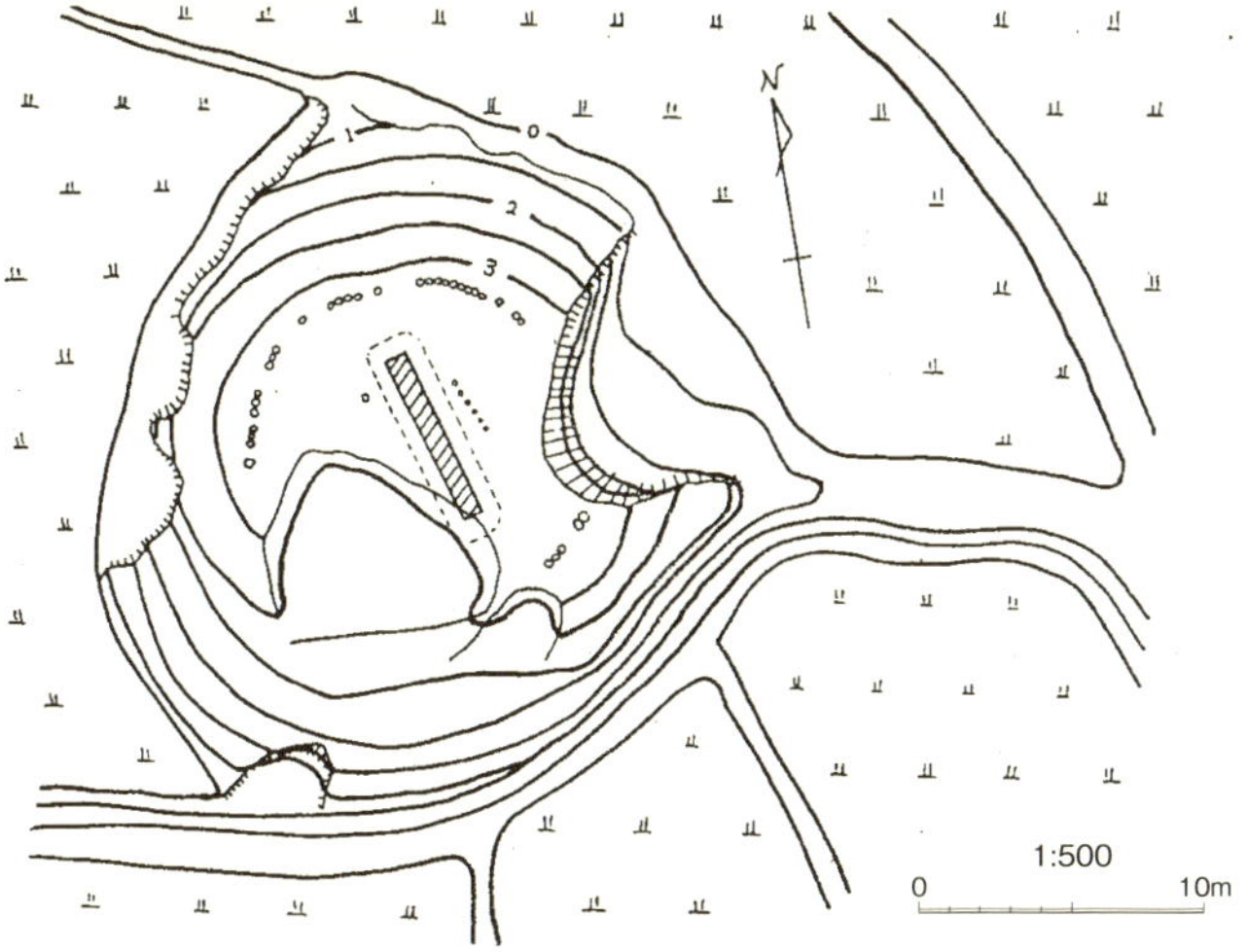

図３　上殿古墳の墳丘（1/500）（奈良県教委 1966）

輪がある。主体部は粘土槨で、方位は北一七度西に振れる。粘土槨の中は割竹形木棺の痕跡が認められた。排水設備はない。

木棺内の副葬品は盗掘されており残っていなかったが、棺外には北・南端でそれぞれ鉄製短甲が一セットずつ、棺側には碧玉製鍬形石、石釧、車輪石のほか、槍九、剣一七、鉄鏃四五、銅鏃二七、手斧二、鑿七、鉄斧六、刀子五、鍬先八、鉇一〇、鎌一五などがある。武器類が多いのが特徴である。古墳の築造時期は埴輪などから東大寺山古墳や赤土山古墳より新しいとみられる。

和爾下神社古墳（わにしたじんじゃこふん）

東大寺山古墳のある丘陵の西側の下約一〇〇メートルに位置する。前方部は北を向く。後円部の上面には和爾下神社の社殿があり、また前方部とのくびれ部には横断する里道が通っているため当初の形がかなり改変されている。しかし、後円部の裾線と前方部前端は比較的よく残っており、全長約一〇五メートル、後円部直径約六〇メートル、高さ約一二メートル、前方部幅約三九メートル、高さ約七メートルあることが分かる。一九七四年に天理参考館によって測量調査が行われた。

一九八四年には社殿の防火工事に伴い後円部の北斜面と墳頂部で、奈良県立橿原考古学研究所によって小規模なトレンチが入れら

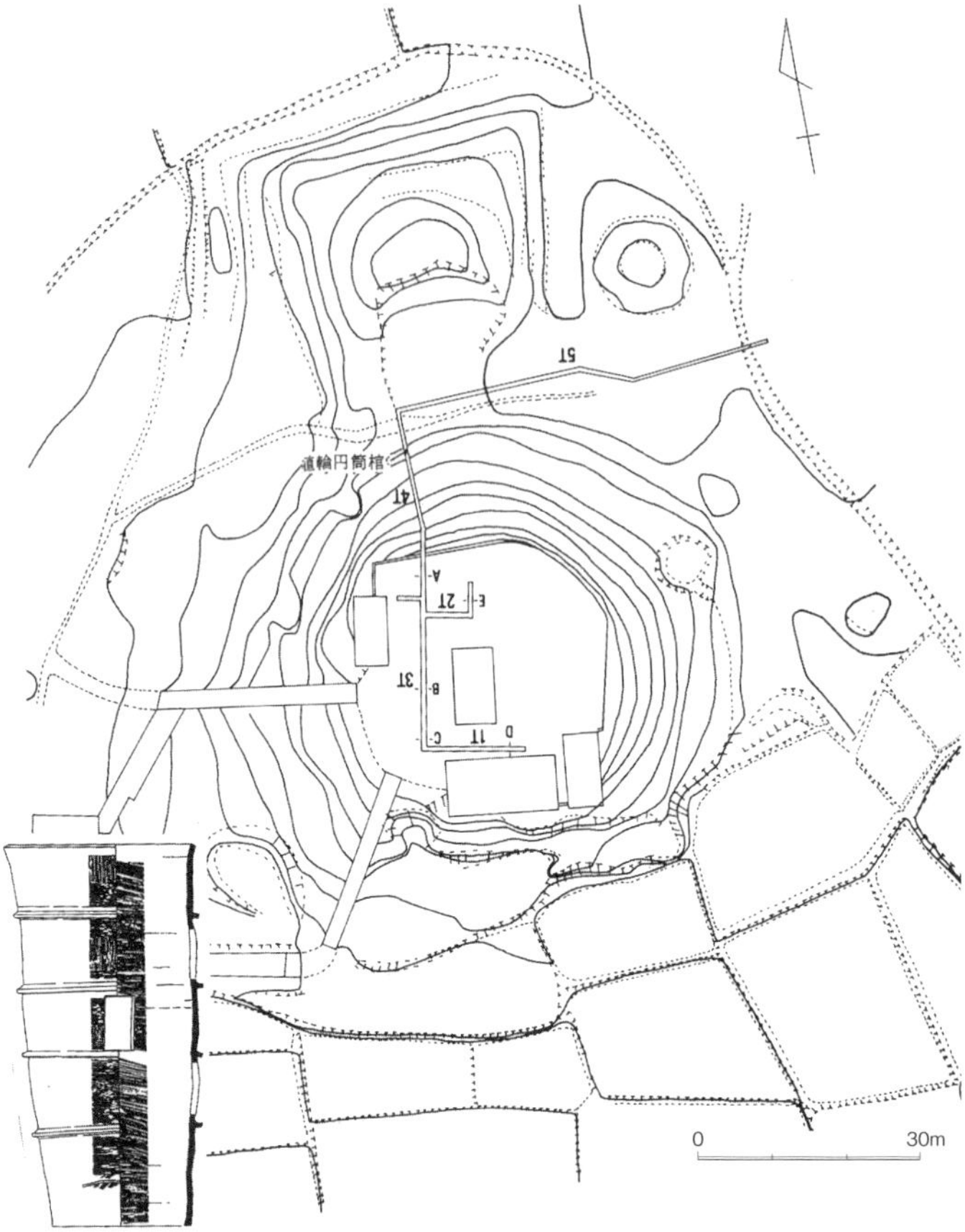

図４　和爾下神社古墳の墳丘（1/1500）と埴輪円筒棺（1/30）（橿考研 1984）

れた。後円部北向き斜面のトレンチでは八四・五メートル程の高さで地山となることが確認されていることから、墳丘の大部分は盛り土であることが分かった。また同じトレンチの中では円筒埴輪棺が出土した。埴輪棺は墳丘で表面採集される埴輪と同型式である。埴輪の型式から前期末頃のものと分かる。

　また、前方部の東側には前方部の裾から約一〇メートル離れて、直径約一五メートルの円墳状の盛り上がりがある。発掘調査を行っていないのでこの円墳状のものが何かはよく分かっていない。

　前方部の西の里道の側に板石がある。石材は竜山石である。元は奈良と桜井を結ぶ旧街道の橋として使用されていたらしい。長さ二六六センチ、幅一五八センチ、厚さ二三～二六センチある。ただし両端は幾分欠けている。長辺の両辺には幅一四～一八センチ、高さ約一センチの高まりがある。表面には風化のためかノミ痕などは認められない。こうした石材は石棺の一部あるいは石室の天井石の可能性が考えられる。石棺材であるとすれば長持形石棺であったであろうが、側板としては大きすぎる。天井石には適当な大きさであるが、縁の高まり部があるような例を知らない。不明である。この板石が和爾下神社古墳のものであったとしても時期的には矛盾はないだろう。

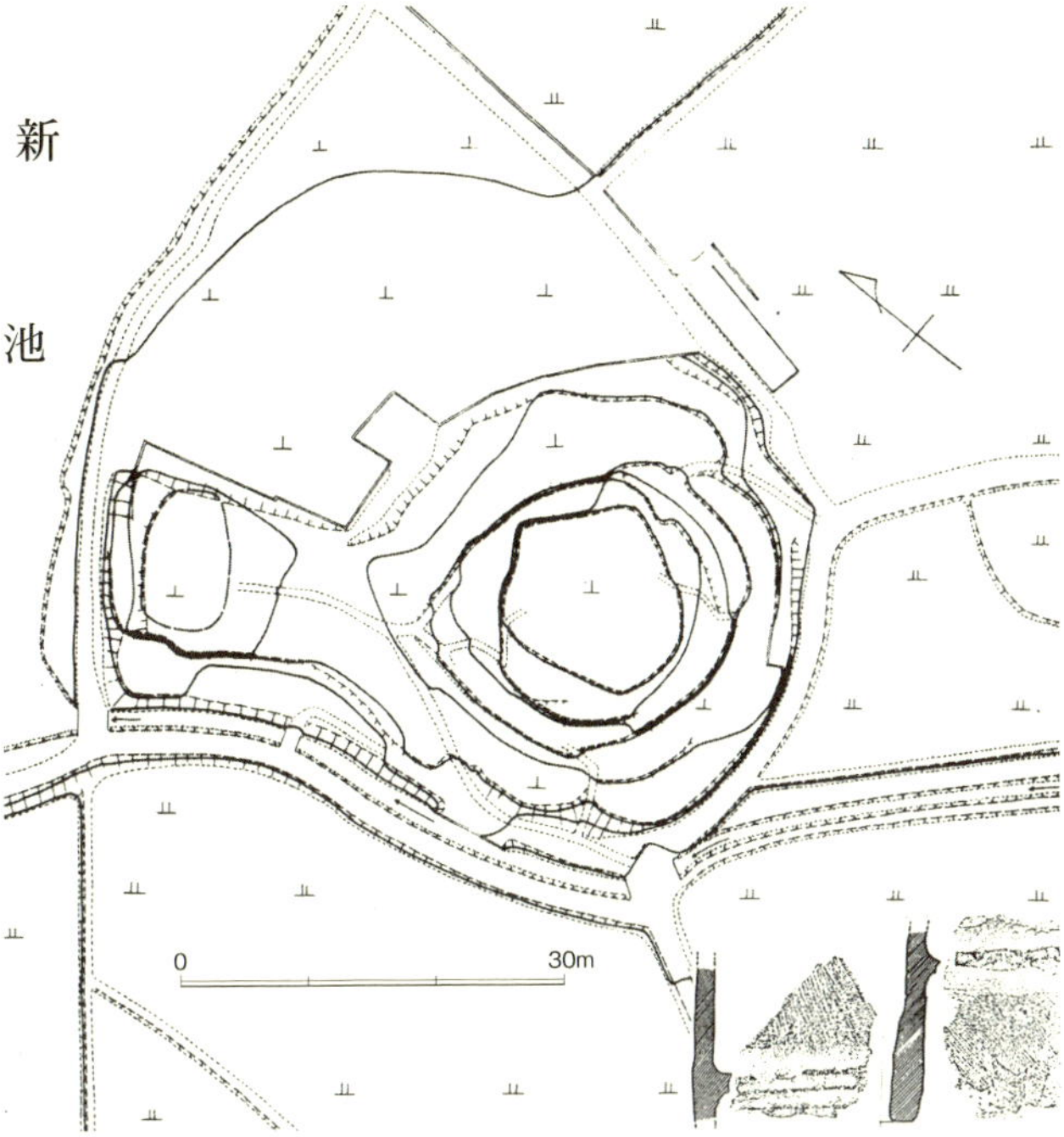

図5　墓山古墳の墳丘（1/1000）と埴輪片（1/7）（置田 1978）

墓山古墳（はかやまこふん）

和爾下神社古墳の北西約三〇〇メートルにあり、現在は周囲は平坦であるが元は低い丘陵が西へ伸びる先端近くに位置する。前方部を北西に向けており、墳丘はすべて墓地となっており、墳丘の北側も一部墓地である。したがって、墳丘は階段状に削られ元の状況ではない。しかし、一九七〇年に天理参考館で測量した結果、後円部は直径約四〇メートル、前方部長さ約二二メートル、全長六〇メートルあまりの前方後円墳であることが分かった。発掘調査はなされていないが、地元の伝承によれば、主体部より大量の朱が出土したという。

墳丘の北に新池というため池があり、古墳に近い池の岸辺で円筒埴輪と朝顔形埴輪が採集されている。墓山古墳のものであった可能性が高い。それによれば、須恵質に近いものがあり、円筒部のタガはやや低いが中期末頃の特徴を残している。こうした点から中期末の古墳と考えておく。

参考文献

置田雅昭「大和の前方後方墳」『考古学雑誌』第五九巻第四号、一九七四年
置田雅昭「天理市櫟本町墓山所在　墓山古墳」研究討議資料四、文部省科学研究助成一般B、一九七八年
関川尚功「和爾下神社古墳」『奈良県遺跡調査概報　第一分冊　一九八三年度』奈良県立橿原考古学研究所、一九八四年
天理市教育委員会『赤土山古墳第一次範囲確認調査概報』、一九八九年
天理市教育委員会『赤土山古墳第二次範囲確認調査概報』、一九九〇年
天理市教育委員会『赤土山古墳第三次調査概報』、一九九一年
天理市教育委員会『史跡赤土山古墳第四～第八次調査概要報告書』、二〇〇四年
奈良県教育委員会「和爾　上殿古墳」『奈良県史跡名勝天然記念物調査報告』第二三冊、一九六六年

3　杣之内古墳群

日野　宏

はじめに

杣之内《そまのうち》古墳群は天理市杣之内町を中心に分布する古墳群で布留遺跡の南に位置する。

布留遺跡は天理市布留・杣之内・三島町などを中心に東西二キロ、南北一・五キロの範囲に広がる古墳時代を中心とした集落址であるが、これまでの調査で、居館跡とみられる石敷遺構や大型の掘立柱建物のほか、布留川から引水するための大溝など古墳時代中期から後期にかけて注目すべき遺構が検出されており、古墳時代の集落の発展の様子が次第に明らかになりつつある。

一方、布留遺跡を残した人々の奥津城である杣之内古墳群では、首長墓の系譜を古墳時代前期から終末期まで連綿とたどることができ、墳形や規模などから、その勢力の盛衰を窺うことができる。このように本地域は集落と墓域の両面から、この地に居住した集団の動静を探ることのできる重要なところである。

さて、杣之内古墳群では前期には小半坊塚《こはんぼうづか》古墳、西山古墳、中期には東天井山古墳、西天井山古墳、西乗鞍古墳、後期には東乗鞍古墳、小墓《おばか》古墳、終末期には塚穴山古墳、峯塚古墳などの首長墓が築造されている。

本書のテーマである東大寺山古墳の築かれた古墳時代前期の古墳については、項を改めて後に詳しく説明することとし、ここでは、まず中期以降の古墳の概要を述べることとする。

図1　杣之内古墳群の古墳分布（国土地理院25000分の1地形図「大和郡山」より改変）

1．布留遺跡　2．小半坊塚古墳　3．塚穴山古墳　4．西山古墳　5．峯塚古墳
6．西天井山古墳　7．東天井山古墳　8．小墓古墳　9．西乗鞍古墳　10．東乗鞍古墳

杣之内古墳群では中期に入ると前方後円墳はみられず、大型の二基の円墳が近接して築かれている。東天井山古墳（直径二七メートル）と西天井山古墳（直径二八メートル）である。共に墳頂部に盗掘坑がみられる。石材の散乱などは認められないことから、埋葬施設は粘土槨などが考えられる。墳丘で採集された埴輪には円筒埴輪と形象埴輪がある。埴輪の型式などから東天井山古墳が古く、後に西天井山古墳がつくられたことが分かる。

杣之内古墳群で再び前方後円墳がつくられるのは、中期末の西乗鞍古墳からである。西に伸びた丘陵の先端に、主軸をこれに直交させて築かれた全長一一八メートルの南向きの前方後円墳である。墳丘は二段に築成され、東西のくびれ部に造出しを備えている。また、墳丘には埴輪片や葺石とみられる円礫が認められる。内部主体については不明であるが横穴式石室の可能性が推測される。古墳周囲には浅い周濠が巡るが、一九八一年の奈良県立橿原考古学研究所の調査で、さらに外側で周濠の一部が検出された。

古墳時代後期前半には二基の前方後円墳が相前後して築かれている。東乗鞍古墳と小墓古墳である。

東乗鞍古墳は西乗鞍古墳の東約二〇〇メートルの地点に位置する。西乗鞍古墳とは同一の尾根上にあって、墳丘主軸を尾根に平行させる全長七五メートルの西向きの前方後円墳である。墳丘は二段築成で、埴輪や葺石は確認されていない。後円部の南には片袖式の横穴式石室が開口する。内部には奥に刳抜式の、手前に組合式の二個の凝灰岩製の石棺が納められていた。玄室内からは甲冑の小札《こざね》、杏葉《ぎょうよう》の出土が伝えられている。なお、一九八一年の奈良県立橿原考古学研究所の調査で丘陵と古墳を画するための掘割が墳丘西側で検出されている。

小墓古墳は西乗鞍古墳の北西約二〇〇メートルに位置する全長八五メートル以上の前方後円墳である。墳丘の改変が著しい。水田の畦畔から、周囲にはかつて盾形の周濠があったことが分かる。また、一九八七・八九年には天理市教育委員会による墳丘東側の周濠部の調査が行われ、多数の土器、埴輪、木製品が出土している。埴輪には円筒・朝顔形・蓋・盾・

靫・動物（馬・鹿・水鳥・鶏）・家形埴輪がある。また、木製品には蓋形、盾形、刀形、翳《さしば》形、鋤形、槽、槌、火鑽臼、耳杯形容器などがあり注目される。

終末期には塚穴山古墳と峯塚古墳の二基の円墳が築造されている。

塚穴山古墳は西山古墳の北側を西に伸びる丘陵の南斜面に築かれた円墳である。一九六四〜六五年に天理参考館によって発掘調査が実施された。それによれば、墳丘は直径六五㍍の円墳で、周囲には幅一三・五㍍の濠が巡る。主体部は巨石を用いた石舞台式の横穴式石室で南に開口している。出土遺物は凝灰岩製組合式石棺の破片、土師器片、須恵器片、鉄製銀糸捲刀把断片、鉄鎌がある。一九八七年、埋蔵文化財天理教調査団によって塚穴山古墳南東部の調査が行われ古墳の周濠と幅約一五㍍の外堤が検出された。

峯塚古墳は西山古墳東方の西に伸びた丘陵の南斜面をカットして築かれた直径三五・五㍍の円墳である。墳丘は三段築成で、下段、中段には円礫を用いた葺石が、上段の斜面には凝灰岩質砂岩製の切石を組み合わせた貼り石が葺かれている。主体部は切石造りの岩屋山式の横穴式石室である。出土遺物については「人造石ノ石棺ヲ納メアリシヲ破壊セシモノナラン人造石の破片散在セリ」という伝えがあるほかは全く不明である。

杣之内古墳群の前期古墳

小半坊塚古墳（こはんぼうづかこふん）

天理市杣之内町小半坊に所在した前方後円墳である。一九四三年、海軍用地内における運動場の整地工事のため削平された。島田暁によって工事途中に緊急調査が行われている。

調査時の様子は「古墳は二つに切断され、後円部と前方部の一部分だけが残り、周囲も地均しが行われて旧状を知

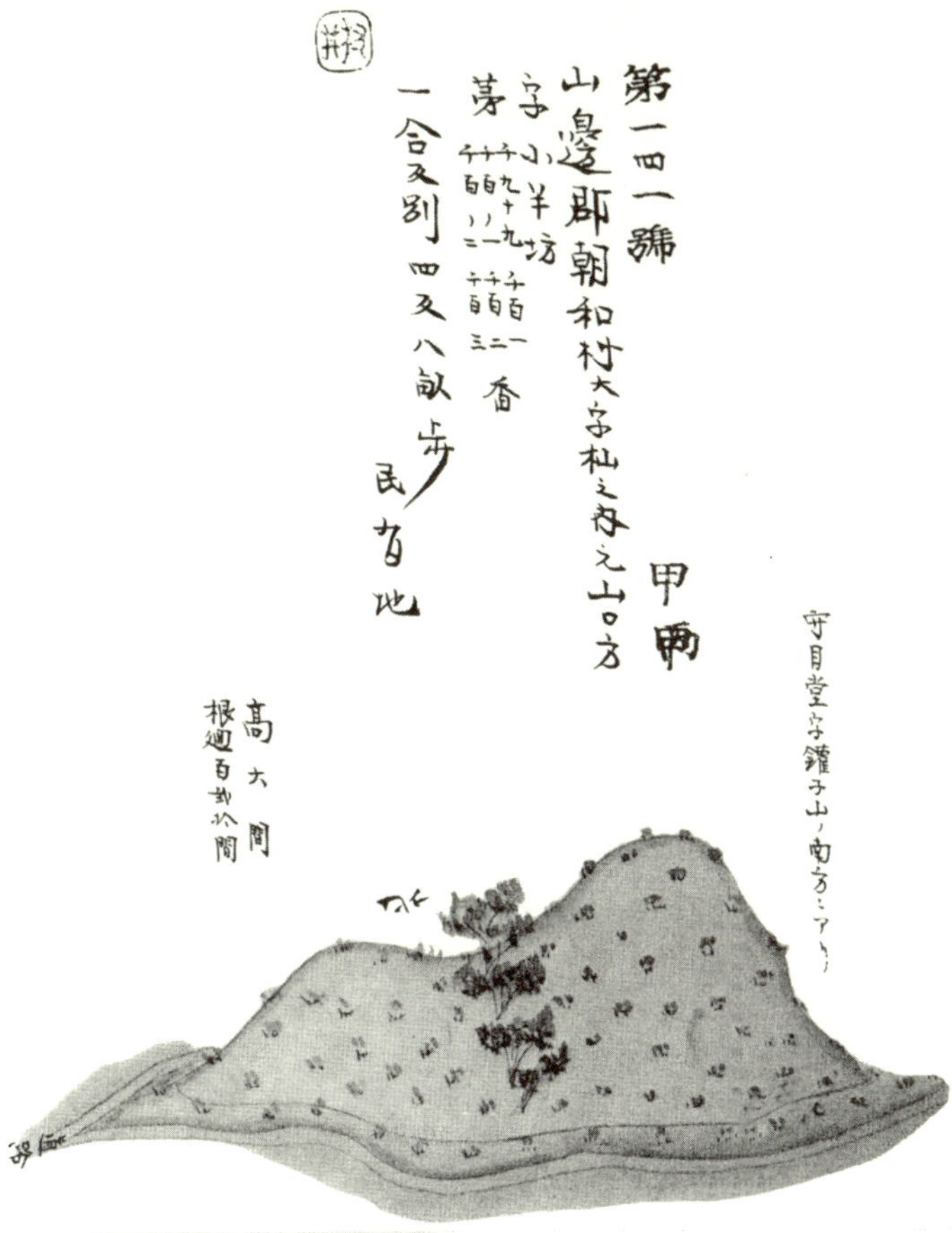

図２　『大和国古墳墓取調書』の小半坊塚古墳（秋山 1985）

ることが出来な」いような状況であった。

　調査の際の所見によれば、墳丘は長軸を東西方向に取り、円筒埴輪列が上下二段に囲繞していた。下段には直径が約四五㌢の大型の円筒埴輪が巡り、上段には下段よりやや細手のものが後円部のみに据えられていた。

「内部主体は石英粗面岩の板状の割石を小口積にした竪穴式石室と思われるものが長軸と直交して存在したらし」い。このほか、土取り作業中に西に伸びる排水溝とみられる遺構も確認されているが、詳細は不明である。

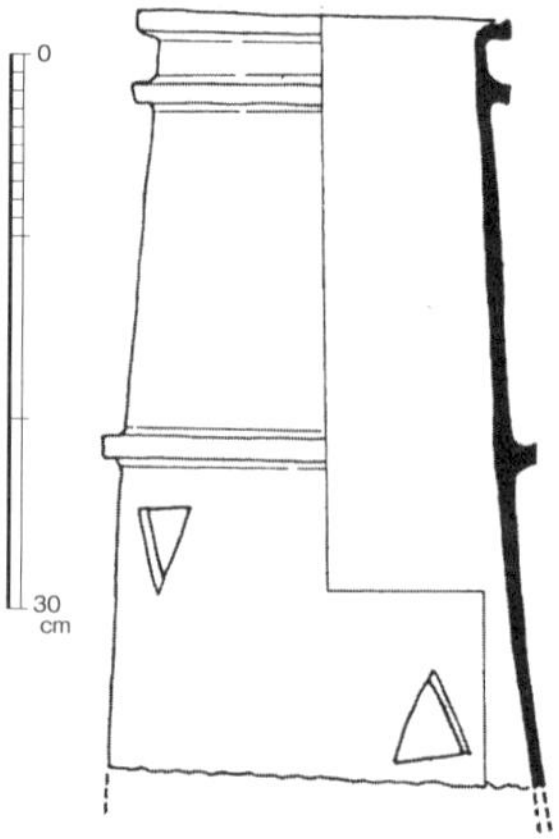

図３　伝小半坊塚古墳出土埴輪
（置田 1977）

小半坊塚古墳の出土遺物は埴輪以外には確かなものは知られておらず、玉類、古刀などがこの付近から出土したという伝えがあるだけである。埴輪については、現在天理参考館に「伝小半坊塚古墳」とされる円筒埴輪が一点保管されている（図３）。口径は約二二㌢あり、円筒部は上方に向かって漸次細くなっている。最上段の凸帯と口縁部の間隔は非常に狭く、口縁端部には立ち上りが認められる。透孔は三角形に限られる。内外面はナデ調整によって仕上げられている。この埴輪以外に古墳の年代を知る手がかりはないが、前期でも中葉に近い頃と考えられる。

西山古墳（にしやまこふん）

天理市杣之内町西山に所在する前方後方墳で、国の史跡に指定されている。一九七七年に天理参考館によって、墳丘の測量が行われた。全長は一八〇㍍あって、前方後方墳としては全国最大の規模を有する。古墳は西南西に伸びる下位段丘上に、主軸をほぼこれに沿わせて築かれている。この下位段丘の南方と西方には開析谷が西及び西南西に伸びており、古墳はこの谷を利用して周濠をつくっている。現在は古墳の南西部にL字形に池として残っている。

墳丘は三段に築成されており、下段が前方後方形、中・上段が前方後円形をなしている。墳丘には円礫の葺石が認められるほか、埴輪片が散見する。後方部頂上には円形の攪乱坑がある。この中には多数の板石が認められたということから内部主体は竪穴式石室であったと考えられる。なお、二〇〇二年の天理大学による後方部墳頂での地中レーダー探査などで、南北に主軸をおく埋葬施設の存在を推測させる反応が確認された。

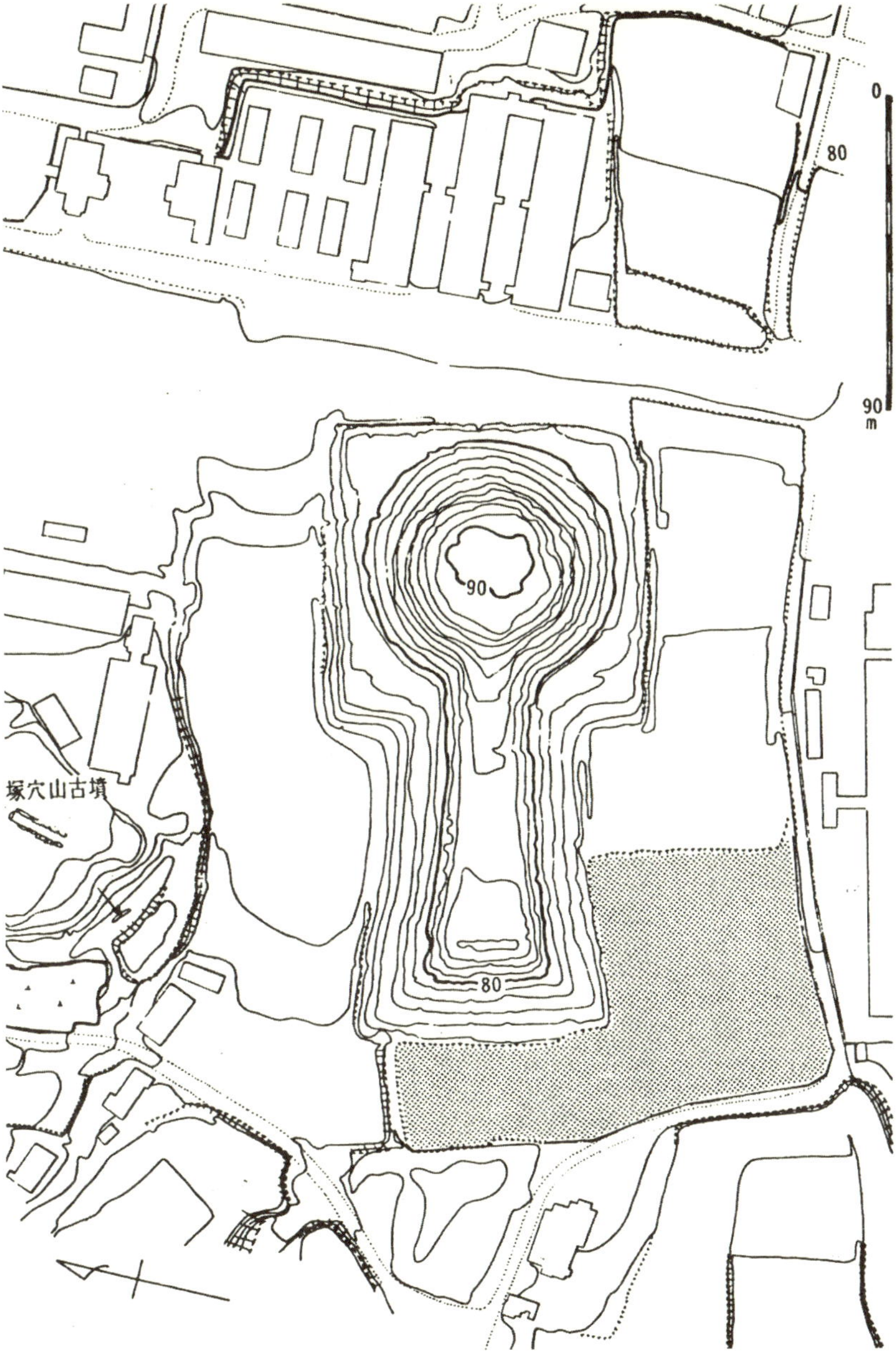

図４　西山古墳の墳丘（置田 1974）

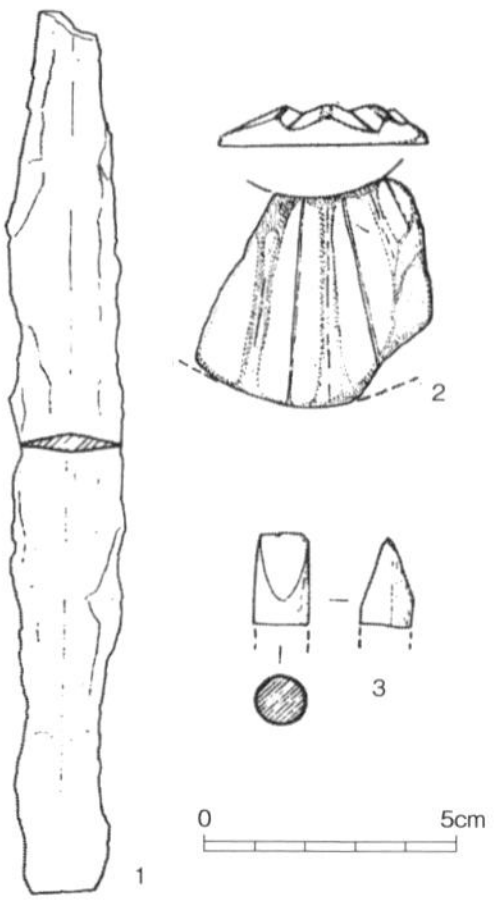

図5　西山古墳出土遺物
（置田 1974 より改変）

後方部の出土品には鏡片、碧玉製鏃形石製品片、管玉、鉄剣片、鉄刀片、鉄鏃片などがある。また、前方部南側の濠からは碧玉製車輪石片が発見されている。

墳丘で採集された埴輪には円筒、鰭付円筒、朝顔形埴輪のほか、形象埴輪がある。円筒埴輪は直径が三五センチを超えるもの（図6—3・7）、三〇センチ前後のもの（図6—1・2・5）、二五センチ前後のもの（図6—4・6）の三種類がある。透孔は確認できるものは方形である。口縁部の形態は小半坊塚古墳のものと類似して立ち上りがみられる。また、最上段の凸帯と口縁部の間隔は非常に狭い。形象埴輪には家形埴輪の壁の破片などがある。

一九八七年、埋蔵文化財天理教調査団によって塚穴山古墳南東部の周濠と外堤の調査が行われた。調査区は西山古墳の北西部の外堤

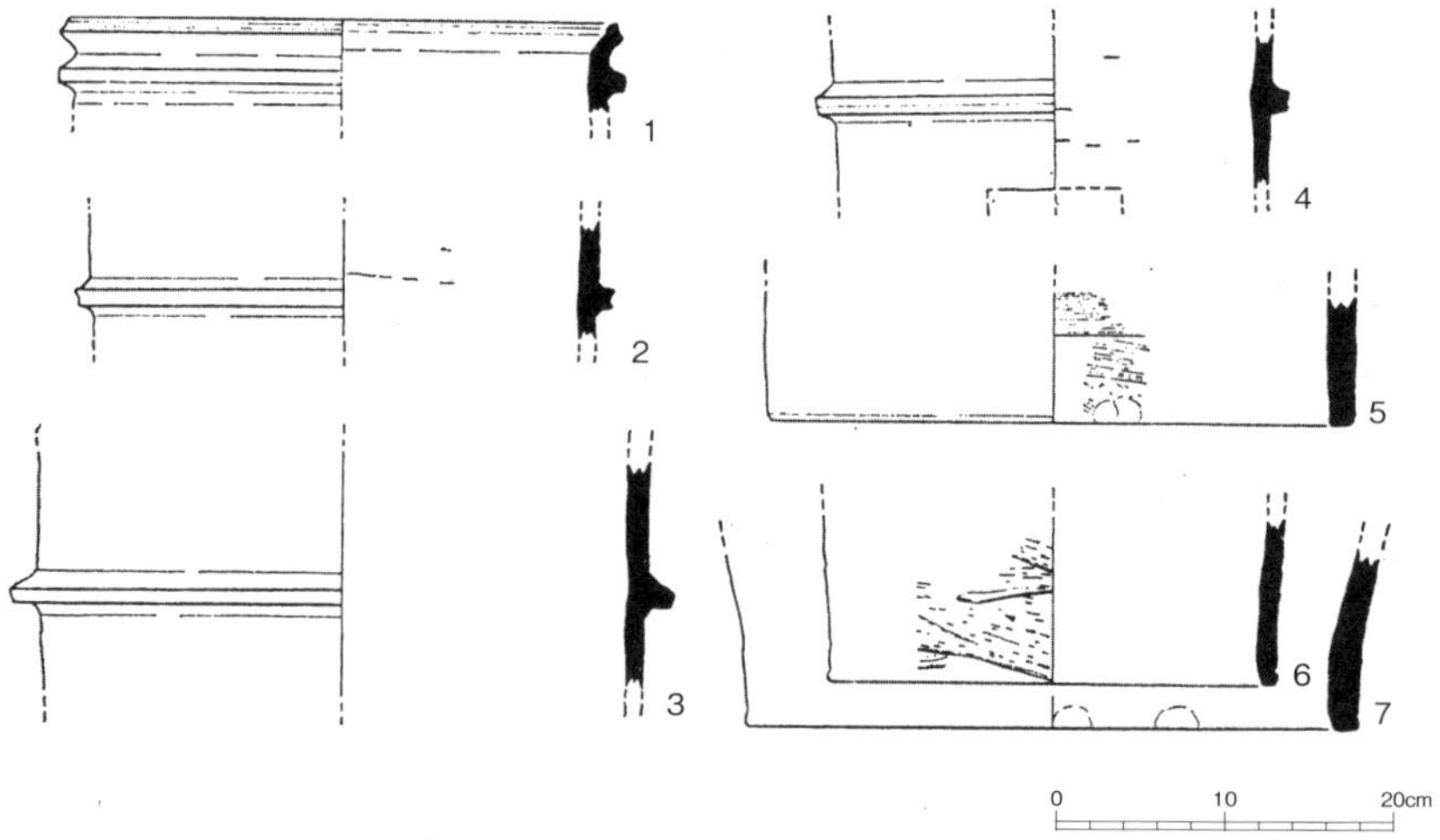

図6　西山古墳の埴輪（1/8）（日野 1985）

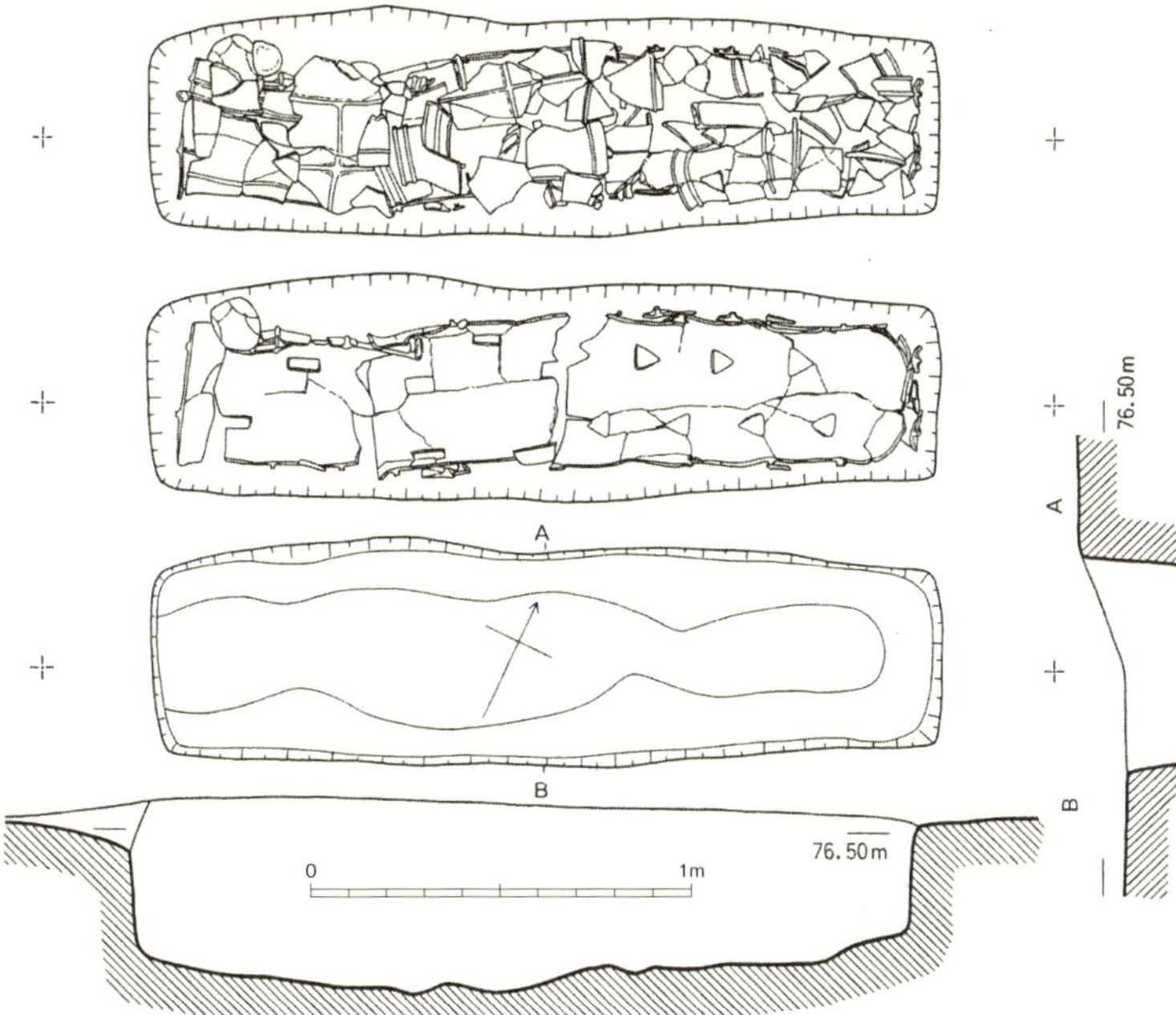

図7　西山古墳外堤検出の埴輪棺（竹谷・廣瀬2000）

と重複する位置にあり、塚穴山古墳の外堤下から西山古墳外堤上につくられた「小石室」、「石棺墓」、「埴輪棺」が東西に一列に並んで検出された。

小石室からは六世紀代の須恵器杯が、石棺墓からは長頸鏃が出土していて、西山古墳よりも後の時期のものである。埴輪棺は西山古墳の埴輪を利用したものと報告されているが、副葬品は出土しなかった。しかし、これらの三基は重複せず主軸を揃えて等間隔に並んで位置することから、西山古墳よりも後の時期に相前後してつくられたものと推定されている。

埴輪棺は長さ二・一メートル、幅〇・六メートル、深さ〇・五メートルの規模のもので、七個体の埴輪が使用されていた。鰭付朝顔形埴輪二点、鰭付円筒埴輪四点、円筒埴輪一点である。これらには西山古墳で採集された埴輪と特徴が共通するものがみられることから、西山古墳の埴輪を利用したものとされる。

埴輪棺は墓坑内に半裁した鰭付朝顔形埴輪一点

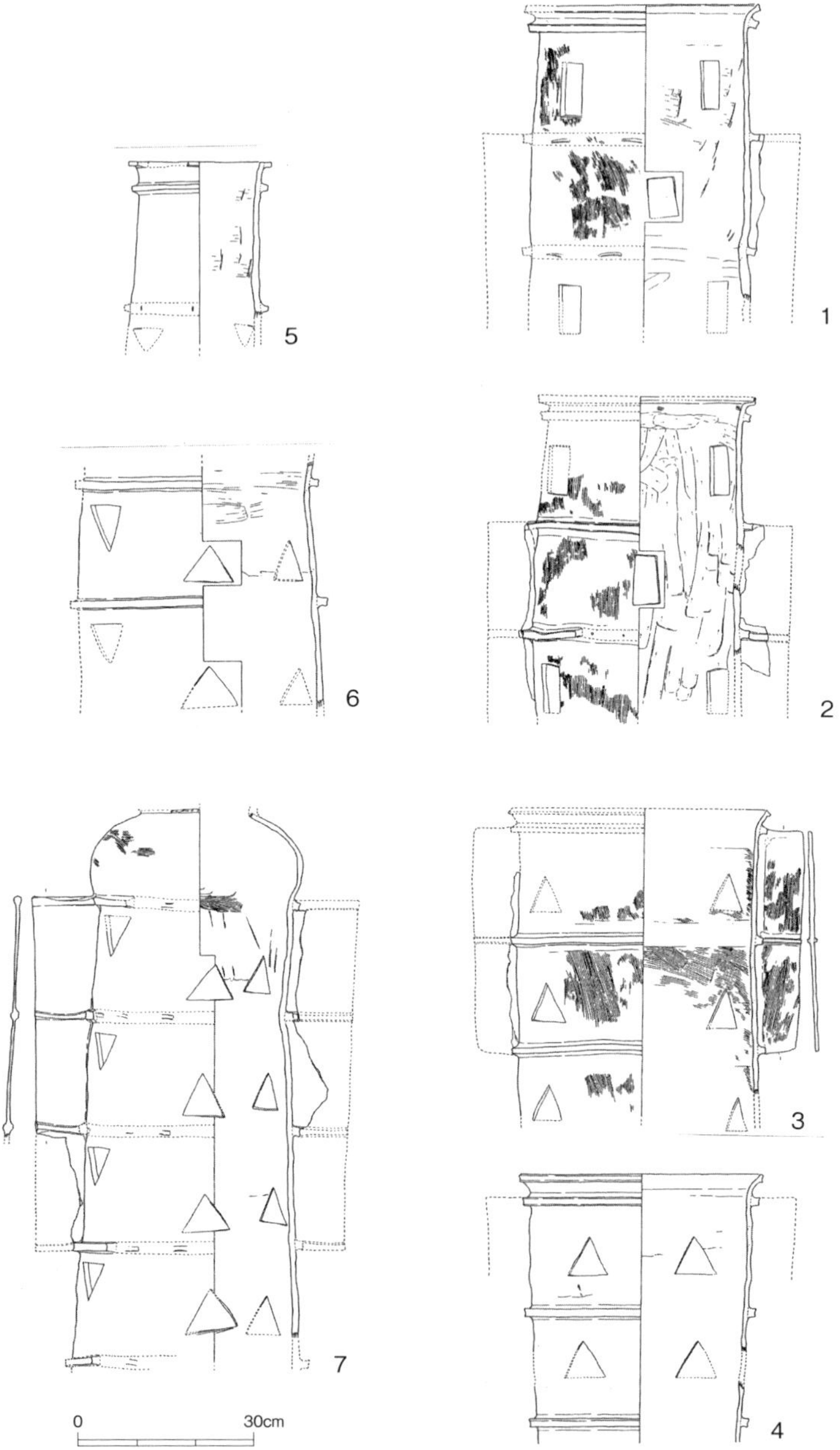

図８　埴輪棺に使用された埴輪（竹谷・廣瀬 2000 より改変）
1・2．A 類　3・4．B 類　5．D 類　6・7．C 類

と鰭付円筒埴輪二点を連続させて設置して棺とし、破片で小口部と上面を覆っていた。

埴輪棺に利用された埴輪は、法量、透孔の形状や配置、鰭の接合位置などによってA～D類の四類に分類されている。A・B・D類は円筒埴輪でA類は長方形の透孔を、B類は三角形の透孔をもち、共に鰭がつく。D類は他に比して小型で上方に向かって窄まる形式のもので、三角形の透孔があり、鰭はつかない。これは伝小半坊塚古墳出土埴輪と法量や形態が類似する。C類は鰭付の朝顔形埴輪で三角形の透孔をもつ。

これらの埴輪は円筒埴輪の口縁部の特徴や鰭に古式の様相がみられることから、前期中葉のものとされている。

参考文献

秋山日出男編『大和国古墳墓取調書』（野淵龍潜手稿（一八九三）複製）由良大和古代文化研究協会、一九八五年
置田雅昭「大和の前方後方墳」『考古学雑誌』第五九巻第四号、一九七四年
置田雅昭「初期の朝顔形埴輪」『考古学雑誌』第六三巻第三号、一九七七年
島田暁「小半坊塚古墳」『奈良県史跡名勝天然記念物調査抄報』第九輯、奈良県教育委員会、一九五六年
古代を考える会編『天理市布留遺跡の検討』古代を考える三三、一九八三年
竹谷俊夫・廣瀬覚「天理西山古墳外堤出土の埴輪棺墓について」『天理参考館報』第一三号、天理大学出版部、二〇〇〇年
寺沢薫・千賀久『日本の古代遺跡』五　奈良中部、保育社、一九八三年
奈良県立橿原考古学研究所『大和前方後円墳集成』橿原考古学研究所研究成果第四冊、二〇〇一年
日野宏「大和における首長系譜の一例―杣之内古墳群の首長墓の変遷―」『天理大学学報』第一四五輯、天理大学学術研究会、一九八五年
埋蔵文化財天理教調査団『発掘調査二〇年』、一九九一年

4　大和古墳群と大和神社について

竹谷　俊夫

「大和」の読み方

はじめに、表題の「大和」の読みについて、簡単に触れておきたい。三国志『魏書』巻三〇の末尾にある、いわゆる魏志倭人伝には、女王卑弥呼が統治する「邪馬台国」という国の名前がみえるが、魏の人たちは、「邪馬台」をどのように発音していたのだろうか。これは憶測のひとつに過ぎないが、魏に朝貢した卑弥呼の使者たちが、自らの国の名前を聞かれて、おそらく「やまと」と発音したのであろう。これを魏の役人が中国の漢字の音を借りて「邪馬台」と表記したと考えられる。また、日本列島にある国々を総称して「倭国」、そこに住む人々を「倭人」とも記している。

一方、我が国では邪馬台国の所在地であった律令制下の国のひとつ、奈良盆地の地名「やまと」には「倭」の漢字があてられ、万葉仮名では「山跡」・「夜麻止」などと表記された。また、「倭」は偉大なる倭という意味で「大倭」と表記されることもあったが、倭の音は萎に通じ汚穢・腐臭、また矮小は背が低く、からだのくねった人を意味し、あまり良い意味の漢字ではない。『続日本紀』によれば、元明天皇は、和銅六年（七一三）五月、風土記撰進の勅で「畿内と七道諸国の郡・郷の名称は、好い字を選んでつけよ」と命令を下されている。

こうした一連の流れの中で、「大倭」が好字「大和」におき換えられ、「大和」を「おおやまと」と読ませるようになったのであろう。奈良時代の橘諸兄政権下では「大倭国」から「大養徳国」へ改称され、「養徳」を「やまと」と読ませたこともあった。

大和神社について

大和《おおやまと》神社は古墳群の西寄り、天理市星山にあり、上街道（伊勢街道）に面した鬱蒼とした森の中にひっそりと鎮座する（図1）。石上神宮や大神神社と並ぶ我が国屈指の由緒ある神社である。この神社は『延喜式』神名帳にある名神大社で、「大和坐大国魂神社三座」と記され、『大倭神社注進状』（仁安年間）によれば、本殿の中殿に大国御魂神《おほくにみたまのかみ》、左殿に八千戈神《やちほこのかみ》、右殿に御歳神《みとしのかみ》を祭る。

『日本書紀』によれば、主祭神の倭大国魂は天照大神と共に宮中の天皇の大殿に並斎されていたが、疫病がはやり、多くの死者が出たので、崇神天皇六年、天照大神を倭の笠縫邑《かさぬいのむら》に移して豊鍬入姫命《とよすきいりびめのみこと》に、日本大国魂神《やまとおほくにたまのかみ》を皇女淳名城入姫命《ぬなきのいりびめのみこと》に祭らせた。ところが、淳名城入姫命は髪落ち体は痩せほそろい、祭祀をすることができなくなったので、同七年秋、穂積臣の遠祖《とおつおや》大水口宿禰《おほみくちのすくね》ら三人の夢に貴人が現れて、「大田田根子命《おほたたねこのみこと》を大物主大神《おほものぬしのおほかみ》の祭主とし、市磯長尾市《いちしのながをち》を倭大国魂神《やまとおほくにたまのかみ》の祭主とすれば、必ず天下は太平になろう」と告げたので、同十一月、二人をそれぞれの祭主とした。

垂仁天皇二五年三月、天照大神が倭姫命《やまとひめのみこと》と共に伊勢へ去り、倭大神が大水口宿禰にかかって祭祀に不満を述べられたので、この神を誰に祭らせれば良いかを中臣連の祖《おや》探湯主《くかぬし》に占わせたところ、淳名城稚姫命《ぬなきわかひめのみこと》に命じて神地を穴磯邑《あなしのむら》に定め、大市の長岡《ながおか》の岬《さき》に斎祀させた。しかし、稚姫もやせ衰えて祭ことを行うことができなくなり、大倭直《やまとのあたい》の祖長尾市宿禰《ながをちのすくね》に命じて祭らせた。

祭祀氏族である大倭直氏は、『新撰姓氏録』によれば、椎根津彦《しいねつひこ》を祖とし、大和国造に任ぜられ、天武朝に宿禰姓を賜った。椎根津彦は神武東征の水先案内者として登場し、元来は豊後水道または明石海峡の地を本貫としていた海人族とされる。

これと関連して興味深いことは、本書主題の東大寺山古墳のある天理市和邇町一帯は、その地名が示すように四世紀代にワニ氏が本拠地としていたところと考えられる。このワニ氏は五世紀～六世紀にかけて大和王権と婚姻関係を続け、強大な権力をふるった豪族で、海浜で漁業を生業とする人々を統括していた。奈良盆地内陸部の天理市の北部と南部に、海と関係する氏族が盤踞していたことは、大和王権を支える氏族の出自を考察する上で、極めて興味深いことといえよう。

蛇足になるが、昭和二〇年（一九四五）四月、九州の南西洋上において米軍艦載機に撃沈された戦艦大和に大和神社の御分霊が祭られていたことはよく知られている。これは先に述べたように、単に両者の名前が同じというだけではなく、奉祭氏族の大倭直氏の祖、椎根津彦が神武東征の水先案内者として海上交通にたけていたことにあやかろうとしたためであろう。大和神社では、毎年八月になると戦艦大和の戦没者御霊祭が厳かに執り行われている。

大和古墳群の概要

奈良盆地の東南部、天理市の南部から桜井市の北部にかけての山麓地域には、初期ヤマト王権の大王とその一族の墳墓が数多く築かれている。山辺の道沿いに南北に長く連なる古墳群は、分布の密度と地形の違いによって三群に分けられ、北から南に向かって、大和古墳群《おおやまと》、柳本古墳群《やなぎもと》、纒向古墳群《まきむく》と呼ばれる。

大和古墳群は二三基以上の古墳からなる。北から、ヒエ塚古墳は墳丘長一三〇㍍、後円部直径六〇㍍の前方後円墳で、周囲に盾形の周濠を巡らし、中山大塚古墳の墳丘に類似するとの指摘がある。三世紀後半～四世紀前半頃の築造と推

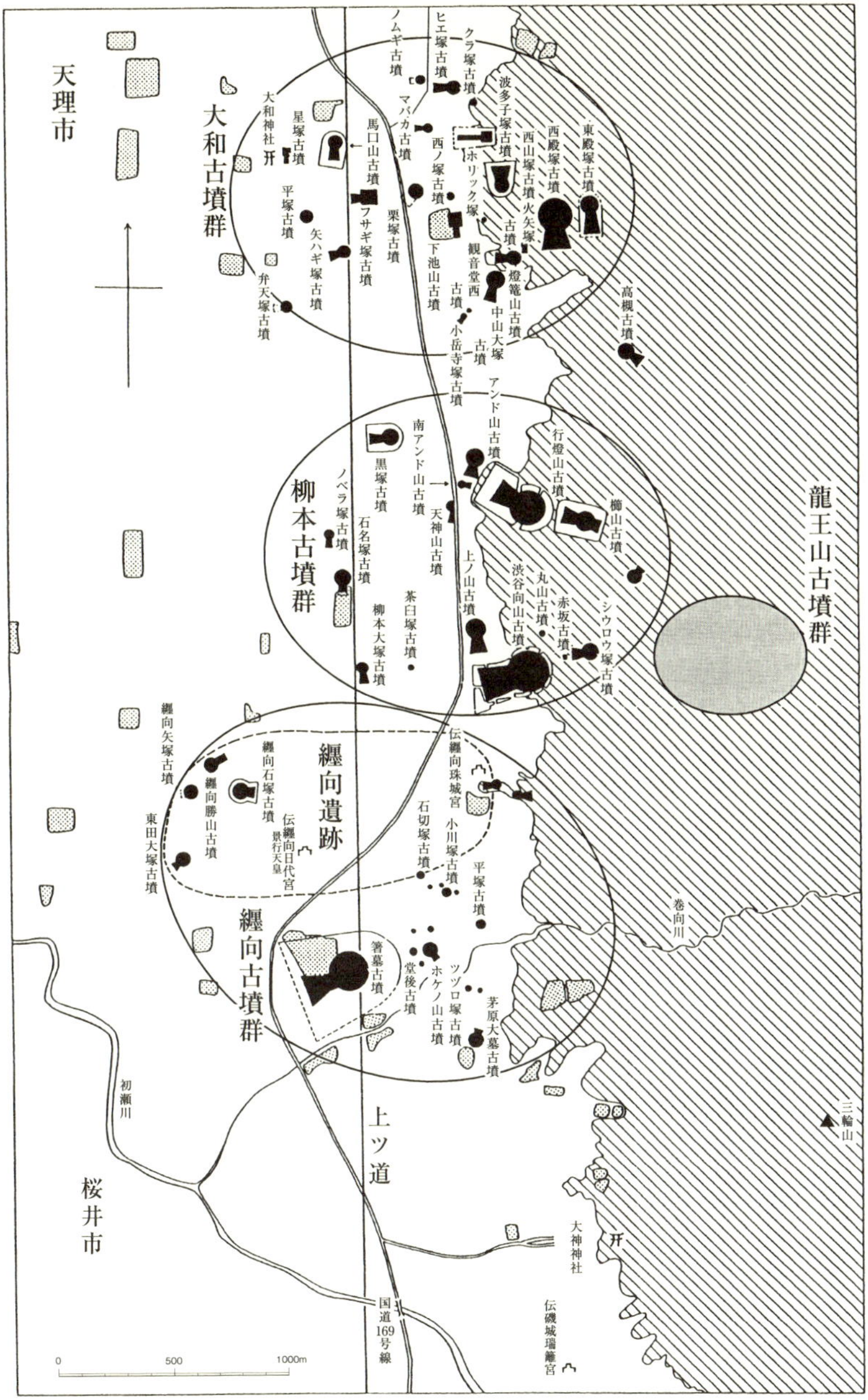

図１　大和東南部の古墳分布

定される。その西側のノムギ古墳は墳丘長六三メートルの前方後方墳で、前方部は削平されているが、平成八年（一九九六）の発掘調査で後方部の周濠の隅が確認された。幅一〇メートルの周濠からは鰭付円筒埴輪と円筒埴輪が出土し、四世紀前半〜中頃の築造と推定されている。ただ、周濠の埋土から出土した土師器は、布留0式とされるもので、古墳に伴うと考えられる埴輪よりも時期が遡る点注意を要する。

平成一四年（二〇〇二）に調査されたマバカ古墳は、墳丘長七四メートル、後円部直径四三メートルの前方後円墳で、墳丘には竪穴式石室に用いられたと思われる芝山産の安山岩の板石が認められる。前方部の西側から幅一四メートルの浅い堀状の区画が検出され、最下層から庄内式〜布留式にかけての甕・壺・高杯・鉢などの古式土師器が出土した。クラ塚古墳は直径四〇メートルの円墳。

ヒエ塚古墳とノムギ古墳・マバカ古墳の三基は、国道一六九号線のバイパス敷設工事に伴う事前調査が行われ、現状保存や路線変更を求める熱心な保存運動が展開されたにも関わらず、平成二〇年（二〇〇八）の六月に全面開通するにいたったことは誠に遺憾である。今後、周辺地域の乱開発が行われないよう行政当局にお願いすると共に、一市民としても監視の目を厳しく光らせていきたいと思う。

波多子塚《はたごづか》古墳は墳丘長一四〇メートル、後方部長六五メートルの前方後方墳で、平成一〇年（一九九八）、天理市教育委員会が発掘調査を行った。通常の前方後方墳とは異なり、非常に細長い前方部をもつ特異な形をなすと考えられていたが、実際には開墾による改変であることが明らかになった。また、平成一九年（二〇〇七）の天理大学のレーダー探査によって、前方部が末広がりになることも分かった。墳丘のまわりには長方形の堀を巡らす。墳丘から特殊器台形土器の破片が採集され、東殿塚古墳よりも新しい四世紀前半頃の築造と考えられている。主体部についてはよく分からないが、後方部の頂上には安山岩の板石が散乱しているので、おそらく竪穴式石室が遺存しているものと推定される。

下池山古墳も墳丘長一二〇メートル、後方部長六〇メートルの前方後方墳で、平成七年（一九九五）と八年（一九九六）の二度、大和古墳群調査委員会によって発掘調査が行われた。後方部の中央に南北一八メートル、東西一二メートルの二段構造の大きな墓坑を穿ち、その中に巨大な竪穴式石室が築かれていた。石室の内法は長さ八メートル、幅は北側で一・三メートル、南側で〇・九メートルあり、粘土棺床の上に長さ約六メートルのコウヤマキ製の割竹形木棺の一部が残っていた。調査後、出土した木棺材は年輪年代測定にかけられたが、正式報告書によると、残念ながら暦年代を導き出すことはできなかったようである。石室は天井石を赤色の粘土で亀甲状に覆い、麻布を挟みこんでいた。また、竪穴式石室の控え積みの中から内法五〇センチ四方の小石室が検出され、直径三七・六センチもある大型の仿製内行花文鏡一面が出土した。なお、墳丘には埴輪は認められなかった。

ホックリ塚古墳は直径二五メートルの小さな円墳。西ノ塚古墳は現状では直径三五メートルの円墳であるが、前方後円墳の可能性がある。栗塚古墳は墳丘長一二〇メートルの前方後円墳。フサギ塚古墳は墳丘長一一〇メートル以上の前方後方墳で、鉄刀や鉄剣が出土している。馬口山《ばくちやま》古墳は墳丘長一一〇メートルの前方後円墳で、古墳時代中期頃の築造とみられていたが、昭和六〇年（一九八五）に田中新史氏が採集された土器片の中に特殊器台・壺の破片が含まれていることが報告された。この種の土器は出現期の古墳にしか用いられないことが明らかになっているので、馬口山古墳も出現期の古墳のひとつとしてよいであろう。土器片は岡山県の備中南部の土によく似ており、文様も大変古い様式を残していることから、田中氏は「箸墓古墳築造以前に位置づけ得るという見解の肯定材料の一つとなる」と結論づけられている。

大和神社の東側にある星塚古墳は墳丘長五六メートルの前方後方墳かと思われる。矢ハギ塚古墳は墳丘長一二〇メートル、弁天塚古墳は墳丘長九〇メートルの前方後円墳。平塚古墳は直径五四メートルの円墳。

西殿塚古墳は墳丘長二一九メートル、後円部直径一三五メートル、前方部幅一一八メートル、周囲を巡る方形区画を含めると、南北二八〇メートル、東西二〇〇メートルを測る大和古墳群では最大の前方後円墳となる。墳丘は整然とした三段築成で、前方部と後円部の頂上部には往時の姿をよく留めた方形土壇が遺存する。弥生時代の方形墳丘墓の伝統を残したものであろうか。宮内庁はこの古墳を明治九年（一八七六）、継体天皇の皇后手白香皇女衾田陵《たしらかのひめみこのふすまだりょう》と定めたが、墳丘から特殊器台形埴輪が採集されており、古い出現期の古墳と考えられている。昭和六一年（一九八六）と平成五〜七年（一九九三〜九五）にかけて、天理市教育委員会が宮内庁の管轄が及ばない墳丘外の地を発掘調査したところ、墳丘の東側の方形区画内から、堀を仕切る二ヶ所の陸橋状遺構が検出された。これは行燈山《あんどんやま》古墳（崇神天皇陵古墳）や渋谷向山《しぶたにむかいやま》古墳（景行天皇陵古墳）の堀にみられる渡り堤と呼ばれる遺構と同種のものとみてよいであろう。箸墓古墳でも桜井市教育委員会の調査によって、後円部の南東部で確認されている。また、墳丘のくびれ部の裾で、葺石列が確認され、円形や逆三角形の透孔をもった特殊器台形埴輪が出土し、古墳の築造年代が三世紀の末頃に遡ることが明らかとなった。

翻って、この古墳の被葬者を考えてみることにしよう。継体天皇は五三一年に薨去されたので、その妃である手白香皇女もそう遠くない時期に姿をお隠しになったことであろう。仮にその没年を六世紀前半代とすると、西殿塚古墳の築造年代とは二〇〇年以上の開きが生じることになる。しかし、『延喜式』によれば、手白香皇女は確かに山辺郡の衾田の地に葬られたと記されている。それでは、いったい手白香皇女はどこに葬られたのであろうか。西殿塚古墳の周辺に目をやると、西山塚古墳がその候補として浮かび上がって来る。墳丘長一一四メートルの前方後円墳で、周囲に空堀が巡らされている。この古墳からは墳丘の盛り土から、六世紀前半代の円筒埴輪片が採集されており、年代的に手白香皇女が葬られているとしても齟齬を来さない。手白香皇女の陵としては、こちらの方がより蓋然性が大きいといえよう。

継体天皇陵は茨木市の三島藍野陵（太田茶臼山古墳）に定められているが、この古墳は五世紀代の築造であり、東側の高槻市にある六世紀前半代に築造されたことが確かな今城塚古墳こそ、継体天皇の奥津城と考えられる。天皇と妃ともに陵墓が取り違えられた不幸な例といえる。

西殿塚古墳の東側に隣接する東殿塚古墳も、墳丘長一七五メートルの大型の前方後円墳で、周囲に堀割状の遺構が巡らされている。墳丘上に安山岩の板石が散乱していることから、埋葬施設は竪穴式石室と考えられる。昭和五六年（一九八一）に天理市教育委員会によって、墳丘の測量調査、さらに平成五年（一九九三）と同九年（一九九七）に墳丘斜面の発掘調査が行われた。その結果、前方部の西斜面に設定された東西方向のトレンチ（北調査区）から、段築と葺石が検出され、下段基底部の平坦地に台形状に広がる四×一メートルの祭祀域が確認された。この台形状の祭祀域には大小の鰭付円筒埴輪・朝顔形埴輪・壺形埴輪・円筒埴輪が密集して樹立され、供献用の土師器甕・壺・鉢・鼓形器台などと共に、その出土状況は祭祀の様子を彷彿とさせる。この中には古くから知られた布留遺跡出土の巴形の透孔をもつ朝顔形埴輪に類似したものが含まれ、さらに鰭付楕円筒埴輪には水上を航行する準構造船の線刻画が描かれていた。

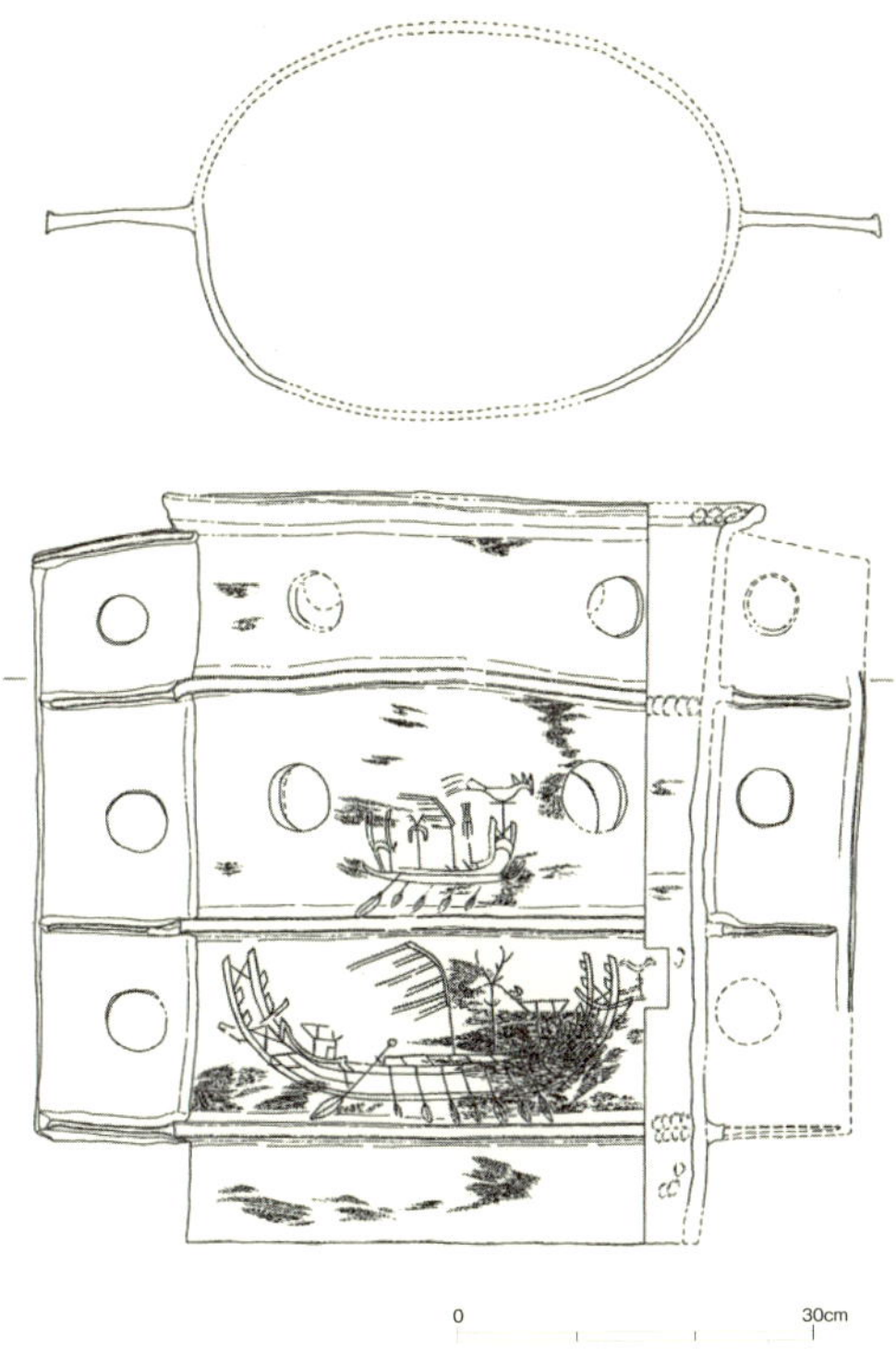

図２　東殿塚古墳出土鰭付楕円筒埴輪
（天理市教委 2000）

鰭付楕円筒埴輪（図２）に描かれた船のひとつは、船首と船尾が反り上がったゴンドラ形をなし、舳先にはトサカを表現した一羽のニワトリが、まるで風見鶏のように止まる。船上の前と後ろには祠のような小さな建物が一棟ずつ、その間には蓋《きぬがさ》と風になびく幡《はた》竿が立つ。また、船を漕ぎ進めるための櫂が舷側に六本、後方に舵取り用の櫓一本が描かれているが、人物が一人も認められないのは、この図像を理解する上で大変重要な意味をもつ。おそらく被葬者の御霊をあの世に送り出す葬送儀礼の一場面を表現したものであろう。この古墳の被葬者を船の線刻画を根拠に、大和神社の奉祭氏族と結びつける考えもあるが、私は葬送儀礼との関係を重視したい。

松阪市宝塚一号墳からは前方後円墳のくびれ部の北側造出しから、立派な船形埴輪が出土している。これは東殿塚古墳の船の線刻画を立体模型にしたようなものである。船形埴輪は二個の円筒台に乗せられており、全長一一〇センチ、高さ九〇センチ、重量七二キロある。船首と船尾が反り上がったゴンドラ形をなし、側面には帯状に直弧文が描かれている。船上には蓋・大小の威杖《いじょう》、大刀が立てられ、舷側には櫂を固定するためのピボットが三個ずつ取りついている。この船形埴輪にも人物は一人も乗っていない。線刻画と形象埴輪という違いはあるが、被葬者の御霊を海の彼方に送り出す葬送儀礼の装置のひとつと考えられる。

火矢塚古墳は墳丘長五〇メートル、燈籠山古墳は一〇五メートルの前方後円墳である。

中山大塚古墳は西殿塚古墳、東殿塚古墳に次ぐ墳丘長一三二メートル、後円部直径七三メートルの前方後円墳である。平成五～六年（一九九三～九四）、大和古墳群調査委員会によって発掘調査が行われた。後円部に南北一七メートル、東西一二メートルの墓坑を穿ち、その中に竪穴式石室を築き、割竹形木棺を安置していたと思われる。石室の内法は長さ七・五メートル、幅は北側で一・四メートル、南側で一・三五メートル。すでに盗掘を受けていたが、斜縁浮彫式獣帯鏡破片二点と鉄槍一点、鉄刀・鉄剣の破片二三点、鉄鏃一三点などが出土した。墳丘に段築は認められるが、全体が大量の葺石で覆われ、まるで積石塚のようであった。特殊器台形土器片・壺形土器片が出土しており、この古墳も出現期の古墳のひとつである。後円部の北側には扇状の張出し、西側には弧状の区画が取り巻き、前方部の西側にも三角形の造出しのような施設が突出する。

毎年四月一日になると、大和神社のちゃんちゃん祭りが大和に春の訪れを告げる。氏子や稚児など約二〇〇名がちゃんちゃん鐘を先頭に執物を捧持し、成願寺・岸田を経て、中山大塚古墳の前方部にあるお旅所の大和稚宮神社にいたり、翁の舞、龍の口の舞を奉納する。この神事がいつから始まったのかは定かでないが、神社と古墳との関係を考えるひとつの材料となる。

まとめ

大和古墳群の概要について述べたが、近年の相次ぐ発掘調査によって、各古墳の形状・内部構造・副葬品・段築・埴輪・堀・築造年代などが徐々に明らかになりつつある。

主な古墳の相対的な築造順序を示すと、次のようになると思われる。

中山大塚古墳→下池山古墳→西殿塚古墳→東殿塚古墳→波多子塚古墳→燈籠山古墳

このうち下池山古墳からはコウヤマキ製の木棺片が出土しており、年輪年代測定法と炭素年代測定法などを組み合わせることにより、樹皮を残さない木棺についても、その伐採年代（暦年代）を確定できるようになれば、大和古墳群の編年にひとつの定点を与えることになり、その研究に大きな前進をもたらすことになろう。

二番目に、前方後方墳は全国的にみても大変珍しく、奈良県内でも一〇基あまりしか知られていないが、その半数の六基が大和古墳群に含まれている点は特異である。さらに大和古墳群の北方にある杣之内古墳群には、我が国最大の前方後方墳である西山古墳があることも看過できない。これら前方後方墳が密集する地域は、その出現地域とされる東海地方との関係が示唆されると共に、大和王権の成立に東海地方の勢力が重要な役割を果たしていたことを暗示する。

三番目に、東殿塚古墳の被葬者は大和神社の奉祭氏族と密接な関係をもった人物であった可能性は否定できないが、埴輪に描かれた船の線刻画は、あくまでも被葬者の御霊を海上の彼方に送るための葬送儀礼のひとつの装置であったと考えたい。

四番目に、「やまと」という地名の発祥地が大和神社を含む地域一帯であるとの意見を考え合せると、この地域の重要性がおのずと浮かび上がって来る。邪馬台国の宮都とされる纒向《まきむく》遺跡のような巨大な祭祀・集落遺跡はまだ発見されていないが、今後地下に埋没した遺跡が新たに発見される可能性は十分にある。邪馬台国時代から大和王権の成立にいたる古代国家形成期の解明には、大和古墳群を含めた大和東南部の古墳群、宮都伝承地、集落・祭祀遺跡、式内社などの考古学調査と文献史学の学際的な共同研究が積極的に推進される必要があろう。また、この地域は山辺の道沿いに中近世の名残を留める集落や共同墓地も点在し、その重層的な歴史的景観は世界文化遺産としても高く評価されるべきであろう。

参考文献

泉森皎編『大和の古墳』Ⅰ　新近畿日本叢書　大和の考古学第二巻、近畿日本鉄道株式会社、二〇〇三年
オオヤマト古墳群シンポジウム実行委員会編『オオヤマト古墳群と古代王権』青木書店、二〇〇四年
白石太一郎『近畿の古墳と古代史』学生社、二〇〇七年
田中新史「奈良盆地東縁の大形前方後円墳出現に関する新知見」『古代』第八八号、一九八九年

天理市教育委員会『西殿塚古墳　東殿塚古墳』天理市埋蔵文化財報告第七冊、二〇〇〇年
天理市教育委員会編『やまのべ古墳文化のあけぼの』平成十三年度天理市埋蔵文化財特別展示図録、二〇〇一年
土井実「大和神社」谷川健一編『日本の神々』第四巻、白水社、一九八五年
直木孝次郎「〝やまと〟の範囲について—奈良盆地の一部として—」『飛鳥奈良時代の研究』塙書房、一九八八年
奈良県立橿原考古学研究所「マバカ古墳前方部・周濠発掘調査」記者発表資料、二〇〇二年十一月十八日
奈良県立橿原考古学研究所「ノムギ古墳現地説明会資料」、二〇〇三年九月七日
奈良県立橿原考古学研究所『下池山古墳の研究』橿原考古学研究所研究成果第九冊、二〇〇八年
奈良県立橿原考古学研究所編『下池山古墳　中山大塚古墳調査概報』学生社、一九九七年

5　柳本古墳群

藤原　郁代

はじめに

柳本古墳群は、天理市柳本町から渋谷町にかけての約一・五キロ四方の範囲に、一二基の大型前方後円墳が集中する。龍王山麓から西に向かって伸びる尾根の先端付近に築かれた、行燈山古墳を中心とする櫛山古墳・アンド山古墳・南アンド山古墳・天神山古墳・黒塚古墳の支群、渋谷向山古墳を中心とするシウロウ塚古墳・上の山古墳の支群の二群と、そこから約六〇〇メートル西側の上ツ道沿いに、いずれも前方部を南に向ける、全長一〇〇メートル前後のノベラ古墳・石名塚古墳・柳本大塚古墳の支群の、三群に分けることができる。現在、行燈山古墳と渋谷向山古墳の二基は宮内庁によって陵墓に指定されているほか、アンド山古墳・南アンド山古墳・上の山古墳も陵墓参考地として宮内庁の管理下にあるため、詳細が判明している古墳は多くない。しかし、全長約二四〇メートルの行燈山古墳と約三〇〇メートルの渋谷向山古墳という、大王墓の威容を誇る大型前方後円墳が二基含まれており、さらに三三枚の三角縁神獣鏡が出土した黒塚古墳や二三枚の鏡が出土した天神山古墳、多量の腕輪形石製品の破片が墳丘に撒かれていた櫛山古墳といった、特定の遺物が大量に出土する古墳が知られる。

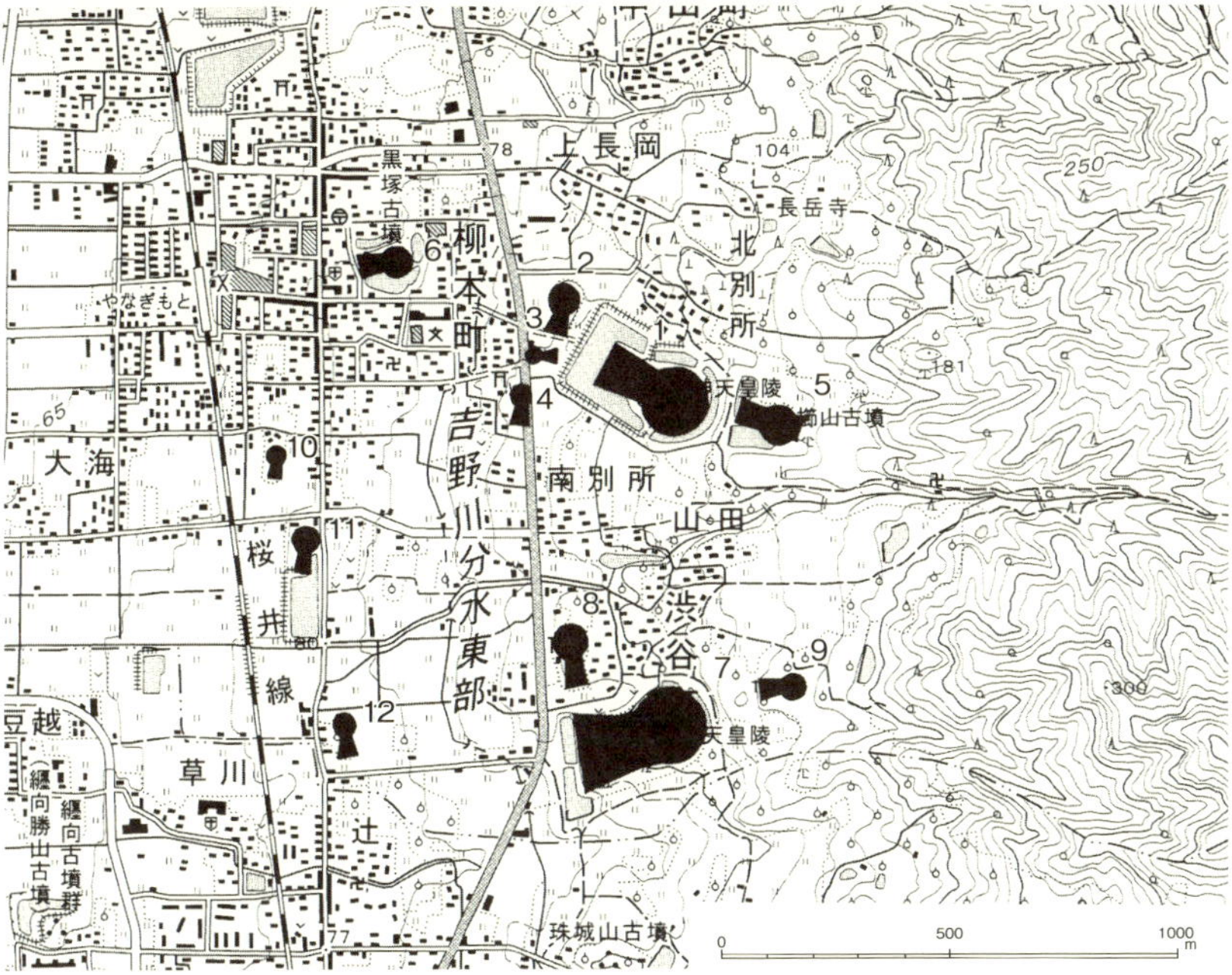

図１　柳本古墳群の前期古墳（国土地理院 25000 分の１地形図「桜井」より改変）
１. 行燈山古墳　２. アンド山古墳　３. 南アンド山古墳　４. 天神山古墳　５. 櫛山古墳
６. 黒塚古墳　７. 渋谷向山古墳　８. 上の山古墳　９. シウロウ塚古墳　10. ノベラ古墳
11. 石名塚古墳　12. 柳本大塚古墳

行燈山古墳（あんどんやまこふん）

前方部を北西に向ける全長約二四〇《メートル》の前方後円墳で、周囲を幅七〇《メートル》にも及ぶ周濠が巡るが、現在の形状は幕末に柳本藩が行った工事によって改変されたものである。崇神天皇陵「山辺道勾岡上陵《やまべのみちのまがりのおかのへのみささぎ》」に比定されており、一九七四・七五年に宮内庁によって外堤と墳丘裾の発掘調査が行われた。その結果、周濠にある三ヶ所の渡り堤のうち北側のものは改変されている可能性があることが判明した。墳丘では葺石が検出され、円筒埴輪や形象埴輪、土器類が出土した。埋葬施設や副葬品は明らかでないが、幕末の工事中に周濠の中から、約五五×七〇《センチ》の長方形で内行花文鏡と同じ文様を表した銅板が出土したといい、近くの長岳寺にその拓本が残っている（図２）。築造時期は古墳時代前期後半と考えられる。

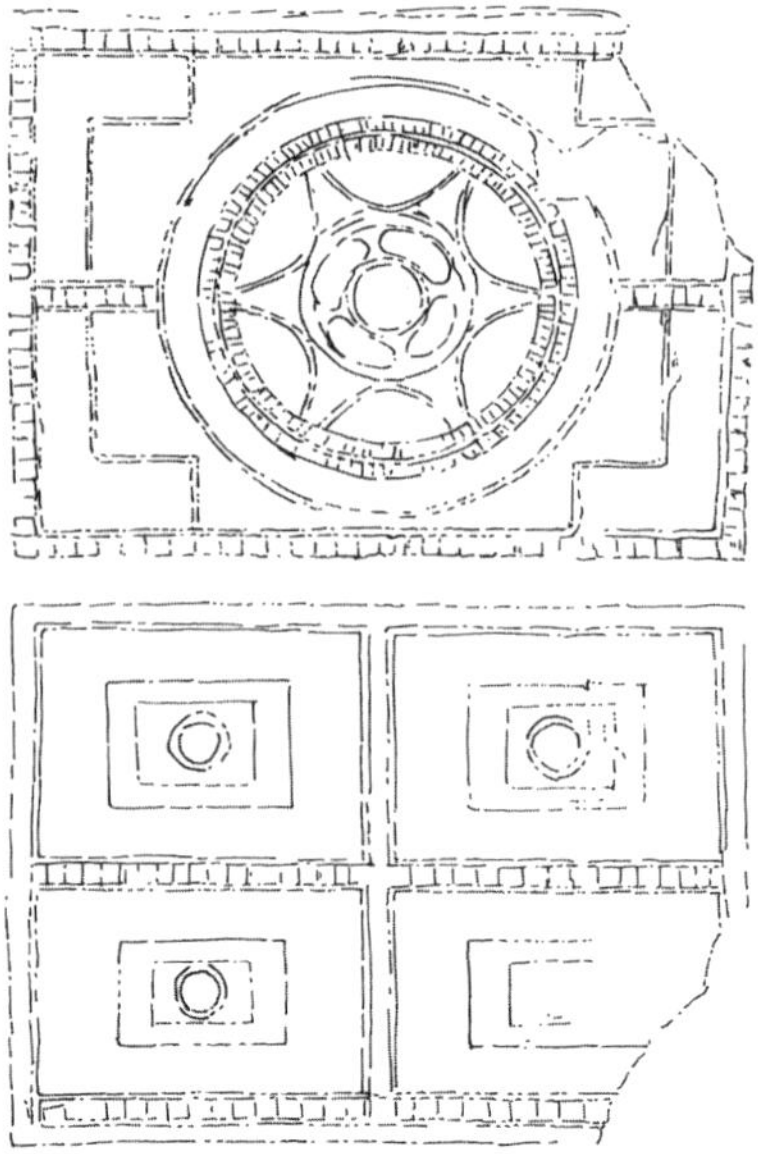

図２　伝行燈山古墳出土銅板
（末永 1975 より再トレース）

アンド山古墳（あんどやまこふん）

行燈山古墳の西側で前方部外堤に接する位置にある、前方部を南に向ける前方後円墳である。全長は約一一〇㍍、前方部の幅約五〇㍍、後円部の直径は約七〇㍍である。行燈山古墳の陪塚として宮内庁の陵墓管理を受けており、宮内庁には出土した土師器が所蔵されている。埋葬施設や副葬品は明らかでないが、その立地から行燈山古墳との関係が想定される。

南アンド山古墳（みなみあんどやまこふん）

アンド山古墳と同じく行燈山古墳の西側で前方部外堤に接する位置にある、前方部を東に向ける前方後円墳である。全長約六五㍍、前方部の幅約三〇㍍、後円部の直径は約四〇㍍である。行燈山古墳の陪塚として宮内庁の陵墓管理を受けており、埋葬施設や出土品は明らかでないが、その立地からアンド山古墳同様に行燈山古墳との関係が想定される。

天神山古墳（てんじんやまこふん）

行燈山古墳の西約二〇〇㍍にある全長約一〇〇㍍の前方後円墳で、前方部を南に向ける。第二次大戦中に墳丘の西

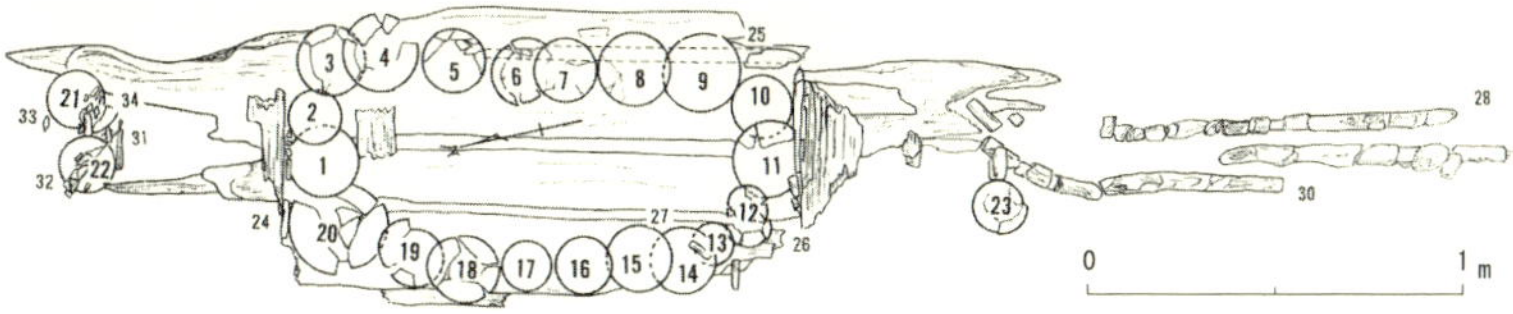

図３　天神山古墳遺物出土状況（1/40）（奈良県教委 1963）

側が破壊され、さらに県道の拡幅工事のために東側が破壊されることになったので、一九六〇年に奈良県立橿原考古学研究所が発掘調査を行った。その際後円部において、合掌形の持送り積みをした約六・一×一・三メートルの竪穴式石室が検出された。石室は未盗掘であり、中央には木棺の材が約二・七メートル残っていた。木棺材の中程約一・四メートルを別の材で区画してあり、中央の区画から二〇枚の鏡と約四〇キロの朱が、北側から二枚の鏡と鉄製工具類が、南側からは一枚の鏡と刀剣が出土した（図３の1~23が鏡）。鏡は、いわゆる舶載鏡と仿製鏡が混じっている。一般的な古墳では人体を埋葬する位置に大量の朱を納めていたことと、石室内には人体を埋葬する余地がなく痕跡も認められなかったことから、行燈山古墳と関係のある、副葬品専用の古墳であった可能性が指摘されている。築造時期は古墳時代前期後半頃であろう。

櫛山古墳（くしやまこふん）

行燈山古墳の東、後円部側で行燈山古墳の周濠と接する位置にある。全長約一五五メートルの双方中円墳で、中円部の直径が約九〇メートルである。大型の方形部を行燈山古墳と同じ北西に向ける。現在周濠は墳丘の西側と南側だけであるが、当初は墳丘の周囲を巡っていたと考えられる。第二次大戦中に墳丘が大きく削られたので、復旧のために一九四八・四九年に奈良県立橿原考古学研究所が発掘調査を行った。その際葺石が検出され、中円部頂では約七〇×五〇センチの大型楕円筒埴輪が竪穴式石室を囲むように円形に巡っていた。そのほか家形や盾形、蓋形埴輪が出土した。また一九八八年に天理市教育委員会が行った発掘調査では、中円部と大型方形部が接する北側のく

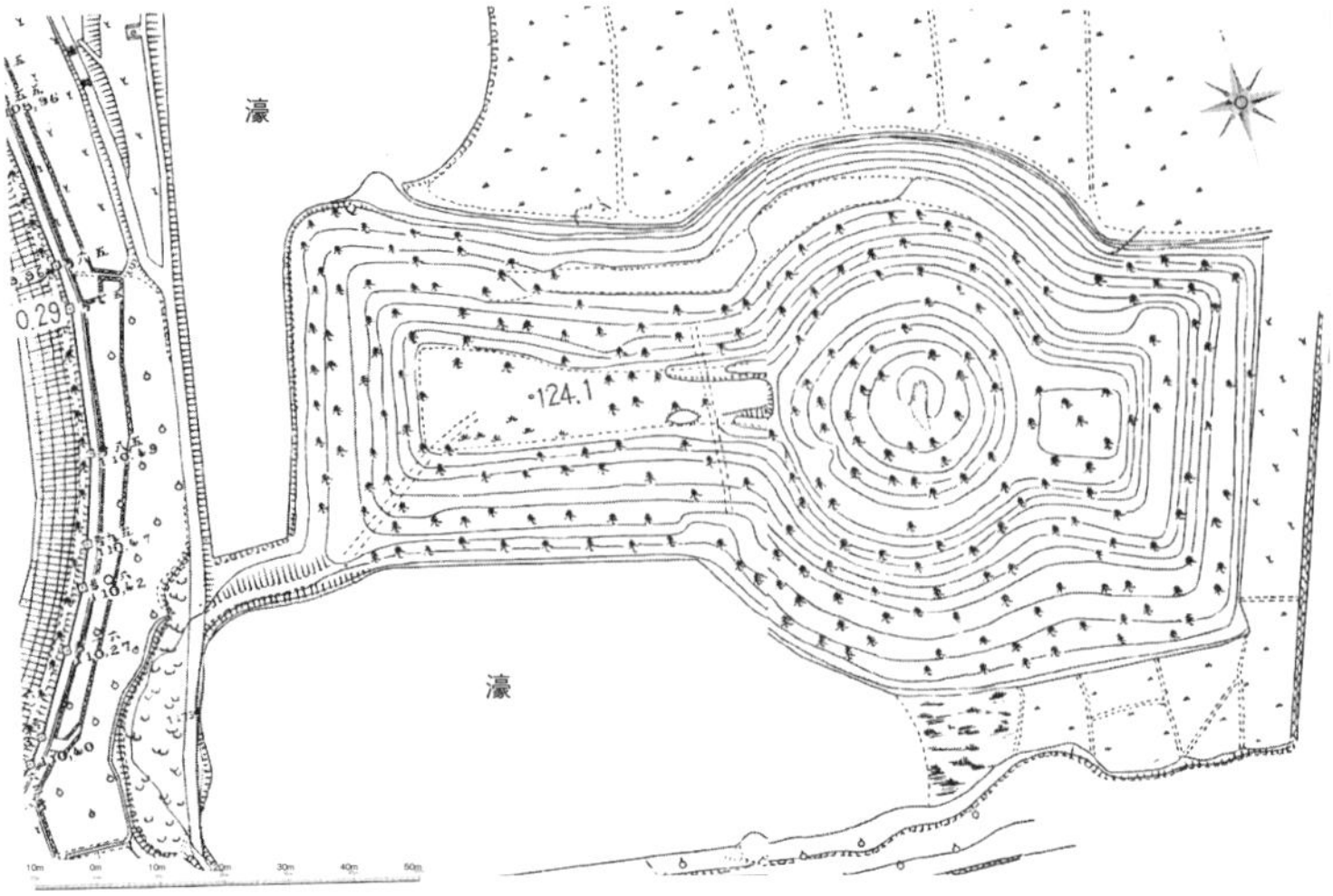

図４　櫛山古墳の墳丘（1/2000）（奈良県教委 1961 より改変）

びれ部から柵形埴輪が出土している。一九四八・四九年の調査では、南東側の小型の方形部において、赤色顔料で着色した砂層の上に五×三・四メートルの範囲に指頭大の白礫を厚さ二〇～三〇センチにわたって敷き詰めた遺構が検出され、石釧・車輪石・鍬形石の三種類の腕輪形石製品の破片が二〇〇個以上出土した。これらの破片は、腕輪形石製品を故意に割って墳丘に撒いたものと考えられる。中円部に築かれた約七・一×一・四メートルの竪穴式石室は大半が破壊されていたが、内部から長持形石棺や石製品、鉄鏃の破片が出土した。行燈山古墳に隣接し、墳丘の方向が類似することから行燈山古墳との関係が想定され、さらに双方中円墳という特異な墳形、白礫敷きの遺構、破損した多量の石製品類を墳丘に撒くことなど、多くの特徴をもつ古墳である。築造時期は古墳時代前期後半と考えられる。

黒塚古墳（くろつかこふん）

行燈山古墳の北西約五〇〇メートルにある全長約一三〇メートルの前方後円墳で、前方部を西に向ける。一九六一年、一九八九年、一九九七～九九年に発掘調査が行われた。中世に墳丘上に城郭が築かれ、その後も大規模に盛り土が行われたために、元来の墳丘の形状は定かでない。ただし標高八〇メートルの平地に築造されているために、墳丘の大半が盛り土によるということは判明している。埴輪と葺石は確認されていないが、後円部墳頂から底部を穿孔した土師器の壺の破片が出土しているため、土器が後円部を巡っていた可能性がある。一九九七～九九年の調査では、後円部の竪穴式石室が発掘調査された。竪穴式石室は約八・三×一・三メートルの大きさがあり、内部に長さ約六メートルの、木棺を据えるための粘土床が残っていた。粘土床にはベンガラが塗布してあった。そして木棺と石室の壁の間から、三三枚の三角縁神獣鏡と、刀剣・鉄鏃・甲冑などの武器類、斧などの鉄製工具類が、棺内からは画文帯神獣鏡一枚と刀剣類が出土した。三角縁神獣鏡はすべて鏡面を内側に向けて、木棺の北側をコの字形に囲むように並んでいた。三角縁神獣鏡はすべて中国で作られたとされるいわゆる「舶載鏡」であり、出土枚数は、京都府椿井大塚山古墳から出土した三二枚を上回り、最多である。これらの内容から、築造時期は古墳時代前期前半と考えられる。現在、古墳に隣接して天理市立黒塚古墳展示館が設置されており、竪穴式石室と鏡の出土状況が復元されている。

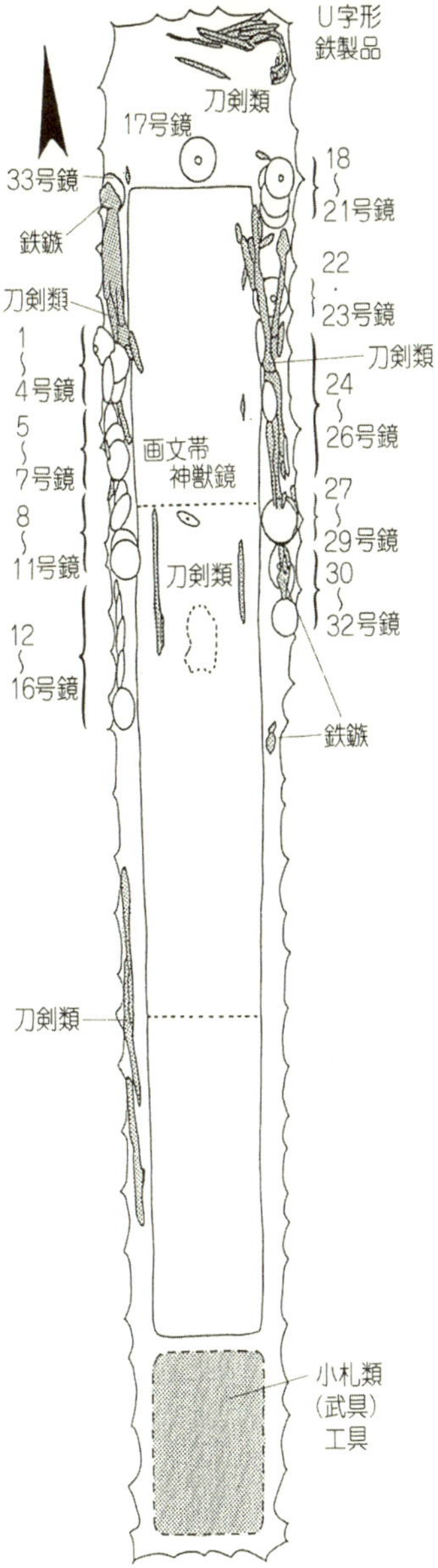

図５　黒塚古墳遺物出土状況模式図
（橿考研編 1999 より改変）

渋谷向山古墳（しぶたにむかいやまこふん）

行燈山古墳の南約七〇〇メートルに位置する、前方部を西に向ける全長約三〇〇メートルの前方後円墳である。奈良県では橿原市の見瀬丸山古墳に次いで二番目の規模を誇り、前期古墳では最大の前方後円墳である。周囲を周濠が巡るが、東西で比高が約二〇メートルあるため、六ヶ所の渡り堤によって区切られている。景行天皇陵「山辺道上陵《やまのべのみちのへのみささぎ》」に比定されており、宮内庁が数度にわたって周濠と墳丘裾の発掘調査を行った。その際墳丘から葺石が検出され、円筒埴輪・鰭付円筒埴輪・朝顔形埴輪・盾形埴輪・蓋形埴輪や土器類が出土した。埋葬施設は明らかでないが、幕末に天理市渋谷から出土したという伝承のある石製の枕が、関西大学に所蔵されている。行燈山古墳と共に大王墓と考えられる古墳である。埴輪の特徴から、この渋谷向山古墳の方が行燈山古墳よりも築造時期が新しいと考えられている。築造時期は古墳時代前期後半であろう。

上の山古墳（うえのやまこふん）

渋谷向山古墳の前方部北側に近接する位置に、前方部を渋谷向山古墳のある南に向けて築かれており、渋谷向山古墳の陪塚として宮内庁の陵墓管理を受けている。全長は約一四四メートル、東側が削平されているため前方部幅は復元で約七〇メートル、後円部の直径は復元で約一〇〇メートルとなる。墳丘の向きが渋谷向山古墳と直交するため、従来両古墳の関係が想定されていた。一九九四年に奈良県立橿原考古学研究所が宮内庁管理外の前方部西側の発掘調査を行ったところ、幅約二八メートルの周濠を検出し、渋谷向山古墳と外堤を共有していた可能性が高いことが判明し、両古墳に関係がある可能性は高まった。出土品は鰭付を含む円筒埴輪、壺形埴輪、朝顔形埴輪、盾形埴輪と、約一七三×六〇センチの盾形に加工された木製品、土器があり、埴輪は渋谷向山古墳とほぼ同じ時期の特徴を示す。埋葬施設は竪穴式石室の可能性があるが、明らかでない。築造時期は古墳時代前期後半であろう。

シウロウ塚古墳（しうろうづかこふん）

渋谷向山古墳の東約一五〇メートルの位置にあり、渋谷向山古墳同様前方部を西に向ける前方後円墳である。一九七七年に奈良県立橿原考古学研究所が測量調査を行った。全長は約一二〇メートル、前方部幅約六〇メートル、後円部直径約六〇メートルであるが、くびれ部が際だって低く、後円部頂との比高が八メートル、前方部との比高は三メートルある。円筒埴輪片が採集されている以外は埋葬施設、副葬品とも明らかでない。

ノベラ古墳（のべらこふん）

行燈山古墳の西約七〇〇メートルの位置にあり、前方部を南に向ける。一九七七年に奈良県立橿原考古学研究所が測量調査を行った。墳丘の大半が削平されており、前方後方墳の可能性もある。推定復元長は約七〇メートルである。埋葬施設、出土品とも明らかでない。

石名塚古墳（いしなづかこふん）

ノベラ古墳の南約二〇〇メートルの位置にある、前方部を南に向ける前方後円墳である。一九七七年に奈良県立橿原考古学研究所が測量調査を行った。後円部東側と前方部は果樹園や民家の敷地となっており、さらに前方部の前に池があるため、元来の墳丘の形状は定かでない。現存長は一一一メートル、後円部の復元径は約八〇メートルとなる。埋葬施設、出土品とも明らかでない。

柳本大塚古墳（やなぎもとおおつかこふん）

石名塚古墳の南約四〇〇メートルの位置にある、やはり前方部を南に向ける前方後円墳である。一九七七年に奈良県立橿原考古学研究所が測量調査を行った。前方部が著しく削平されており、元来の墳丘の形状は定かでない。現存長は約九四メートルである。明治年間に後円部の竪穴式石室から数本の銅鏃が、一九一八年には別の小石室から直径三九・七センチの倭製大型内行花文鏡が出土した。銅鏃は所在不明であるが、内行花文鏡は現在宮内庁が所蔵している。築造時期は古墳時代前期前半と考えられる。

参考文献

近藤義郎編『前方後円墳集成』近畿編、山川出版社、一九九二年

末永雅雄『古墳の航空大観』学生社、一九七五年

奈良県教育委員会『桜井茶臼山古墳　附櫛山古墳』奈良県史跡名勝天然記念物調査報告第一九冊、一九六一年

奈良県教育委員会『大和天神山古墳』奈良県史跡名勝天然記念物調査報告第二二冊、一九六三年

奈良県立橿原考古学研究所『大和前方後円墳集成』橿原考古学研究所研究成果第四冊、二〇〇一年

奈良県立橿原考古学研究所編『磯城・磐余地域の前方後円墳』奈良県史跡名勝天然記念物調査報告第四二冊、一九八一年

奈良県立橿原考古学研究所編『黒塚古墳調査概報』学生社、一九九九年

奈良県立橿原考古学研究所附属博物館『大和考古資料目録』一一、一九八三年

6　纒向古墳群

小田木　治太郎

はじめに

纒向古墳群は、ＪＲ桜井線・巻向駅周辺に広がる古墳群といえば分かりやすいであろう。また、この古墳群の中で最も大きい箸墓古墳が所在する集落の名をとって、箸中古墳群と呼ばれることもある。纒向古墳群の範囲は、古墳時代開始期の大遺跡である纒向遺跡と重なっており、両者は同時期に営まれた不可分のものである。纒向遺跡と纒向古墳群の調査研究は、一九七一年に始まる奈良県立橿原考古学研究所による発掘調査を嚆矢とし、以後、同研究所と桜井市教育委員会が精力的に推し進めて、さまざまなことが明らかにされている。ここに、そのごく一部を紹介させていただこう。

纒向遺跡の範囲と纒向古墳群の分布

纒向遺跡の中心的な範囲は、太田集落を中心に直径約一キロほどにあたる（図1）。ただし遺跡の後半期には範囲がさらに広がり、北は草川集落、南は箸中集落、東は巻野内集落から穴師集落、西は東田集落を覆う範囲に及んでいる。纒向川や烏田川が形成した扇状地にあたり、微高地を利用して人々の営みが行われた。一方、古墳は、太田集落と東田集落の間や、箸中集落の周囲に分布しており、遺跡中心部の西側及び南側を取り囲むような位置を占めている。

纒向遺跡（まきむくいせき）

古墳群の前に、纒向遺跡について触れておきたい。というのも纒向遺跡は、纒向古墳群を築いた集団の基盤であり、纒向古墳群は纒向遺跡の一部分と捉えた方が理解しやすいからである。

纒向遺跡は、弥生時代～古墳時代に移行しようかという時期に突如として現れた大規模な居住地（カタカナで「ムラ」と呼ぼう）である。一般の集落遺跡にはみられない施設が多くみつかっている。まずムラの東方では、幅五メートルほどの人工の大溝がT字に交差しているのがみつかった。溝の縁は矢板で念入りに護岸しており、途中には堰もあった。この大溝は、田畑を潤したり、ムラの内部を大きく区画する役目を果たしたと思われるものであるが、さらに、大和川の支流である初瀬川につながって、大阪湾にいたる水運路の用をなしたとの説がある。道路網や鉄道網が整備される以前の近世まで、奈良盆地の河川には魚梁船《やなぶね》が行き来し物資を運んでいたのであるから、纒向ムラの大溝が水運に用いられた可能性は大いにあると思われる。

現在の太田集落の北東からは、掘立柱の建物が集中してみつかっている。大型建物を含む数棟が方位と軸を合わせて並ぶ特殊なものであり、宮殿ではないかと考える意見が強まっている。纒向ムラの前半期はこのあたりにムラの中枢があった可能性が高い。また、東方の緩斜面をやや上った巻野内集落の北側では、導水施設と呼ばれる特殊な施設がみつかった。大木を刳り抜いて念入りに作ったいくつかの大きな槽を溝や樋でつないだものである。一般の生活に関わるものとは考えにくく、大きな権力が行う祭祀のための施設であったと考えられる。またこの周辺からは木製品工房と思われる施設や朝鮮半島系の土器もみつかっており、纒向ムラの後半期の中枢がこのあたりにあったと推定されている。

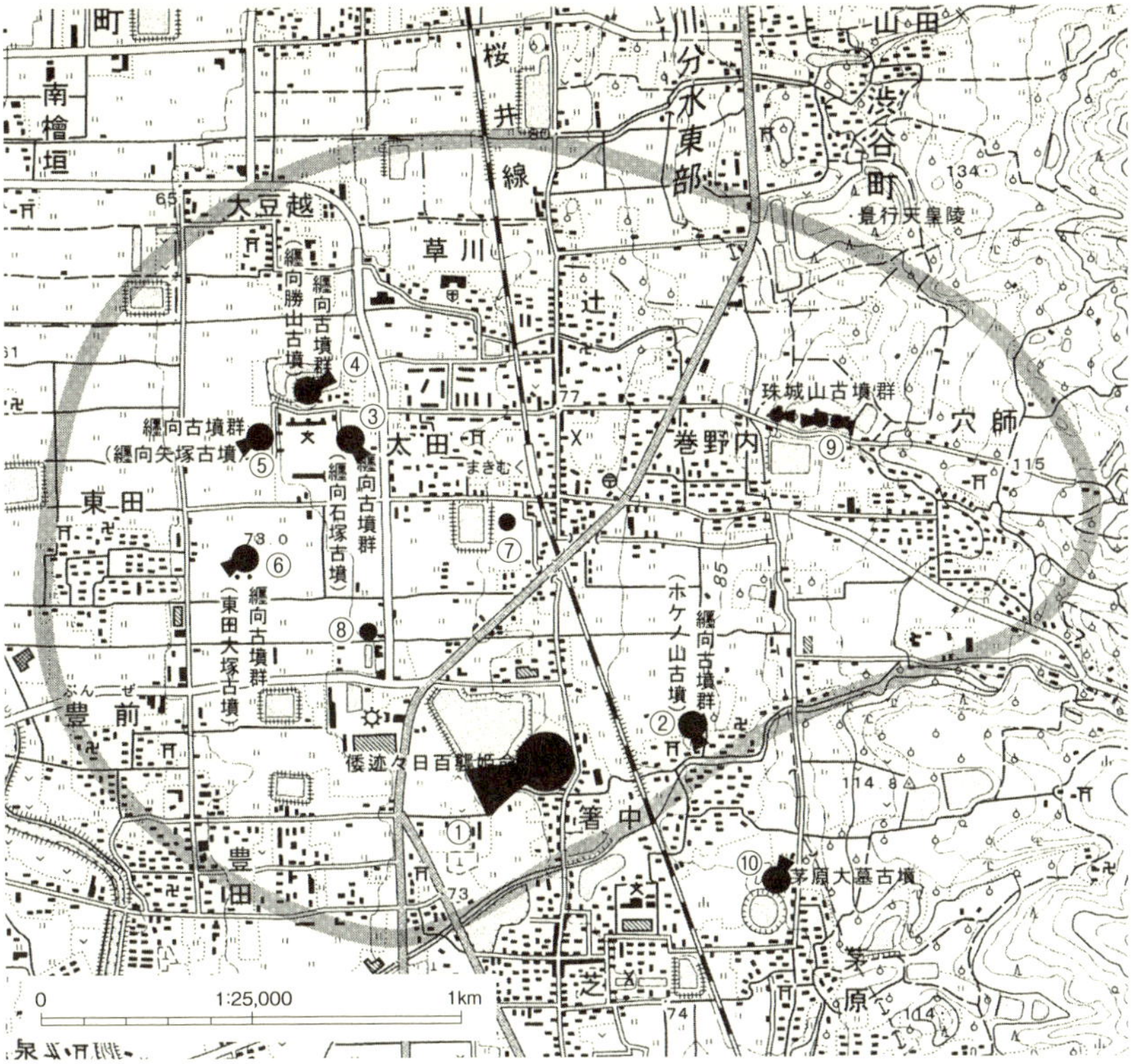

図1　纒向古墳群と纒向遺跡（国土地理院25000分の1地形図「桜井」より改変）
1．箸墓古墳　2．ホケノ山古墳　3．纒向石塚古墳　4．纒向勝山古墳　5．纒向矢塚古墳
6．東田大塚古墳　7．メクリ1号墳　8．南飛塚古墳　9．珠城山古墳群　10．茅原大墓古墳

ただし、纒向遺跡ではみつかっている建物跡が非常に少ない。この時期、全国的にみて一般的な家屋は竪穴住居であるが、纒向ムラが栄えた時期の竪穴住居はみつかっていないという。溝や穴からは大量の土器が出土しているので、このムラに多くの人々が暮らしたことは間違いない。竪穴住居より格の高い平地式住居や高床住居に人々は暮らしたのではないかと考えられている。

纒向遺跡からはたくさんの遺物が出土するが、量が最も多いのは土器である。土器の形や文様の変化を分析して、図2のように編年が組み立てられている。さて、纒向ムラの土器で最も注意すべきは、ほかの地域の土器が非常に多いことである。東

石野・関川	寺沢	
纒向１式	庄内０式	
纒向２式	庄内１式	200？
	庄内２式	
纒向２式／纒向３式	庄内３式	
纒向３式	布留０式	250？
纒向４式	布留１式	
	布留２式	300？

図２　纒向遺跡の土器編年（時期区分）
（石野・関川編 1976, 寺沢編 1986）

海や北陸、瀬戸内や山陰など、非常に遠い地域の土器もたくさんある。物資を入れる容器だけでなく煮炊きに使う土器も多いことからすると、人々がそれぞれの地域から「鍋釜」を携えて移り住んだり、纒向ムラに来てからも地元の土器を作り続けた結果と考えられる。また煮炊きに使う土器は、奈良盆地のほかの遺跡に比べて小型品が非常に多い。一度に煮炊きをする単位が、ほかの遺跡と異なっていたのであろう。

土を掘り返す道具には鍬《くわ》と鋤《すき》があるが、纒向ムラでは、農耕に用いる鍬はごくわずかであり、土木工事にも用いる鋤が圧倒的に多い。一方、ほかの一般的な集落では鍬の方が多いのであり、纒向ムラが一般の農耕集落と性格を異にすることが歴然としている。ほかに、吉備地方で発達した弧文という呪術的な文様を施した木の板や石製品があったり、中国の矢じりを真似たと思われる木製品があったりと、一般の集落ではまずみられない遺物が多く出土している。

纒向遺跡は、同時期のほかの遺跡と比べて、特異な特徴を多くもっている。これは纒向ムラが意図的・政治的に造営された居住地であることを示しているのであろう。

箸墓古墳（はしはかこふん）

箸中集落の北に接し、纒向遺跡の中では南端に近い位置にある。前方部を西南西に向けた、全長約二八〇メートルの前方後円墳であり、纒向古墳群の中では抜きんでて大きい（図３）。国道一六九号線がＪＲ線を跨ぐ陸橋上からの眺めは特にすばらしい。この古墳は「倭迹迹日百襲姫命大市墓《やまとととひももそひめのみことおおいちぼ》」として宮内庁の管轄になっており、一般の者は立ち入るこ

図３　箸墓古墳の墳丘（1/2000）（白石ほか 1984 より改変）

とができない。鬱蒼と木が茂っている。

墳丘の大きな特徴は、前方部が三味線のばちのような形をなし、後円部の直径と同じぐらいに長いことである。このような大きさの前方部は、ほかの多くの前方後円墳と比較して別に珍しくはなく、わざわざ「長い」という必要もないと思われよう。だが、纒向古墳群においては、初期ヤマト王権に関わる時期のほかの前方後円墳は前方部がみな短く、箸墓古墳だけが長い前方部をもっているのである。また後円部は鏡もちを五段に積み重ねたように段築成されており、前方部前面も四段の段築成になっている。この段築成の様子は、結界を兼ねた生け垣の外からもみることができる。宮内庁が管理している範囲の外では何度か発掘調査がされており、周濠と周堤状の施設があったことが分かっている。また発掘調査で現れた墳丘裾の様子から、墳丘の斜面に石を敷き詰める葺石《ふきいし》と呼ぶ工法をとっていることが分かる。

宮内庁の調査によって、墳丘からは特殊器台形埴輪や特殊壺といった最初期の埴輪や、底に穴をあけた二重口縁壺が発見されている。また、玄武岩の板石も発見されていることから、埋葬施設は板石を積み上げて築いた竪穴式石室であると予想される。周濠で出土した土器から古墳の築造時期は布留０式期と考えられている。

ホケノ山古墳（ほけのやまこふん）

箸墓古墳から東にＪＲ線を越え、山麓側にわずかに上ったところに位置する前方後円墳である。一九九五～九九年には墳丘と埋葬施設の発掘調査が行われ、纒向古墳群では唯一、埋葬施設の明らかな古墳である。現在、国指定史跡となり、公園化されている。葺石や前方部埋葬が復元模型などで示され、駐車場もあるので利用しやすい。

全長は約八〇㍍であり、前方部を南東に向けている。纒向古墳群のほかの前方後円墳と同じように前方部は短く、後円部直径の約三分の一である。後円部は三段に、前方部は一段に段築成しており、斜面には葺石を施している。埴輪はみつかっていないのでもともとなかったと考えられる。周濠の幅は後円部北側で一七・五メートル、後円部東側で一〇・五メートルと確認されている。

埋葬施設は石囲い木槨と呼ばれる珍しいものである。後円部中央にほぼ南北向きに長さ約一〇メートル、幅約六メートルの穴を掘り、その中に木で長さ約六・五メートル、幅約二・六メートルの部屋（木槨）を作り、そのまわりに川原石を積み上げて覆っている。木槨の中には長さ約五・三メートルの木棺が安置され、被葬者の頭は北を向いていたと考えられている。副葬品には画文帯同向式神獣鏡や内行花文鏡などの鏡、鉄製の刀剣類・農工具、銅鏃・鉄鏃などがある。鏡はいずれも、三角縁神獣鏡より古いグループのものである。また、前方部でも埋葬施設がみつかっている。長方形の穴を掘り木棺を納めただけの簡単なものであり、大型の壺が副葬されていた。古墳の築造時期は布留０式期と考えられる。

纒向石塚古墳（まきむくいしづかこふん）

これから述べる四基の古墳は、いずれも纒向遺跡の中心部からみて西側に位置する。纒向石塚古墳（図４）は纒向小学校の東側に接する。国指定史跡として保存が図られると共に、一部公園化されている。墳丘は、第二次世界大戦中に高射砲陣地に利用されたこともあって大きく崩れており、前方後円墳であった面影をすでに留めない。ただしこの古墳は纒向古墳群の中でも調査次数が最も多く、多くの情報が導き出されており、図４にみるように全形が復元されている。

全長は九六メートルを測り、前方部長は三二メートルと後円部直径のほぼ半分である。前方部は南東を向き、三味線のばちのように開いている。後円部は三段築成であったと考えられている。墳形に沿うように幅約二〇メートルの周濠が巡るが、前方部前面ではかなり細い。葺石・埴輪は発見できないのでもともとなかったと考えられる。また主体部の調査も試みられたが発見できず、すでに削り取られてしまったものと考えられる。周濠からは多数の土器・木器が出土している。木器には土掘り具である鋤と共に、弧文を施した円板や鳥形をした祭祀具もあり、注目される。墳丘からも土器片が出土しており、築造年代を考える上で重要な要素となっている。だが、築造年代はまだ見解の一致をみておらず、庄内1式か庄内3式かで定まっていない。筆者は庄内1式説に傾きつつある。

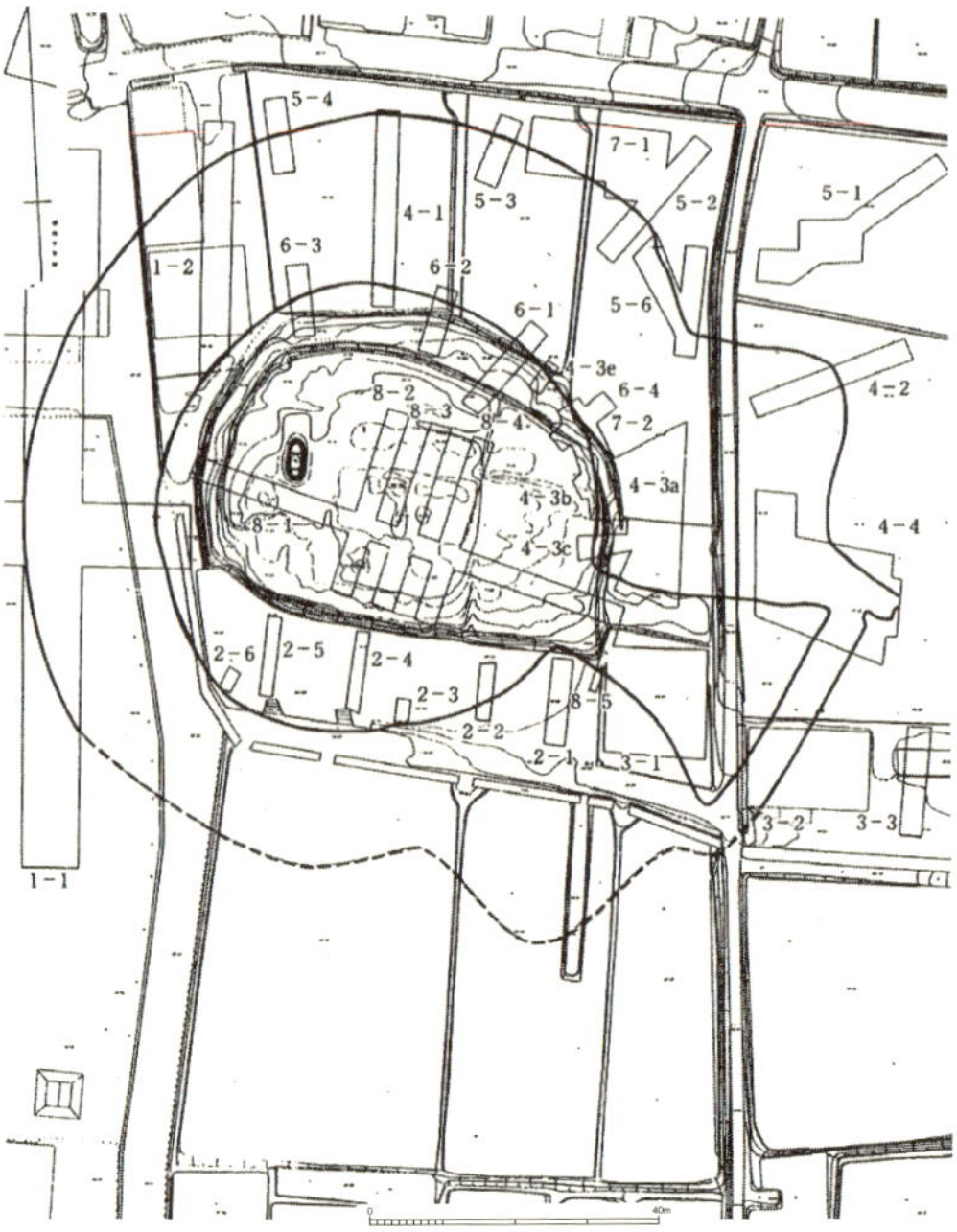

図４　纒向石塚古墳（縮尺 1/2000）
（橋本編 2006を改変）

また、木器には西暦二〇〇〇年前後に伐採したことが分かるものがあり、古墳の実年代論に議論を起こしている。

纒向勝山古墳（まきむくかつやまこふん）

纒向小学校の北側に位置する。前方部を東北東に向けた前方後円墳であり、墳丘の北から西に接する勝山池や、纒向小学校との間の湾曲した道など、周濠の名残りを地表に残す。現在、後円部は木と竹が茂り、前方部は畑地になっている。一九九七年から四次にわたり勝山池の一部が調査されている。

墳丘の全長は約一一〇メートルと考えられ、後円部直径が約六五メートルである。葺石・埴輪は未発見なのでもともとなかったと考えられる。周濠は幅約二五メートルと考えられ、土器・木器が多数出土した。中には祭祀具とみられる木製品もあり、古墳上で執り行われた祭祀を復元する上で重要な資料として注目される。主体部については不明である。出土した土器は庄内1式～布留0式のものを交えており、土器年代による築造時期の推定が難しい。また木器の年輪年代測定から、古墳の築造時期は三世紀前半の中におさまる可能性が指摘されている。

図5　纒向矢塚古墳（前方部左前方から）

纒向矢塚古墳（まきむくやづかこふん）

纒向小学校の西側に接する前方後円墳である（図5）。南西方向に前方部の痕跡が残る。現在、後円部には植林がなされており、一部は竹藪になっている。後円部直径が六〇メートル強あり、前方部長は三〇メートル前後と推定されるので、全長は九〇メートル強であろう。纒向小学校の建設時に墳丘の東側が調査され、幅二〇メートル前後の周濠が巡ることが確認されている。墳頂に主体部に関わるらしい板石が露出しているが詳細は不明である。周濠から出土した土器は庄内3式であるので、古墳の築造時期はそれに近いのであろう。

東田大塚古墳（ひがいだおおつかこふん）

纒向矢塚の南約二五〇メートルに位置する前方後円墳であり、南西方向に前方部の痕跡が残る。現在は主に畑地と竹藪になっており、墳頂には三等三角点がある。一九九八・九九年に墳丘北側に接する農道部分が発掘調査され、後円部直径は約六八メートルと分かった。また北側の調査では周濠幅は約二一メートルであることが分かっている。さらに二〇〇八年には前方部の調査が行われ、その結果、全長は約一二〇メートルであることが明らかとなった。葺石・埴輪は確認できないのでもともとなかったと考えられ、主体部は未調査のため不明である。発掘では土器・木器が出土した。土器の年代から、築造時期は布留０式期と考えられる。

その他の墳墓

以上のほか、墳丘が完全に削り取られて、現在は地表にみえない「埋没古墳」が発掘調査で発見されている。メクリ一号墳は前方後方形の周濠跡であり、南飛塚古墳は周濠の屈曲部だけが出土したもので墳形は分からない。特に前方後方形のメクリ一号墳は、纒向古墳群では珍しい存在である。これらのほかにも未発見の埋没古墳がまだあるものと考えるべきであろう。

ヤマト王権と纒向古墳群・纒向遺跡

纒向古墳群の中で箸墓古墳は突出した存在である。規模が大きいことのほかに、長大な前方部をもつことが特に重要である。また葺石を施すことや、埴輪をもつこと、主体部が竪穴式石室であるらしいことなど、これらはすべて古墳時代の定型化した古墳の要件を満たすものである。一方、前方部が小さいほかの古墳は、定型化した古墳の条件を満たさない、前段階のものと考えられる。したがって、これらは「古墳」と呼ぶべきでなく、単に「墳丘墓」とすべきだと考える研究者も多い（本書では便宜的にすべて古墳と呼ぶこととした）。箸墓古墳にみる整った古墳の諸要素は、実はさまざまな地域からの寄せ集めと考えられている。つまり、それまでは地域ごとにそれぞれの墓のまつりをしていたものを、全土的にひとつの形にまとめ上げたものと考えられているのである。箸墓古墳はこのようにしてできた新しい墓のまつりによる最古で最大のもの、つまり最初の大王墓と呼ぶべきものであり、古墳時代という新しい時代の始まりを特徴づける存在なのである。

図６　珠城山２号墳からの眺望
（中央が箸墓古墳、左に天香具山、右に畝傍山・耳成山が見える）

纒向古墳群では定型化する前の古墳と、定型化した最初の大王墓が共にある。まさにヤマト王権が成立した、その過程をこの古墳群が示している。前方後円形の墳丘と周濠は、古墳の定式に取り入れられた。また、葺石と石囲い木槨というおそらく他地域の要素を取り入れたホケノ山は、箸墓古墳が成立する直前の様子を示しているのであろう。

このような古墳成立過程の母体が纒向ムラである。各地から人々が移り住み、ほかの遺跡ではみられない特殊な施設や物品が多くある様子は、日本を全土的にたばねる首都としてふさわしい。農耕集落とは異質の形で突如として始まったのもそのためであろう。新しい祭式の成立は箸墓古墳が画期となるが、纒向ムラの成立もまた時代を画する重要な出来事といえるだろう。

さて、ヤマト王権の始まりでよくもち上がるのが、邪馬台国と卑弥呼である。邪馬台国と卑弥呼は中国の記録である「魏志倭人伝」に記され、今日に伝わったものである。それによれば、卑弥呼の即位によってそれまで乱れていた倭国は治まったとある。彼女の即位がいつかは定かでないが、三世紀前半に活躍し、景初三年（二三九）に初めて魏に使者を送って中国との外交を進め、二四八年頃没している。以前はヤマト王権の成立は四世紀初め頃とされていたので、「魏志倭人伝」の記載とは時代が合わないとする意見がまだ強かった。だが纒向遺跡・纒向古墳群の研究が進み、纒向ムラは三世紀前半から栄えた可能性が強まっている。また箸墓古墳が築かれた布留０式は三世紀半ば頃であり、卑弥呼が没した二四八年頃と重なる可能性が高い。まだ議論は続くであろうが、箸墓が卑弥呼の墓である可能性は排除すべきでないし、また小さく見積もることもできない。

纒向遺跡と纒向古墳群は、布留１式から急速に衰退する。このこともまた纒向地域の注意すべき点である。纒向ムラが担ったであろう政治中枢機能とそれに付随する奥津城はどこかに移動した。箸墓に次ぐ大王墓は大和古墳群の西殿塚古墳と考えられるが、その母体となる居住地は未だ不明である。纒向地域ではこのあと長く目立った活動がみられなくなるが、さらに時代が下って古墳時代後期になると、あまり大きくはないが多くの古墳が築かれるようになる。国指定史跡になっている珠城山古墳群や茅原大墓古墳はその代表例である。珠城山二号墳からは纒向地域を見下ろし、その背後に大和三山や二上山まで見わたすことができる（図６）。纒向地域を訪れるときには是非訪ねたい。

参考文献

石野博信編『大和・纒向遺跡』学生社、二〇〇五年
石野博信・関川尚功編『纒向』桜井市教育委員会、一九七六年
岡林孝作・水野敏典編『ホケノ山古墳の研究』奈良県立橿原考古学研究所、二〇〇八年

白石太一郎ほか「箸墓古墳の再検討」『国立歴史民俗博物館研究報告』第3集、一九八四年
寺沢薫編『矢部遺跡』奈良県史跡名勝天然記念物調査報告第四九冊、一九八六年
奈良県立橿原考古学研究所編『ホケノ山古墳調査概報』学生社、二〇〇一年
橋本輝彦編『東田大塚古墳』（財）桜井市文化財協会、二〇〇六年
橋本輝彦編『ヤマト王権はいかにして始まったか』桜井市埋蔵文化財センター、二〇〇七年

7　鳥見山古墳群

高野　政昭

はじめに

オオヤマト古墳群の最南端に位置するのが、鳥見山《とみやま》古墳群である。鳥見山古墳群をオオヤマト古墳群の一部と捉えるか、別のグループとするかは研究者によって、さまざまな意見がある。奈良盆地全体の大型前方後円墳の分布からみれば、盆地東南部の一群に含まれるとしても、うなずけるところである。しかし、古墳の立地・墳形と段築・周濠の有無・副葬品などから、大王墓とは性格の異なる系列の古墳群と考えるべきかもしれない。オオヤマト古墳群には、箸墓古墳を始めとする六基の大王墓クラスの前方後円墳が存在するが、主体部の調査が行われ、副葬品の詳細が判明しているのは鳥見山古墳群の茶臼山古墳とメスリ山古墳の二基のみである。他の四基は陵墓及び陵墓参考地であるため、主体部については不明である。

鳥見山古墳群は、桜井南部（磐余《いわれ》）古墳群とも称され、初瀬川の南岸から竜門山地の北斜面の麓までの間に築かれた古墳群である（図1）。磐余は現在の桜井市南西部の池之内、橋本、阿部から橿原市の東池尻町を含む同市南東部にかけての古地名で、和田萃氏によれば東は「桜井市谷にある岩村《いわれ》山口神社や磐余山東光寺の付近から、香久山の北域にかけての一帯」とされている。

古墳の分布からみると、大きく鳥見山、阿部、池之内の地区に分けることができる。鳥見山地区は、鳥見山古墳群

図1　鳥見山古墳群と周辺の遺跡（千賀編 2005 より改変）
1. 桜井茶臼山古墳　2. メスリ山古墳　3. 池ノ内古墳群　4. 赤尾熊ヶ谷古墳群
5. 双築古墳　6. 城島遺跡外山下田地区　7. 磐余池推定地

中最古の前方後円墳である桜井茶臼山（外山《とび》茶臼山）古墳（全長二〇七メートル）を中心に、鳥見山北麓に中期後葉～後期の群集墳が築かれているが、近年の調査で、赤尾熊ヶ谷二号墳（一辺一五メートル方墳）という茶臼山古墳とほぼ同時期の小古墳が発見されている。鳥見山地区では鳥見山の東の忍阪から倉橋・粟原を含め、特徴的な後期古墳が集中する。赤坂天王山古墳（一辺四五・五メートル方墳）や越塚古墳（直径四三・五メートル円墳）などの巨石石室墳、花山東塚古墳・花山西塚古墳・舞谷古墳群などの磚槨墳、秋殿南古墳（一辺二四メートル方墳）・ムネサカ一号墳（直径四五メートル円墳）などの切石積み石室墳がある。また、六角形の石室をもつ忍坂八号墳（直径一二メートル円墳）、八角形墳の段ノ塚古墳（舒明天皇陵）など終末期古墳が築かれている。

鳥見山地区の西には、茶臼山古墳に続く前期の前方後円墳としてメスリ山古墳（全長二二四メートル）が阿部の丘陵上に位置する。茶臼山古墳とは約一・五キロ隔たっている。阿部地区では前期古墳はメスリ山古墳のみで、中期～後期にかけての前方後円墳である兜塚古墳（全長四五メートル）がメスリ山古墳の東三〇〇メートルに築かれている。ところが、近年の調査で、メスリ山古墳の北に位置する桜井公園内で、前期後半に遡る古墳の存在が確認された。双築古墳と呼ばれる直径三〇メートルの円墳で、茶臼山古墳と赤尾熊ヶ谷二号墳との関係と同様、メスリ山古墳との関わりが窺われる古墳である。後期〜終末期にかけては、巨石石室の谷首古墳（三五×三八メートル方墳）、竜山石製の立派な刳抜式家形石棺を納めた艸墓古墳（二一×二七メートル方墳）、精美な切石造りの横穴式石室を有する文殊院西古墳（直径一三・五メートル円墳）など著名な古墳が点在する。

池之内地区は阿部地区の西、桜井から飛鳥に抜ける山田道の西側から天香久山までの地域である。ここでは大型古墳はみられず、古墳時代前期の池之内古墳群を中心とする。小規模な古墳群でありながら豊富な副葬品を出土したことで知られ、桜井茶臼山古墳・メスリ山古墳との関連性が注目される。

池ノ内地区には磐余の池と呼ばれる古代の池の伝承地があり、その池のほとりには四つの宮殿があったとされている。第一七代履中大王の稚桜宮《わかざくらのみや》、第二二代清寧大王の甕栗宮《みかくりのみや》、第二六代継体大王の玉穂宮《たまほのみや》、そして聖徳太子の父親の第三一代用明大王の池辺双槻宮《いけべなみつきのみや》である。稚桜宮は桜井市池之内の稚桜神社に、池辺双槻宮は同市吉備の春日神社にあったとされる伝承が残っている。

桜井茶臼山古墳（さくらいちゃうすやまこふん）

桜井茶臼山古墳は、鳥見山から北へ、平野部に伸びる尾根の先端を切断して築造された前方後円墳で、前方部は北の平野部ではなく、南の山側へ向いている。大阪市立大学による二〇〇三年の測量調査の結果、これまで全長二〇七メートルとされてきたが、後円部北端の裾部が現状より短くなる可能性が指摘されており、全長一九四メートルという数値が示されている（図2）。後円部直径約一一〇メートル、同高さ二一・二メートル、前方部幅約六一メートル、同高さ一一メートルの大規模な

図２　桜井茶臼山古墳の墳丘（大阪市大日本史研究室編 2005）

前方後円墳である。南から北に向かって緩やかに地形が低くなるため、古墳の基底部の標高は前方部前端より後円部後端が一〇メートルほど低い。平面形は前方部が細く長い、いわゆる柄鏡式と呼ばれる形態をもつが、測量図からは、前方部西南端に向かってわずかに開き気味にみえる。東西のくびれ部は後世の改変により、位置がずれているようにみえる。墳丘は後円部三段、前方部二段に築造されるが、二段築成の前方後円形の上に後円部のみ三段目を乗せたような形が特徴的である。墳丘斜面には葺石が葺かれているが、埴輪は使用されていない。墳丘の周囲には周濠状の平坦面が存在したが、旧地形の谷部を墳丘成形のために取り込んだもので、濠ではない。

一九四九年一〇月と、五〇年八月の二回にわたって後円部墳頂の発掘調査が行われた。この調査によって、墳頂部に方形の壇が確認され、それを取り囲むように土師器の壺形土器が巡っていた。そして、方形壇の下からは立派な竪穴式石室が検出されている。

竪穴式石室は古墳の主軸方向にほぼ平行して築かれ、全長六・七五メートル、幅は中央部で一・一三メートル、高さは平均して一・六メートルの規模をもつ。安山岩系の扁平な石材をほぼ垂直に小口積みにし、上部では花崗岩を混えて築成する。天井部は花崗岩の板石を一二枚用いて閉塞していた。側石、天井石には全面に赤色顔料が塗られていた。石室床面には扁平な板石を敷き、その上にトガの巨木で作られた木棺の一部が残存していた。

石室内部はすでに盗掘されていたが、玉杖・鉄杖・鍬形石・石釧・車輪石・勾玉・玉葉・鉄鏃・銅鏃などと共に銅鏡の破片が多数出土し、内行花文鏡や三角縁神獣鏡などを含めて二〇面近い鏡が副葬されていたと推定される。これら多種多様な副葬品のうちでも、鉄芯に碧玉製の大型管玉をまいた玉杖や、杏仁形をした碧玉製の玉葉などは類例の極めて少ない貴重な遺物である。

後円部頂上の土壇を囲むように、底部穿孔のある壺形土器が方形におかれていた。土器列は一重で、東西一〇・六メートル、南北一三メートルあり、壺形土器は北辺で二四～二五個、西辺で二九～三〇個並べられていたと推定される。壺形土器は「茶臼山型二重口縁壺」と呼ばれ、直立する頸部から、途中で屈曲して二段に開く口縁部、ほぼ球形に近い胴部が特徴である。全体の形が分かるものの一点は口縁部径三〇・四センチ、胴部径三七・九センチ、高さ四四・七センチ、底部の孔は径七～八センチで、焼成前に粘土を刳り抜いている。これらの壺形土器は、容器としての機能はなく、始めから古墳に立て並べるための儀器であり、定型化する以前の埴輪の先行形態を示すものと考えられている。壺形土器の形態から土器の型式編年は布留1式期に相当するとされる。玉杖を始めとする数々の碧玉製品や腕輪形石製品、鏡、鉄製武器類などからは、被葬者の有力な司祭者または司政者としての性格が窺われ、初瀬川を挟んで北に対峙する箸墓古墳との関わりが注目される。

なお、二〇〇七年に天理大学が行ったレーダー探査の結果、墳丘内に設置された排水溝が検出されている。後円部の墳丘北東部斜面で「コの字形」の石組みが発見され、蓋石を伴う溝が三メートル以上にわたって確認された。墳丘に排水施設が伴う例として、極めて貴重な発見であろう。

古墳の北約四〇〇メートルの城島遺跡下田地区では、古墳築造時に使われたかとみられる多量の木製工具類が出土している。茶臼山古墳の築造と関わりのある遺跡として注目される。

メスリ山古墳（めすりやまこふん）

高田集落の北に位置する大型の前方後円墳で、後円部の南側は八坂神社の社地となっている。『桜井町史』・『桜井町史続』では「東出塚古墳」と呼び、また「鉢巻山古墳」とも呼ばれてきた古墳であるが、小字名をとって「メスリ山古墳」と改称された。一九五九年一二月～翌年一月にかけての第一次調査と、同年三月～四月にかけての第二次調査、さらに一九六一年三月の第三次調査と三回にわたって発掘調査が実施された。また一九八五年・一九九〇年には、桜井市教育委員会によって墳丘周辺部の調査が行われている。

墳丘は御破裂山から北西に伸びる尾根の先端を切って盛り土成形し、前方部を西に向ける。調査の結果、全長二二四メートル、後円部直径一二八メートル、同高さ一九メートル、前方部幅八〇メートル、同高さ八メートルとされたが、後の桜井市の調査で、従来の墳丘裾の外側から葺石列が発見され、墳丘規模はさらに大きくなる可能性がある。墳丘は桜井茶臼山古墳と同様、前方部二段、後円部三段の段築成である。周濠は認められない（図3）。

調査以前から、墳丘には葺石と埴輪の存在が知られていたが、調査の結果、墳丘斜面には拳大から人頭大の葺石が密に葺かれ、円筒埴輪列は後円部の基底線・中段・上段の三段に巡ることが確認された。上段の埴輪列は直径三三メートルの円弧を描くように並び、さらにくびれ部から前方部を目指すように二列の埴輪列が直線的に連なることが分かった。また、後円部墳頂には、埋葬施設である竪穴式石室の上に長方形の土壇状高まりがあり、それを取り囲むように二重の埴輪列が墳丘の主軸に直交する形で並ぶ。この二重の埴輪列の内側列と外側列の間の東西長辺の空間には、内側列寄りに大型円筒埴輪、外側列寄りに高杯形埴輪を千鳥状に配置している。とりわけ、内側の埴輪列では南北短辺の中央、つまり石室の主軸との交点にあたる南北の二本は直径一メートル、高さ二・四メートルにも及ぶ巨大な円筒埴輪を据えている。内側の長方形埴輪列は東西六・七メートル、南北一三・三メートルの長さを測る。

この墳頂部の長方形埴輪列は、その下方に埋納されている石室の位置を表示するかのようであり、また巨大な埴輪は被葬者に災いをなす悪霊を近づけまいとする圧倒的な威圧感を与えたものと想像する。

竪穴式石室は中央部と東側の二ヶ所に構築されていた。中央部の石室は全長約八・〇六メートル、幅は北端で一・三五メートル、中央で一・一八メートル、高さは残りのよい南端で一・七六メートルある。石室床面には木棺を据えるための粘土床を設け、

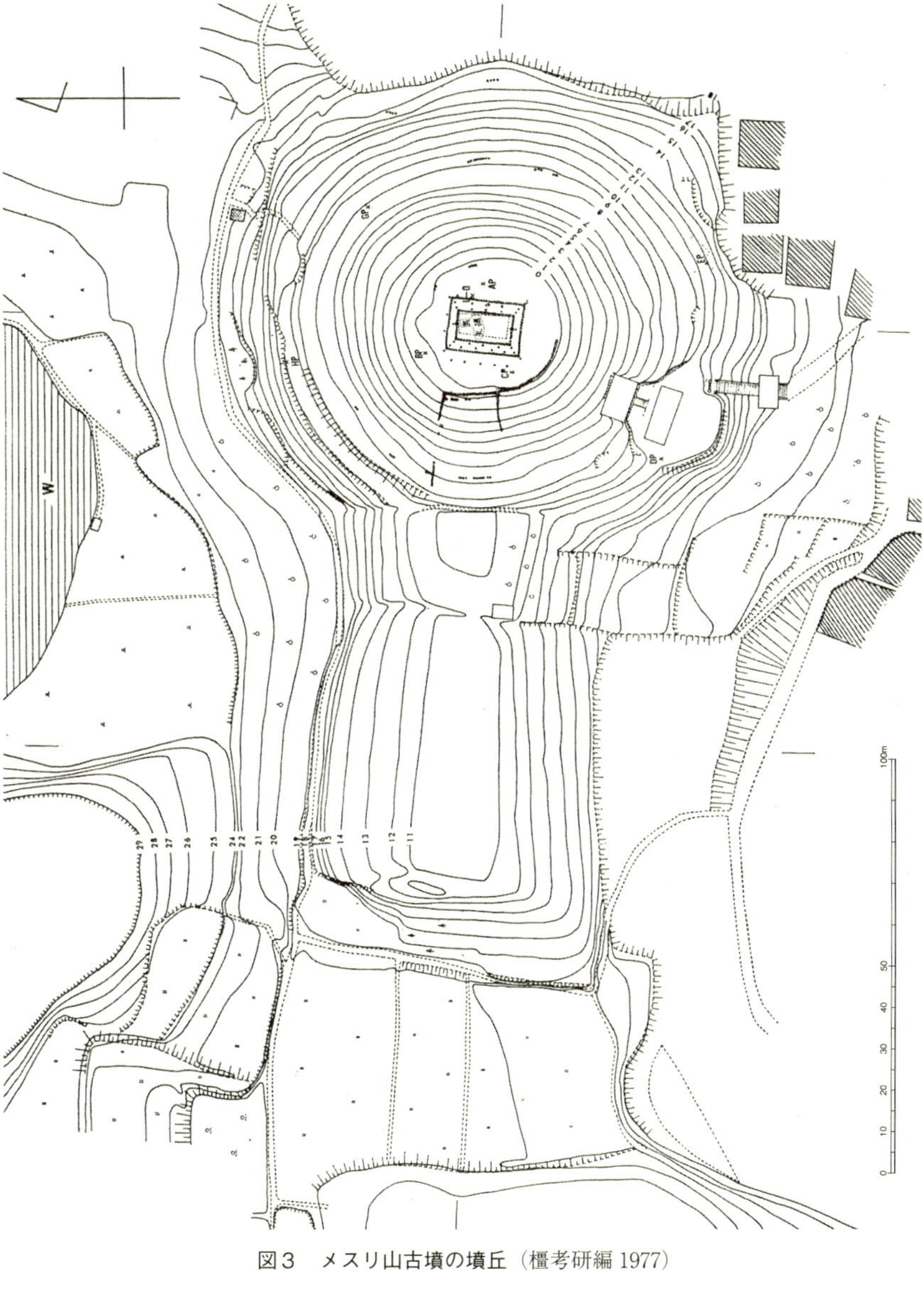

図３　メスリ山古墳の墳丘（橿考研編 1977）

側壁は割石を小口積にし、扁平な板石八枚で天井石とする。木棺は粘土床の痕跡から、幅〇・八《メートル》、長さ七・五《メートル》以上と分かる。この石室には墓坑がなく、粘土床の周囲に栗石を積み上げて石室の下半部をつくり、その上に板石を小口積みにして上半部を完成させ、同時に石室の周囲に盛り土を行い墳丘を構築している。石室は盗掘にあっていたため、原位置を保つ遺物は一部の鉄刀剣類のみであった。石室内からは、勾玉、管玉、石釧、鍬形石、車輪石、銅鏡などの副葬品の破片が出土した。注目されるのは、碧玉ないし緑色凝灰岩製の石製品で、椅子形石製品・櫛形石製品など他にあまり例のないものである。

東側の石室はやや小型の竪穴式石室で、中央の石室に平行して、埴輪列の下の位置に築かれていた。天理市柳本の天神山古墳の石室と同様な合掌形の持送り積みをした全長六《メートル》、幅・高さとも約七〇《センチ》の石室である。この石室は全く盗掘を受けておらず、遺物の出土状況から副葬品のみを収納した副室とみられる。大量の銅鏃・鉄鏃・刀剣・槍・工具類のほか鉄製の弓矢、銅製の弓柄《ゆづか》、玉杖、石製鏃などの注目すべき遺物が数多く埋納されていた。鉄製の弓は全長一・八《メートル》、鉄製の弦《げん》をはり、五本の矢は長さ八〇《センチ》、鏃だけでなく矢柄や矢羽もすべて鉄で作られており、古墳の出土品では唯一の例として知られている。

古墳の築造時期は、墳丘の規模や外部施設、石室の構造、大量のそして他に類をみない副葬品などから、桜井茶臼山古墳に続く四世紀中頃と推定される。まさに、磐余地域を中心として、強大な権力を誇り、初期のヤマト王権と深く関わった人物にふさわしい墳墓である。

池ノ内古墳群（いけのうちこふんぐん）

池之内集落の南方、磐余池伝承地の東側の丘陵で、北に伸びる尾根上に所在する古墳群で、一九七〇年、県立農業大学校の建設に際して発掘調査された。

古墳はいずれも尾根頂部の自然地形を利用して築かれていた。調査した七基の古墳は、一号墳が最大で、直径二七メートル、高さ三・五メートル、他は直径一五メートル以下の小規模な古墳である。埴輪や葺石の使用は認められない（図４）。

主体部はすべて木棺を埋葬するが、二号墳は割竹形木棺、三号墳は組合式箱形木棺をそれぞれ納めた粘土槨で、他はいずれも木棺直葬である。中には五号墳のように木棺が四基も検出された例もある。

古墳ごとに違いはあるものの、全体として遺物の量は豊富で、合計五面の鏡（一号墳の内行花文鏡・変形鋸歯文帯鏡、五号墳の三角縁龍虎鏡・走獣騎獣面鏡・珠文鏡）を始め、腕輪形石製品（車輪石・石釧）・琴柱形石製品・玉類（勾玉・管玉・臼玉・ガラス小玉）・鏃形石製品・鉄製武器武具類（長方板革綴短甲・素環頭大刀・刀剣）・筒形銅製品・鉄製農工具・土器類などがある。なお、七号墳から出土した鏃形石製品は東大寺山古墳出土品と類似する。

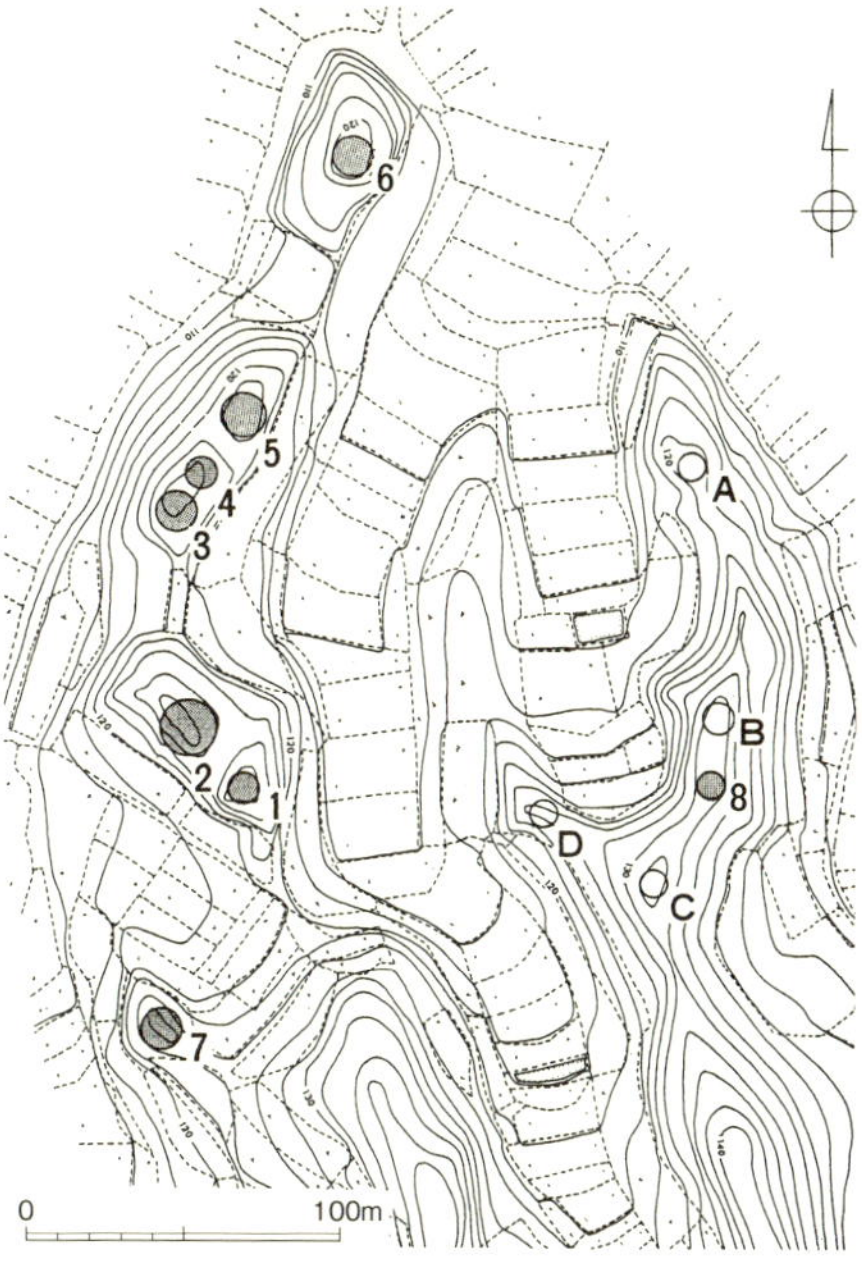

図４　池ノ内古墳群と周辺地形（泉森 2001）

古墳群は主体部の埋葬施設や副葬品からみて、四世紀後半〜五世紀初頭にかけて築造されたものと考えられる。小規模古墳とはいえ、副葬品の数・種類も豊富で、その内容がメスリ山古墳の副葬品と共通するものが多いことから、桜井茶臼山古墳・メスリ山古墳の被葬者に続く、磐余地域に於ける豪族の墳墓群とみられる。

赤尾熊ヶ谷二号墳（あかおくまがたににごうふん）

鳥見山から北東に派生する標高一二五メートルの尾根上で三基の古墳などが発掘された。これまで、鳥見山山麓に点在する古墳は六世紀代の後期古墳が中心であったが、赤尾熊ヶ谷古墳群で、四世紀前半の古墳が発見された。調査は土地区画整理事業に伴い、二〇〇二年秋に桜井市文化財協会が実施したもので、三基の古墳のうち二号墳は東西一五メートル、南北一六メートル、高さ二メートルの方墳である。南北に幅四メートル、深さ一メートルの墳丘を区画するための掘割りがある。

墳頂部で検出された墓坑は、長さ四メートル、幅二・五メートルの長方形を呈し、長軸を南北におく。墓坑内には割竹形木棺が二棺、並列して埋葬されていた。西側の木棺内からは、直径九・八センチの内行花文鏡と勾玉・管玉・ガラス小玉などが出土した。また、棺蓋上とみられる場所から直径一二・六センチの内行花文鏡のほか、鉄槍、鉄斧、鉇、鉄鏃なども出土している。出土した土師器は布留1式期とみられ、時期的には桜井茶臼山古墳と併行する。

また、墳丘南側の掘割りからは、割竹形木棺・組合式木棺・土壙墓など五基の埋葬施設がみつかっている。

双築古墳（なみつきこふん）

古墳は桜井市街地の南、安倍山丘陵（標高一二六・五メートル）にある桜井公園内に位置する。丘陵の北端に派生する尾根の北斜面に築かれた直径三〇メートルの円墳である。

墳頂部に設けられた墓坑は、南北七メートル、東西二・四メートル、深さ一メートルあり、二段式の掘り込みである。墓坑底の礫敷きの上に粘土槨を設ける。木棺は長さ四・五メートル、幅〇・六メートルで、両小口に多量の赤色顔料が認められた。

墓坑内からは玉類、鉄剣、刀子、埴輪片が出土しており、古墳の築造時期は四世紀後半とみられるが、この頃の盆

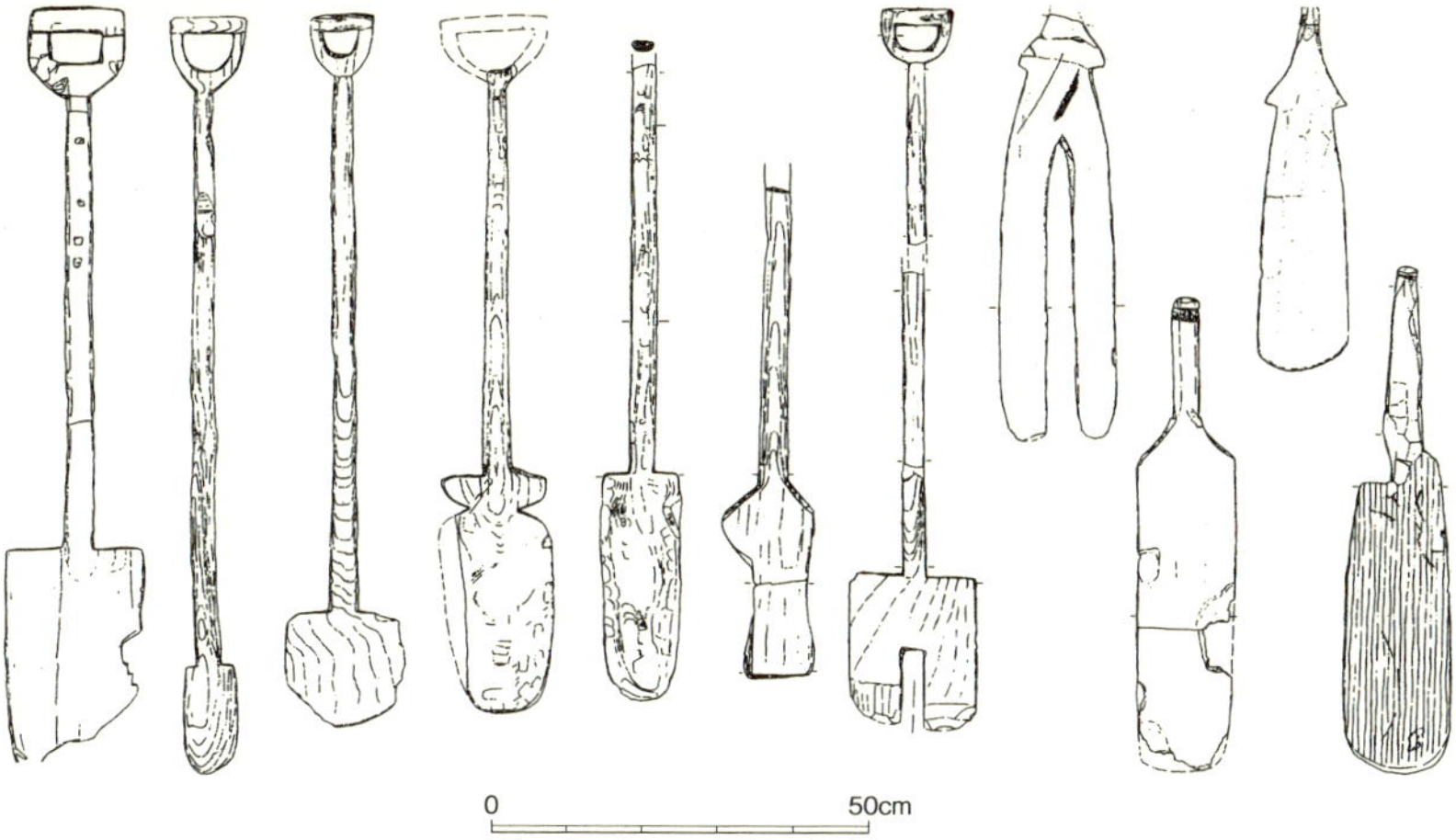

図５　城島遺跡外山下田地区出土木製品（大阪市大日本史研究室編 2005）

地東南部は政権の中枢から離れ、衰退期に入っている。しかし、墳丘の規模などから、この地域の有力者の墓とみられている。メスリ山古墳とは、直線距離にして九〇〇メートルの位置にあり、年代的にもメスリ山古墳に続くことから、メスリ山古墳の被葬者とのつながりが想定される。

なお、墳丘の東裾から、六世紀前半とみられる竪穴式石室が墳丘を巡るように三基検出されているが、その配置からみて、双築古墳の被葬者を意識したものと考えることができる。主体部の被葬者と関わりのある一族の墓が一世紀以上も経た後に築かれたものであろうか。

城島遺跡（しきしまいせき）

初瀬川が大和盆地に流れ出る谷口には、南の粟原川との間に扇状地が形成されている。三輪山の南西麓にあたるこの地域は古くから大和と伊勢・東海地域とを結ぶ交通の要衝としてよく知られている。敷島遺跡はこの扇状地上に位置し、これまで四〇次を超える調査が行われ、古墳～飛鳥時代の遺構・遺物が多数発見されている。

桜井茶臼山古墳の北約四〇〇メートルの城島遺跡下田地区では、古墳築造時に使用されたとみられる鋤や鍬など、大量の木製工具類が出土している（図5）。また、容量の大きな東海・山陰地方の甕なども共伴することから、多くの人々が遠く離れた地域からも集められ、古墳築造に携わったものと考えられる。

参考文献

泉森皎『大和古代遺跡案内』吉川弘文館、二〇〇一年
大阪市立大学日本史研究室編『桜井茶臼山古墳の研究』大阪市立大学考古学研究報告第二冊、二〇〇五年
大阪市立大学日本史研究室編『メスリ山古墳の研究』大阪市立大学考古学研究報告第三冊、二〇〇八年
桜井市教育委員会『桜井市城島遺跡外山下田地区発掘調査報告書』一九九一年
千賀久編『巨大埴輪とイワレの王墓—桜井茶臼山・メスリ山古墳の全容—』奈良県立橿原考古学研究所附属博物館特別展図録第六四冊、二〇〇五年
寺沢薫・千賀久『日本の古代遺跡』五　奈良中部、保育社、一九八三年
奈良県教育委員会『桜井茶臼山古墳　附櫛山古墳』奈良県史跡名勝天然記念物調査報告第一九冊、一九六一年
奈良県立橿原考古学研究所編『磐余・池ノ内古墳群』奈良県史跡名勝天然記念物調査報告第二八冊、一九七二年
奈良県立橿原考古学研究所編『メスリ山古墳』奈良県史跡名勝天然記念物調査報告第三五冊、一九七七年
奈良県立橿原考古学研究所編『磯城・磐余地域の前方後円墳』奈良県史跡名勝天然記念物調査報告第四二冊、一九八一年

追記

奈良県立橿原考古学研究所は、二〇〇九年、桜井茶臼山古墳の後円部墳頂および竪穴式石室内の再調査を実施した。その結果、後円部墳頂の方形壇の周囲から溝がみつかり、その中から直径約三〇チセンの柱を隙間なく立て並べた柱穴が検出された。橿考研ではこれ

を聖なる場所を取り囲んだ「丸太垣」としている。竪穴式石室の調査では、埋土から夥しい数の銅鏡片が出土し、鏡の総数は一〇〇面を超えるともいわれている。また、石室内に残されていた木棺の材質は、コウヤマキ製であることが明らかとなった。

第Ⅲ部　大和東大寺山古墳―天理ギャラリー第四三回展図録―

ここに掲載する図録は一九七五（昭和五〇）年一一月から一九七六（昭和五一）年二月まで東京・天理ギャラリーにおいて開催された「大和東大寺山古墳」展の図録である。この図録は絶版となり現在では入手困難なため、当時のまま手を加えずに掲載した。

原図録のサイズはＢ５判であるが本書がＡ５判であるため、今回の掲載にあたっては八三パーセントに縮小した。したがって、図・写真の実際の縮尺は表示されている数値の八三パーセントになる。

また、原図録は横組み（左開き）のため、縦組み（右開き）の本書とはページ送りが逆になるが、もとの体裁のまま収載した。

なお、遺物の点数などは、図録出版時に把握されていたもので、その後の調査で変更されたものもある。

FUNERAL IMPLEMENTS EXCAVATED AT TODAIJIYAMA BURIAL MOUND IN YAMATO

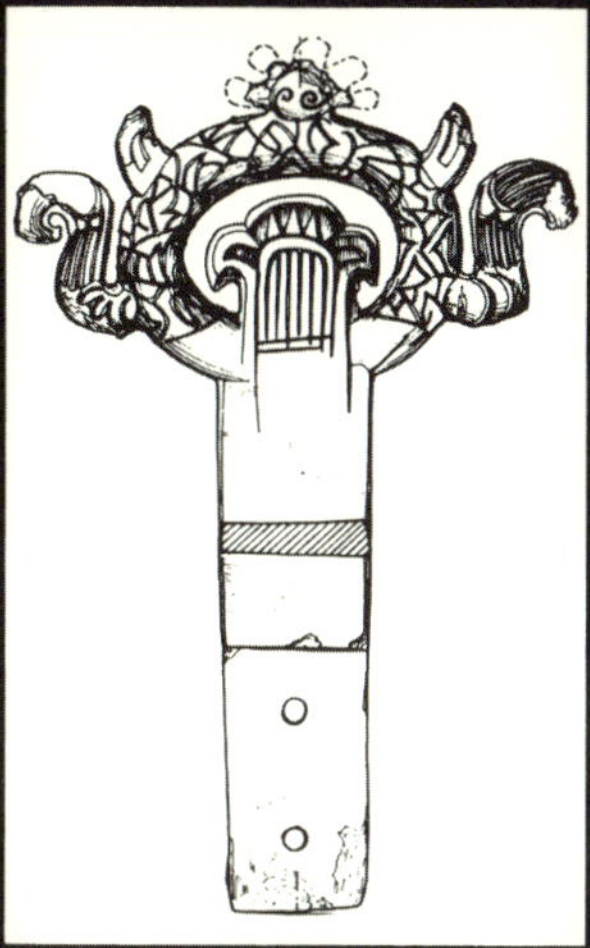

1 9 7 5

TOKYO TENRI GALLERY

LIST OF ILLUSTRATIONS

筒形石製品　ただ１例のみが出土している。長さ6.4㎝で中空の筒につくられ，胴の中ほどに突稜がある。筒形石製品の出土例は少なく，その用途もさだかでない。奈良県桜井茶臼山古墳では，相似の例が，玉杖の石突として着けられている。

台付坩形石製品　調査に先だつ密掘の際出土した。棺内北寄りにあったと見られる。密掘の際，厚手の板石上にのせた状況で出土したという。灰緑色の滑石製で，滑沢があり，仕上げも美しい。台と坩が一石造りの例は他に知られていない。やや厚手造りの坩は，小型丸底坩の形を写したもので，土器型式と対比するならば，広義の布留式土器でも中頃の型式に相応するであろう。

坩形石製品　12個が出土している。やや軟質の碧玉製品１を除くほかは，すべて滑石製である。１つの棺の副葬品としてはもっとも数多い。これらは，薄手の造りで，口縁部が大きく開いたもの，厚手で，その開きの少ないものなど，型式的に新旧２大別することができる。なかには底部に凹みを穿った例もある。土器型式と対比するならば，その新しい型式のものは，平城宮第二次朝堂院東朝集殿下の溝の下層のものよりいくらか新しい。

鏃形石製品　滑石製の１，２例を除けばすべて碧玉製で，総数は40点余を数える。大多数が無茎で，有茎の例は４点にすぎない。４点のうちでも，鑿頭形の３は，銅鏃とともに一束として棺外に副葬されていた。他はすべて棺内副葬品と見られるものである。しかし，これらが棺内で矢柄に着装した状態にあったかどうかわからない。すくなくとも，着装痕は認められない。無茎の例は，鉄鏃の形を写したものと見られ，逆刺を強調した大型の例もある。棺内にあった有茎の１例も大型であるが，これは銅鏃を儀器化したのであろう。１つの棺の副葬品として，これらも空前の量である。

東大寺山古墳調査の意義　東大寺山古墳の発掘調査を通じて，その内容が知られた意義は大きい。出土品中，もっとも注意をひく紀年銘鉄刀は，２世紀末頃中国でつくられ，わが国にもたらされたものである。いつ，どのような経路を経て，この古墳に副葬されたかは，知る由もない。しかし，弥生時代の墓の副葬品中にも，中国製の長手の鉄刀が見られるので，製作後，ほどなく渡来したと考えることも不可能でない。その本来の把頭が，素環頭であったろうことは，さきにも記した。出土状態をふり返るならば，これは棺外東側に，他の多くの鉄刀などとともに副葬されていたが，その中でも北端におかれ，つまり納置の順序としては，最初におかれたと見られ，いささか特別の配慮が払われたとも察知されるのである。従来，数多くの鏡を副葬した古墳で，伝世鏡の納置に特別の配慮を払ったと見られる形跡が報告されている。この刀の場合にも同様に考えてよいであろう。さらに興味深いことは，銅製環頭を着けた４ふりも，素環頭の６ふりも東側に納められていて，西側にはない。銅製環頭がかりに後で着け替えられたのだとすれば，そのもとの把頭はおそらく素環頭であったろう。棺の東西に分かれた刀は，分かつべき理由があったので，東を舶載の刀と考えることも不可能ではない。４，５世紀の古墳にはしばしば素環頭の刀が副葬されているが，その数量はせいぜい２，３ふりで，かくも多数の例はない。卑弥呼への下賜品の１つとして与えられた五尺刀が，素環頭であろうという推定は既に出されているが，大和政権が地方首長権の保証を与える際，魏の下賜品の例にならって，鏡・玉類とともに，素環頭の刀をも下賜したのではなかろうか。大和盆地東辺の地には，こうした舶載・伝世の品が集積されていたことも想像されるのである。

67・68 鏃形石製品 1：1

69 鏃形石製品 1：2

70・71 鑿頭形碧玉製鏃（正面及び側面） 1：2

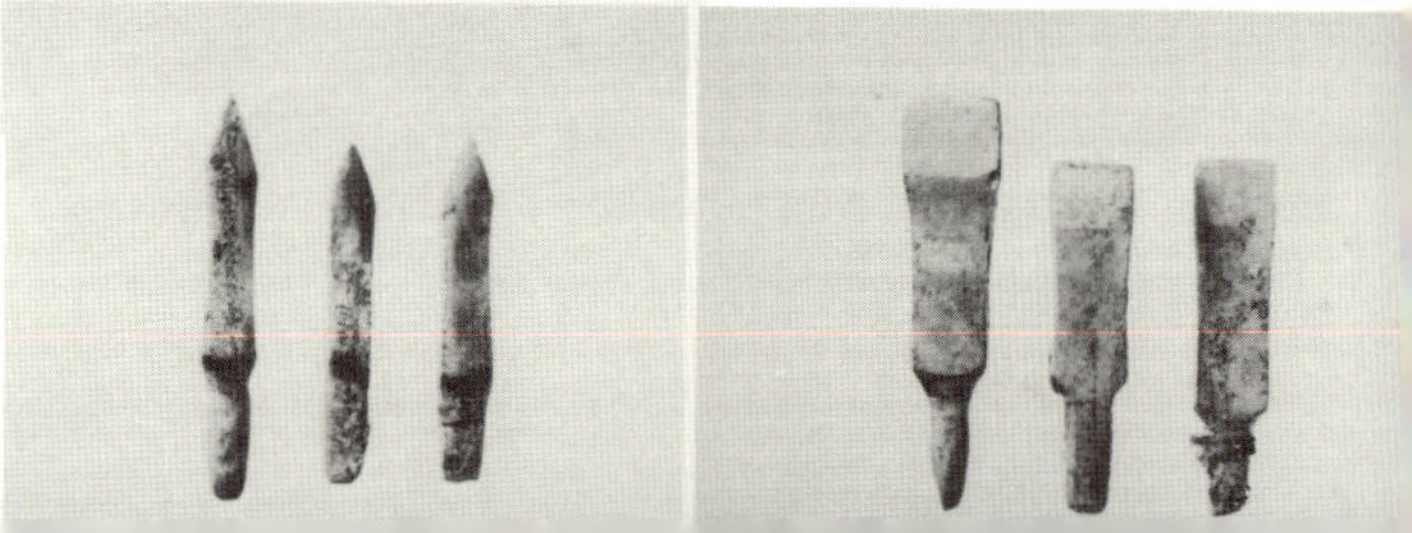

あとがき

二〇〇七（平成一九）年一一月、天理大学杣之内キャンパス九号棟で開催されたシンポジウム「古代東アジアの中の東大寺山古墳」には、定員を超える二五〇名もの参加者を迎えることができた。この企画に関わったスタッフとしては望外の喜びであり、改めて東大寺山古墳への関心の高さを実感した。

成功裏にシンポジウムを終えてまもなく、その成果を出版物として刊行する計画が持ち上がり、さっそく、御講演くださった先生方にも快諾をいただいた。当初、翌年の秋までに是非出版しようと相談がまとまり準備にかかった。しかし、いざ作業を始めると、全体の足並みを揃えるのが大変で、まさに諸事情によって完成が遅れに遅れ、いつの間にか三度目の正月を越してしまった。編集に携わった一人として反省しきりではあるが、遅ればせながらも出版にこぎつけたことで、一区切りがついた心境である。一人でも多くの方が東大寺山古墳に興味を持ち、銘文鉄刀の謎に挑んでいただけたらと思う。

最後に、今回の出版にあたり、なかなか予定どおり作業が進まないなか、ねばり強く編集・校正をしていただいた雄山閣の久保敏明氏には、心から感謝の意を表します。

編集掛　m.

大和東大寺山古墳

東京
天理教館

はじめに

天理市櫟本町に所在する，東大寺山古墳の発掘調査は，昭和36年から37年にかけて，天理大学付属天理参考館の手で行った。調査の結果，後漢中平の年号を刻んだ鉄刀をはじめとして，銅製の環頭や，おびただしい碧玉製品の類の出土を見た。これらは，従来の例を絶した遺品であり，古墳時代研究の上で貴重な資料となるものである。出土遺物のすべては，現在，文化庁の所蔵となり，一括して，重要文化財に指定されている。

このたび，天理ギャラリー第43回展として，これらの出土品の展観を催す事になった。この展観を実現するにあたっては，文化庁より絶大な御配慮を賜った。ここに記して深甚の謝意を表したい。

天理ギャラリー　第43回展　「大和東大寺山古墳」
1975年11月17日～1976年2月28日(12月28日～1月5日休館)
東京都千代田区神田錦町1の9　東京天理教館　9階

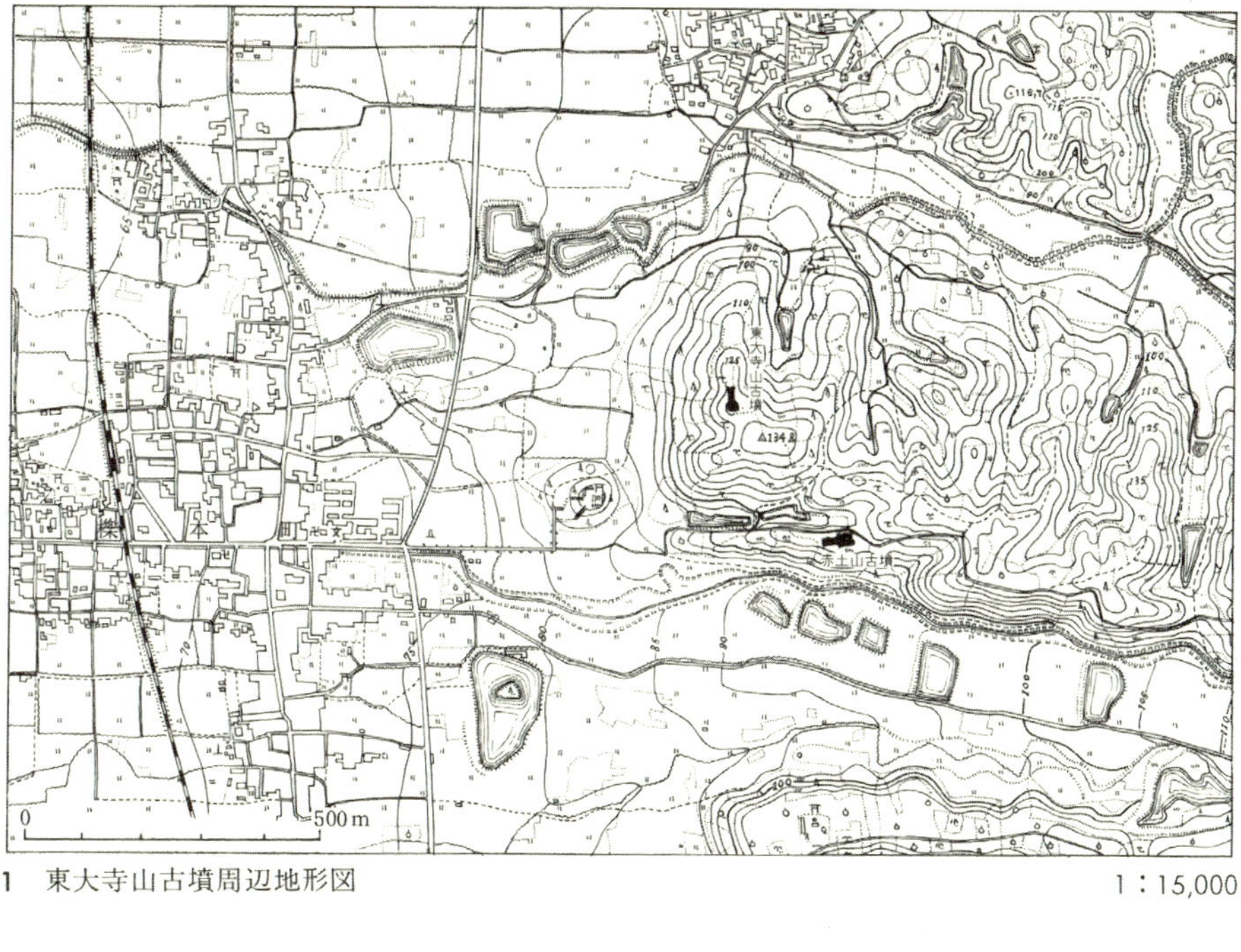

1　東大寺山古墳周辺地形図　　1：15,000

●1975年11月17日　天理ギャラリー 発行　　●天理市川原城町 天理時報社 印刷

2 東大寺山古墳遠望（西より）

東大寺山古墳　大和盆地こそは，日本古代国家発祥の地であり，かつて古代国家の権威を象徴していた隆然たる古墳の多くが遺っている。こうした古墳の大多数は，周辺の山地から派生した，丘陵の末端部を削り，土を盛り上げて築いたものである。したがって，古代の大王や豪族の首長たちの墓として営まれた，雄大な前方後円墳の多くは，盆地の周辺を画する山麓地帯に分布している。しかし，その分布はけっして一様ではなく，いくつかの群をなしていることが知られる。盆地の東辺部を例にとるならば，その南寄りには，長さ310ｍの景行陵，規模の点でそれに次ぐ崇神陵が並列し，天神山古墳などとともに，13基の前方後円墳と１基の双方中円墳が群をなしている。これより北数100ｍをへだてて，手白香皇女衾田陵と伝えられている西殿塚古墳を中心に，約20基の前方後円墳，２基の前方後方墳が群をなす。ふたたび数100ｍをへだてた北には，鑵子山・西山の２古墳を中心として，５基の前方後円墳，１基の前方後方墳がまた１群をなして分布する。さらに北上すると，東大寺山・赤土山古墳など，４基の前方後円墳，１基の前方後方墳が１群となっている。しかしこれより北には，大和盆地の北辺に位置する佐紀楯列の古墳群までの間に，目立った前方後円墳が見られない。つまり約４㎞にわたる空白地帯がある。これらの諸古墳は，大和政権成立の過程を考える上に，重要な手がかりを与えると見られるにもかかわらず，その内容を十分にうかがいえたものは少ない。東大寺山古墳は，上記の古墳群中，最北端に位置する１群中にあって，占地や墳形の上から，群中ではもっとも古く築造されたと推定されるものである。規模の点で崇神・景行陵などの大王陵に比すべくもないが，その発掘調査の成果は，盆地東辺の諸古墳の特殊性を考える上に重要な意味をもっているといってよい。

位置　東大寺山古墳は天理市櫟本町に所在する。櫟本集落の東には，古くその寺領であったところから東大寺山の名で呼ばれる低い丘陵が，平地に向って突き出ている。古墳は，その丘陵西端部に位置し，北向きに造られた前方後円墳である。古墳が立地する丘陵の標高は約130ｍ，平地との比高は約70ｍを測る。墳丘はその側面を平地に向けているが，かって威容を誇ったその姿も，今は竹林に覆われていて，それと見分け難い。

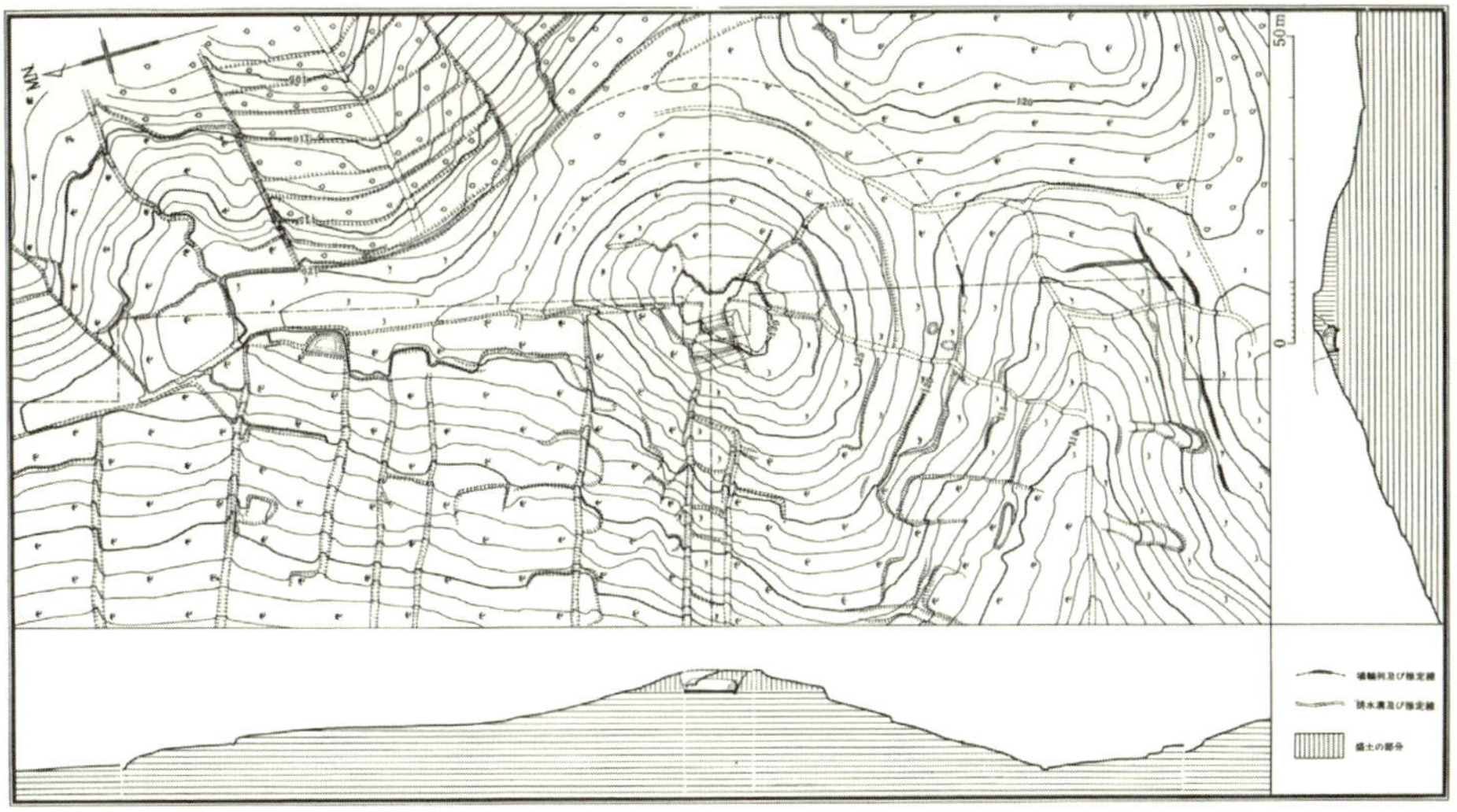

3　墳丘実測図　1：1,600

発掘　東大寺山古墳の発掘は，昭和36年９月から翌年１月末までの間，天理大学付属参考館の手によって行われた。発掘に先立って，竹林耕作中に断ち切られた主体部から，おびただしい碧玉製品などが，ひそかに掘り出されたことがあり，これらについても記録をとることができた。調査は，墳丘と周辺地形の測量，主体部と排水溝の発掘，さらに墳丘にめぐらされた埴輪列の発掘などを主として進め，埴輪列の１部については，昭和41年４月に改めて調査の機会をもつことができた。

墳丘　丘陵地形を利用した多くの前方後円墳と同じく，この古墳も，南北に長い丘陵の尾根の１部を削り，これに土を盛って形を整えたものである。しかし長い年月の間に，土盛りした少なからぬ部分は崩落し，原状をよく留めていない。主体部と埴輪列の位置などをよりどころとし，測量調査の結果から復原するならば，この全長は約140ｍ,後円部の直径は84ｍ，前方部前端の幅は50ｍ内外であったと推定することができる。

埴輪　墳丘には，その裾まわりに１列，中腹に１列の円筒埴輪列がめぐらされている。中腹のそれは，直径56ｍ内外の円弧を描く。これらの埴輪列はともに，予定線上に浅い溝を穿ち，その中に円筒埴輪を相接して立て並べたものである。埴輪の基礎には礫をおいて根固めとしている。こうして立て並べた円筒埴輪には，径25cm内外の細手のものと，径40cm内外の太型の２種があり，概して細型３に対し太型１の割合になっている。埴輪の大部分はすでに破砕していたが，いくつか復原しうるものがあり，太型には朝顔形の例も見られる。部分的に調査した埴輪列から，ごく大まかに推算するならば，ほぼ1000個ばかりが立て並べられていたことになる。円筒埴輪とは別に，墳頂付近では，いくつかの形象埴輪の破片も採集されている。岡山県金蔵山古墳，三重県石山古墳などの例に見られるように，これらは主体部の位置をとり囲んで布置されたものであろう。墳丘には全面に礫が敷かれ，かつては白く輝く姿をきわ立たせていた。

年代　従来，ある古墳の年代を推定するためには，墳丘の立地や型式，内部主体の構造，さらに，副葬品の種類や型式などが根拠になっていた。しかし，より厳密な年代を与えるためには，墳丘の築造とほぼ同時期に焼かれたと見られる，埴輪や土器を重視する必要がある。中腹の埴輪列から採集された朝顔形埴輪は，最上段の突帯間の幅が狭いことが特色で，今までに知られている朝顔形埴輪の間では，もっとも初現的なものであり，この古墳と主体部の構造の似通った，三重県石山古墳のそれよりも，わずかに古い特色を示していると見てよい。一方，埴輪列の間では，1個ではあるが，壺形土器が採集されている。その型式は広義の布留式に属し，同類中では古式だと見られる。竪穴式石室を主体とする京都府元稲荷山古墳出土の同例と比べるならば，口縁部のつくりに小差があり，より新しい特徴を示している。後述するように，東大寺山古墳の主体は，巨大な粘土槨であるが，以上の相対年代から見ても，粘土槨を主体とする古墳のなかでは，もっとも古い年代を与えうるであろう。しかしその暦年代については，4世紀後半頃と推定するにとどまる。

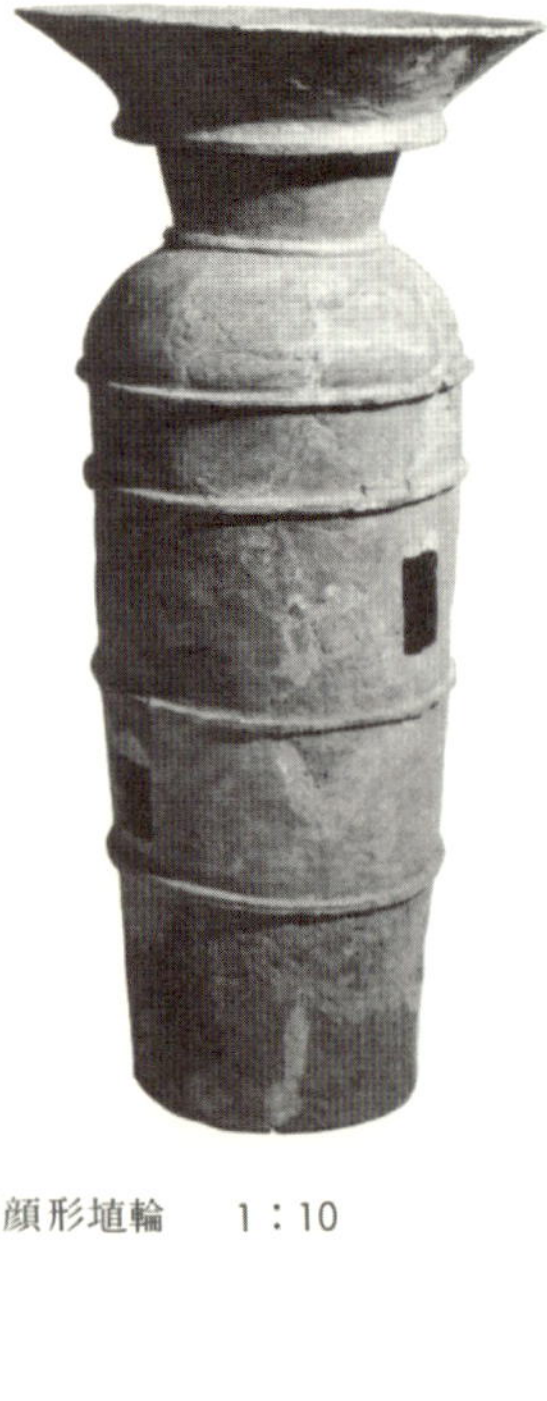

4　朝顔形埴輪　1：10

5　円筒埴輪出土状況

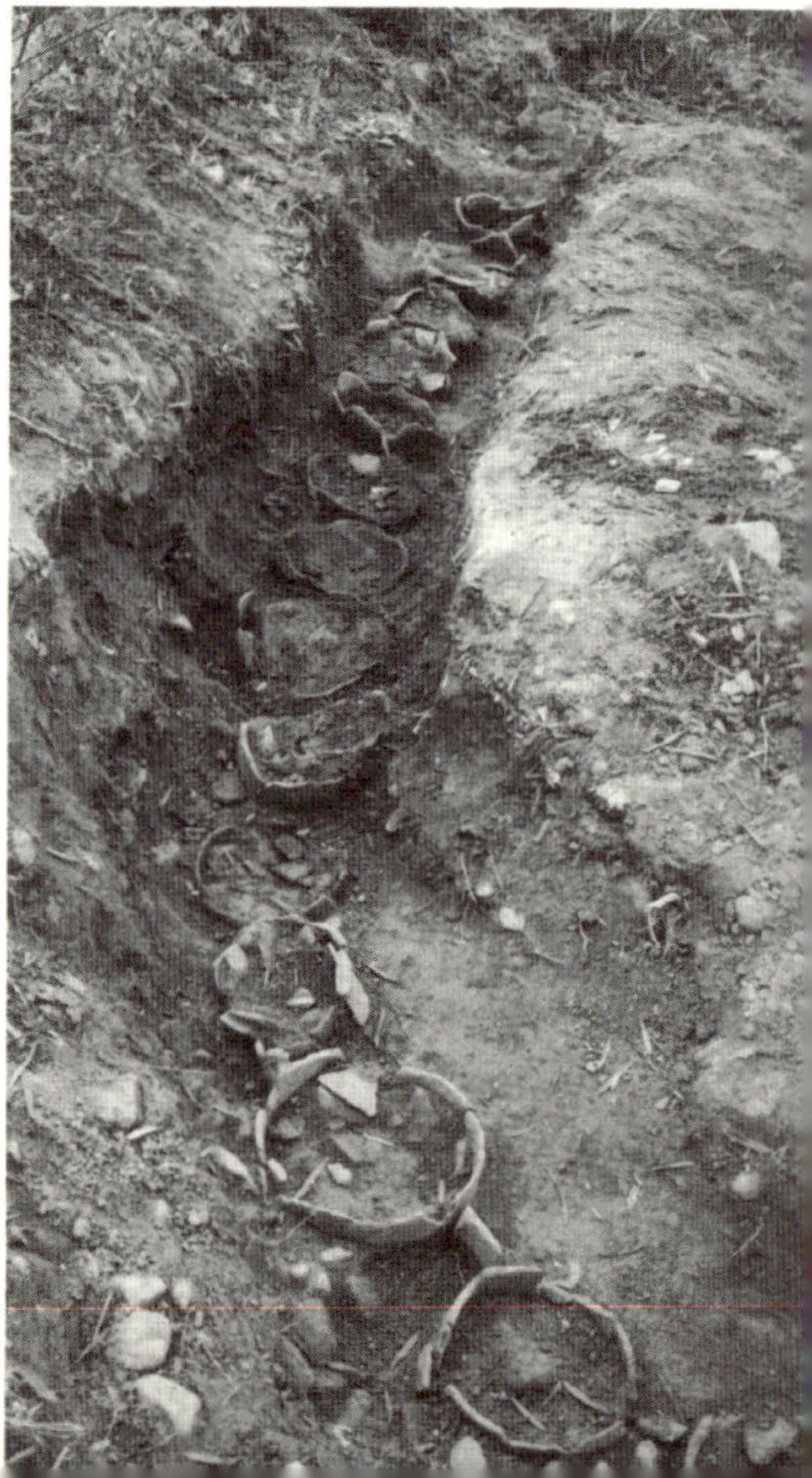

6

7

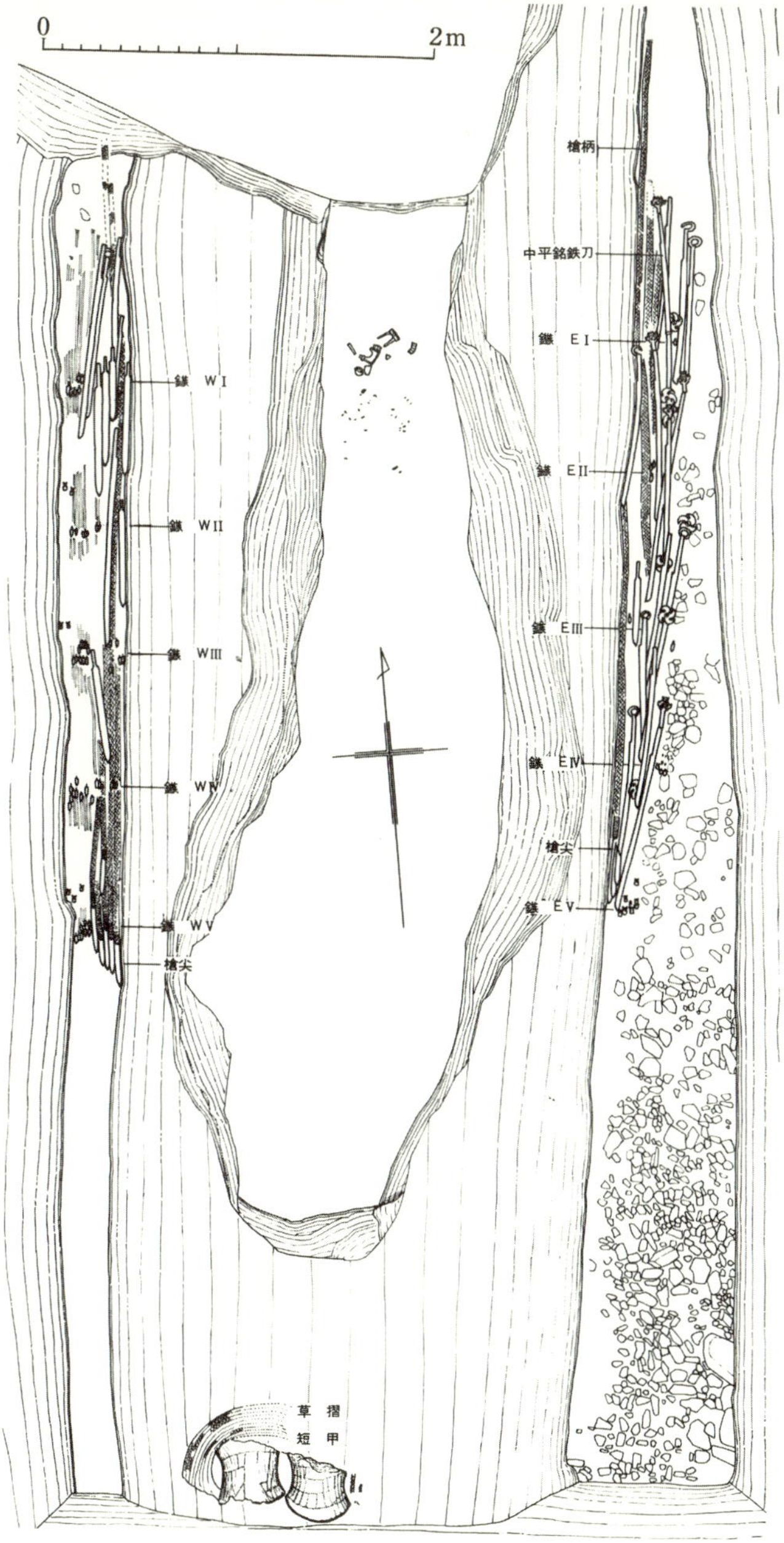

8 棺外側副葬品出土状況実測図 1：40

6・7 棺外側副葬品出土状況（6 東側，7 西側）

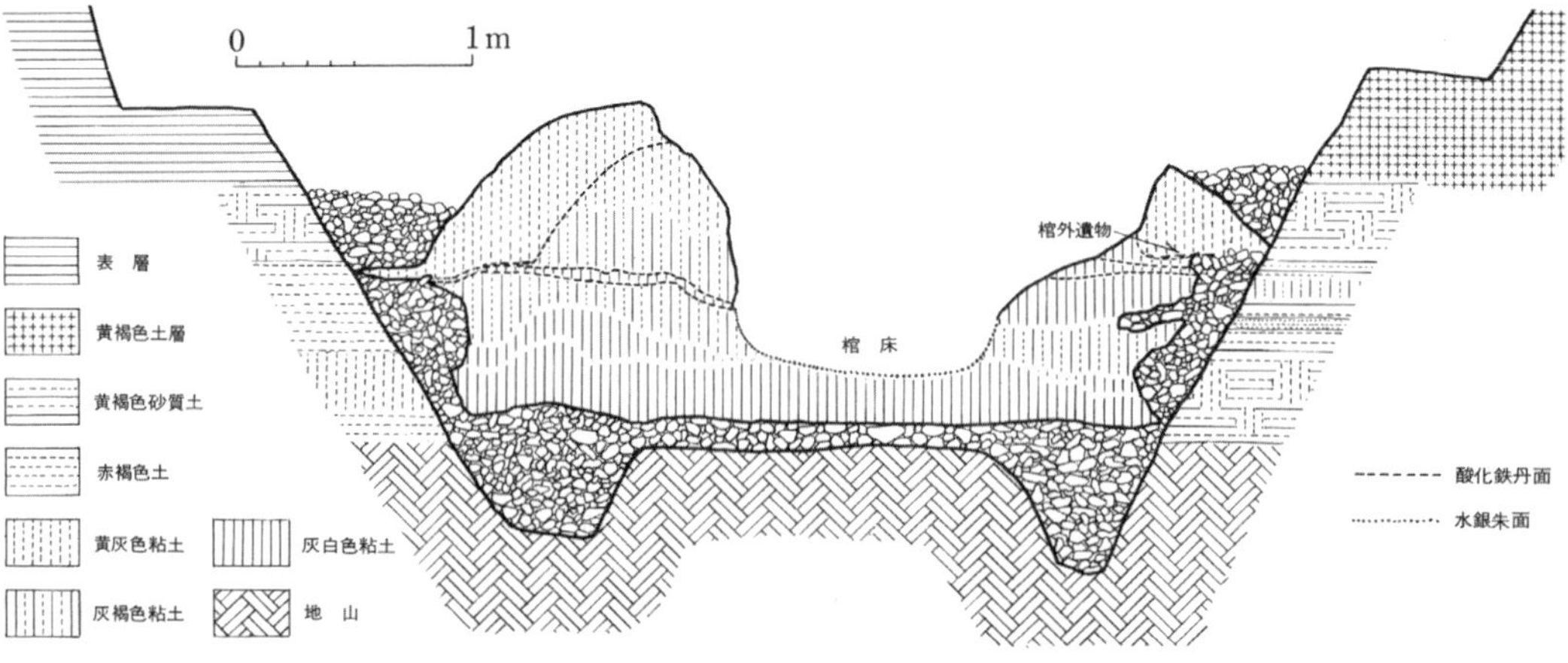

9 粘土槨断面実測図 1：40

埋葬　盛土で築いた後円丘の中央に墓壙を掘りこむ。墓壙の平面は南北に長い台形を呈し，長さ12m，幅は北が８ｍ，南が6.5ｍを測る。深さは3.7ｍ内外で，その底は盛土の部分を掘り抜いて地山に達している。墓壙の壁は内側に傾斜し，東西両壁には中途に壇を設けて掘りこまれている。したがって壙底は上口よりも狭く，長さ９ｍ，幅４ｍ内外となる。壙底の４周には，さらに狭い溝を掘りめぐらす。壙底の全面に砂利を敷きつめ，その上に粘土をおいて棺床とする。次いで，おそらく荘厳な儀式とともに，被葬者を容れた木棺が，この棺床の上に安置される。多くの古墳が盗掘されているように，この古墳も室町時代の頃に最初の盗掘を受け，棺の南半にあたる部分はすっかりあらされていた。また北半部も調査に先だつ数ヶ月前に密掘されたため，手つかずに遺っていたのは，中央北寄りのごく１部分に過ぎない。各種の状況から推定して復原するならば，棺は箱形または割竹形の木棺で，長さは7.4ｍ内外であったと見られる。棺底には色鮮かな水銀朱を塗沫し，北枕に遺骸を納めた。遺骸には，勾玉・棗玉・管玉などを連ねた首飾をかけ，枕辺には，鍬形石・車輪石・滑石製の坩などがおかれた。棺が安置されると，棺の外側に，それを包むように粘土が積み重ねられる。墓壙と棺側の粘土との間には玉砂利が入れられる。棺側の粘土がある程度積み上げられた段階で，棺に沿った東西両外側に，おびただしい量の鉄刀・鉄剣・矢の束などの武器類が並べおかれる。武器類が納められた後，棺の上面と棺外の副葬品を再び粘土で被覆する。その過程で棺の南寄り上面に，革甲と草摺が封じ込められる。かくて，あたかもカマボコのような形をした巨大な粘土槨が完成する。槨の裾と墓壙壁の間には砂利がつめられる。また墓壙東南隅の一部を切り開いて，墳丘外に導く排水施設が整えられる。これは，墳丘に深い溝を穿ち，その底に砂利を入れ，砂利の上面を粘土で被覆した大規模な暗渠である。こうした工程を経て，墓壙が埋め戻され埋葬の全作業が終わる。埋め戻した墓壙の上には，形象埴輪を立て並べ，荘厳な儀式を執行したであろう。

中平銘鉄刀　東大寺山古墳の副葬品中，もっとも重要視されるのは，棺外東側に納められていた１ふりの鉄刀である。調査終了後，この鉄刀の刀背に銘文のあることが認められ，細心の注意を払って銹を除去した結果，24字からなる銘文をあらわすことに成功した。銘文は切尖の方から始まり，関までの75.5㎝の間に，金象嵌で表わされていて，**中平□年五月丙午造作支刀百練清剛上応星宿下辟不祥**　と読むことができる。後漢末の中平の年の五月丙午の日にこの刀が造られたことを示している。三正綜覧によれば，中平年中で五月に丙午の日があるのは，元年・４年及び５年となるが，古くから五月丙午は鋳造の吉日とされ，実際その年の五月に丙午の日がなくても，その干支をいれることが少なくない。したがって，これをもって年をきめることはできない。とにかく，この刀が，中平年中（186—189年）に造られたことを示している。この鉄刀こそは，日本で発見された紀年銘のある最古の遺品であり，確実な暦年代を示す点では，福岡県志賀島発見と伝える有名な金印につぐものである。鉄刀の刀身は長さ103㎝で，いちじるしく内反りしている。把頭として銅製の環頭が装着されているが，後述するように，この環頭はあきらかに日本製であり，もともとこの刀に着けられていたものではない。２世紀末に造られ，４世紀後半頃この古墳に埋められるまでの間に，本来の把頭が傷き，銅製のものと取り替えられたのであろう。その装着状況は，鉄刀の茎端を１段薄くして，環頭の柄の端の１段薄くした部分と重ね合わせ，両者に貫通する孔を２ヶ所穿ち，銅の目釘で留め着けている。鉄刀のもとの把頭がどのようなものであったか，今では知る由もないが，漢代の鉄刀は，最近の出土例からも知られるように，通常素環頭の形式を備えているので，これも，もともとは，素環頭の大刀として造られた可能性を考えうるであろう。

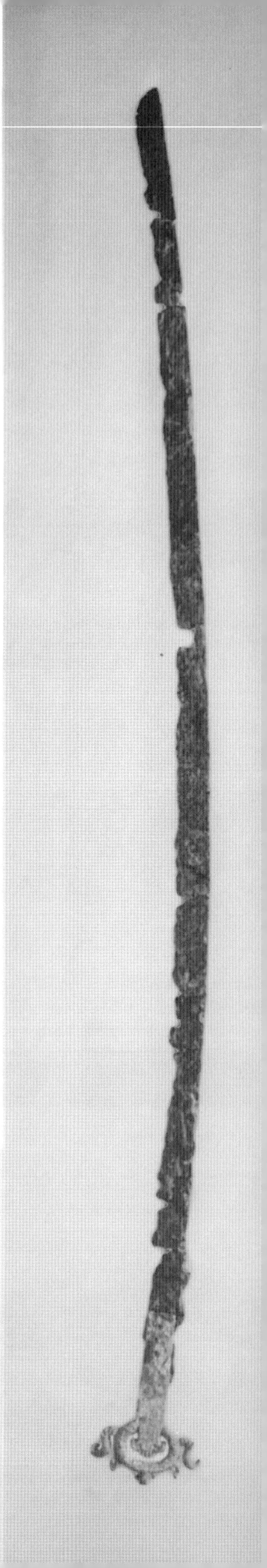

11　中平銘鉄刀　1：5

12・13　中平銘鉄刀茎部と銅製環頭柄部装着状況細部

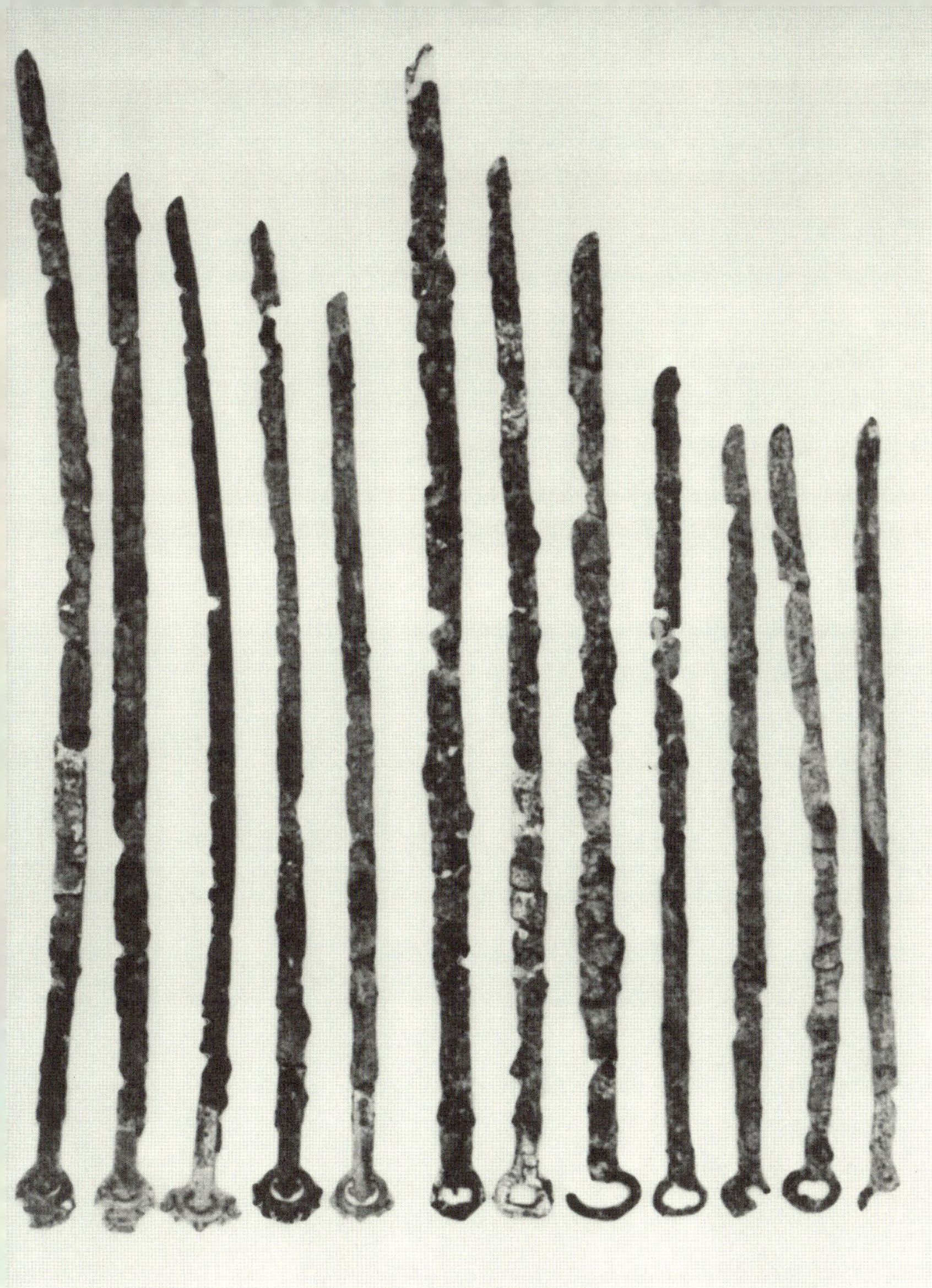

14 環頭大刀　1：8

15 素環頭細部

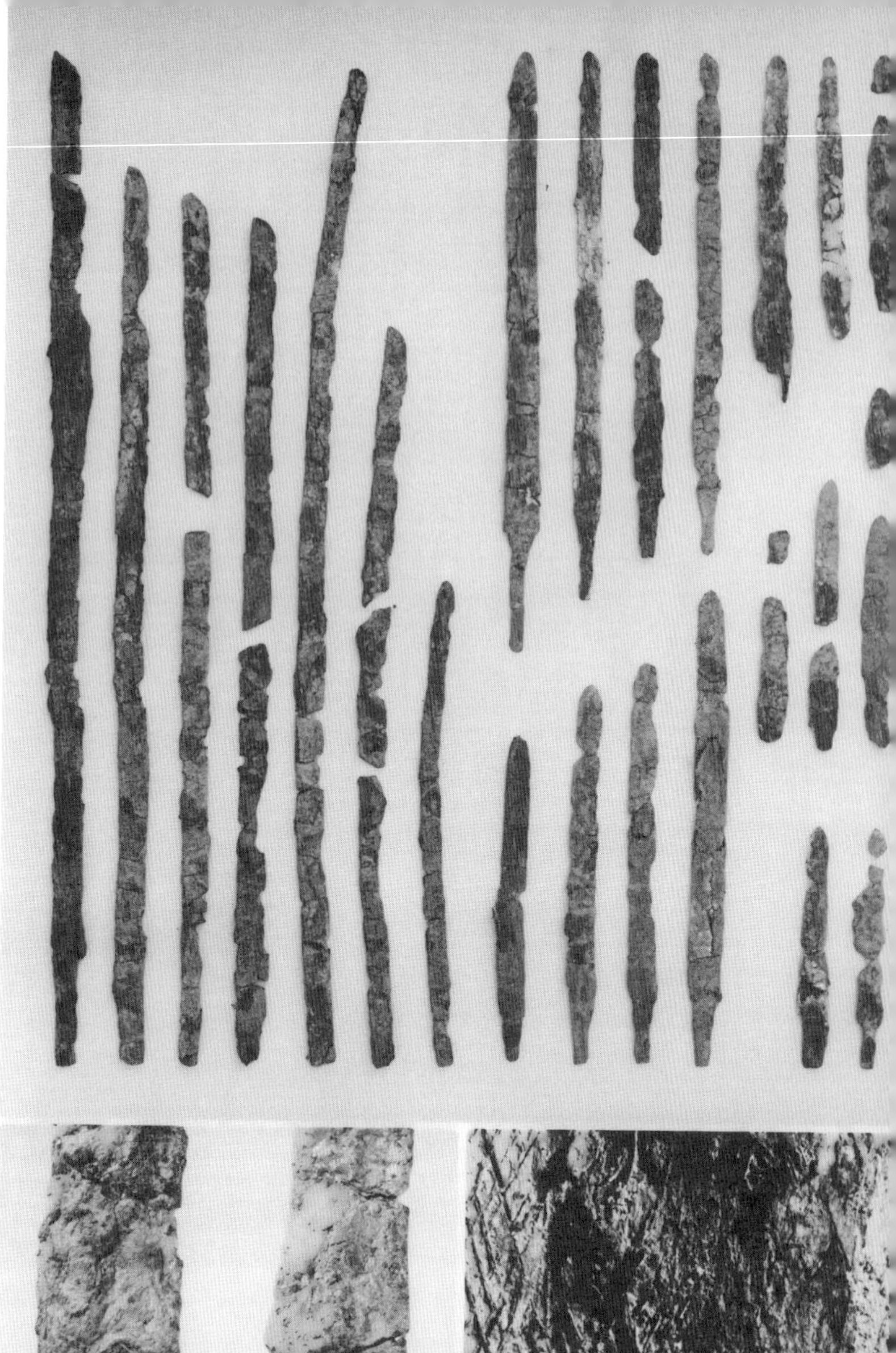

鉄刀・剣及び槍身　1：8

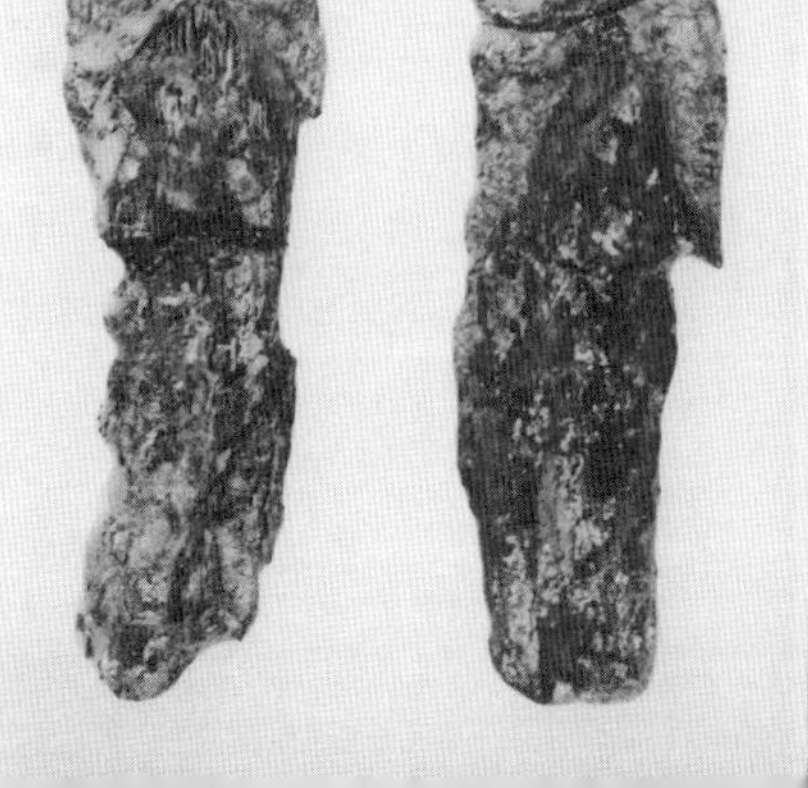

17　漆塗槍柄残存状況

18　鉄槍茎細部

19　鳥形飾付銅製環頭（紀年銘鉄刀装着）　2：3

20　鳥形飾付銅製環頭　2：3

刀剣と槍　棺外両側におかれた副葬品の埋納順序は，次のように判断しうる。まず，5束の矢を北から順次に並べ，その上に長槍を重ね，さらに刀剣と巴形銅器の被着装物（おそらくは漆塗革製の楯）を重ねる。鉄刀は20を数え，東側に13，西側に7があった。銅製環頭を着けた5ふり，素環頭の6ふりは，すべて東側におかれていた。鉄刀はいずれも直刀または内反りで，東側におかれたものは概して長く，最長の例は128cmを測る。剣は東側に2，西側に7を数える。槍は東側に3，西側に7と分けられている。槍の木柄には糸巻きを施し，黒漆で固めた痕跡をうかがいうる。その最長の例は4.3m内外。これらのほか。調査に先だって行われた密掘の際の出土品中にも，若干の刀剣類が含まれているので，副葬品の総数はさらに上まわるものがあることを知りうる。

銅製環頭　中平紀年大刀の柄頭に銅製環頭がつけられていることは，概に述べたが，銅製環頭はほかにも4個を数える。すべて環体の中に三葉を表わした，いわゆる三葉環の類だが，環体につけ加えられた意匠の違いによって2種類に分けられる。第1類に属する3個は，環体に直弧文風の文様，または竜文のくずれた幾何学文風の文様を表わし，環体の上に半花形をおき，その左右に角状の突起を出し，さらに1対の鳥首形をつけている。第2類は，環体に直弧文風の文様を表わし，上に家屋形の飾をおき，左右から耳状の突起を出す。家屋形の表現は，有名な奈良県佐味田宝塚古墳出土の家屋文鏡の意匠の1つに酷似している。こうした銅製の環頭は，中国で秦漢の頃造られた銅刀の環頭形式をおそったものであるが，このような付加装飾を施した例は，他に見られない。

・22　家形飾付銅製環頭
2：3

23　鳥形飾付銅製環頭
2：3

24　同　細部

家形飾付銅製環頭細部

26　棺外側副葬品出土状況（東側）

27　墓壙と粘土槨

28　棺外側副葬品出土状況（全景）

29　巴形銅器　1：

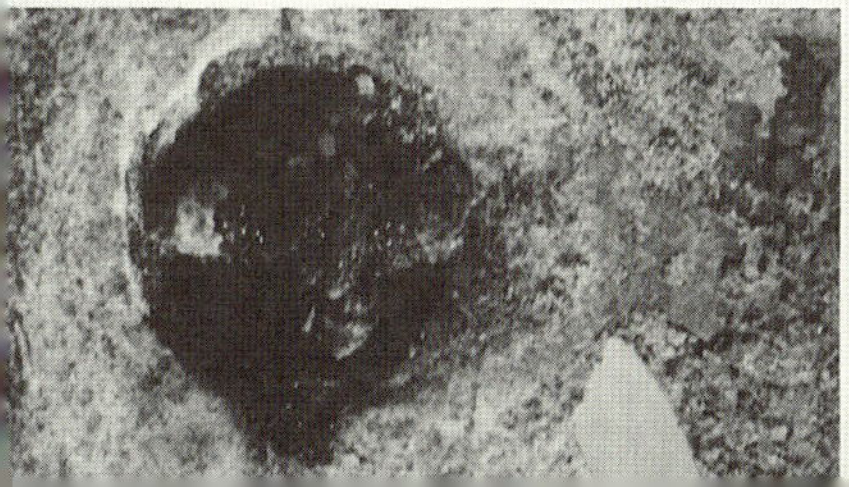

30・31
巴形銅器細部

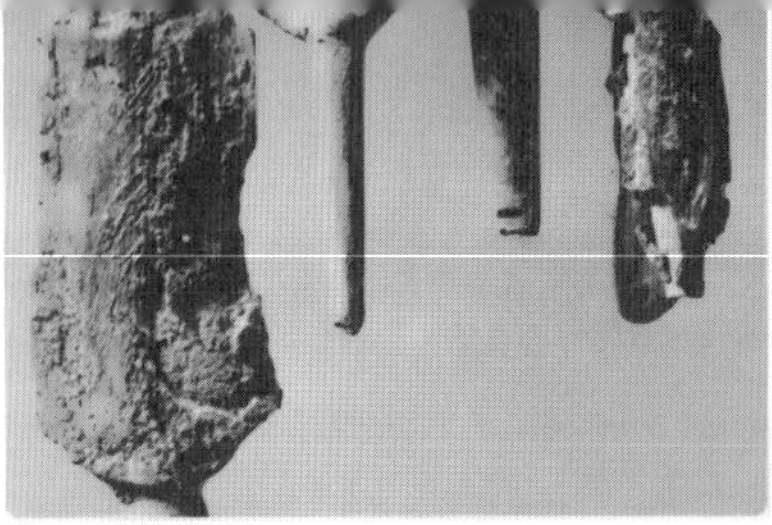

33　銅鏃細部

34　鉄鏃　1：2

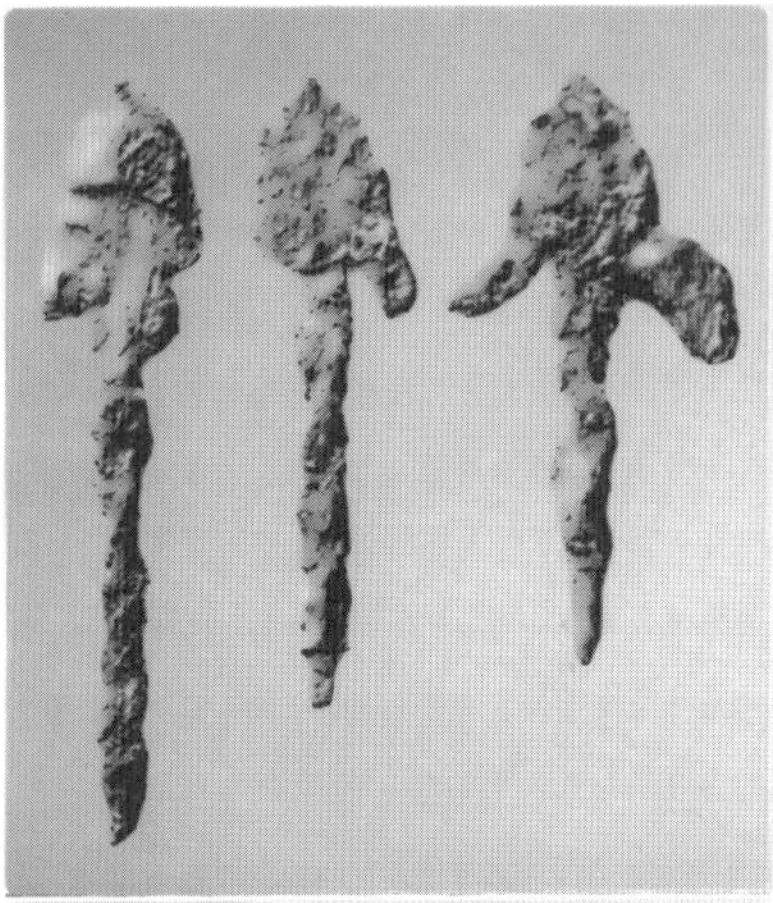

35　鉄鏃　1：2

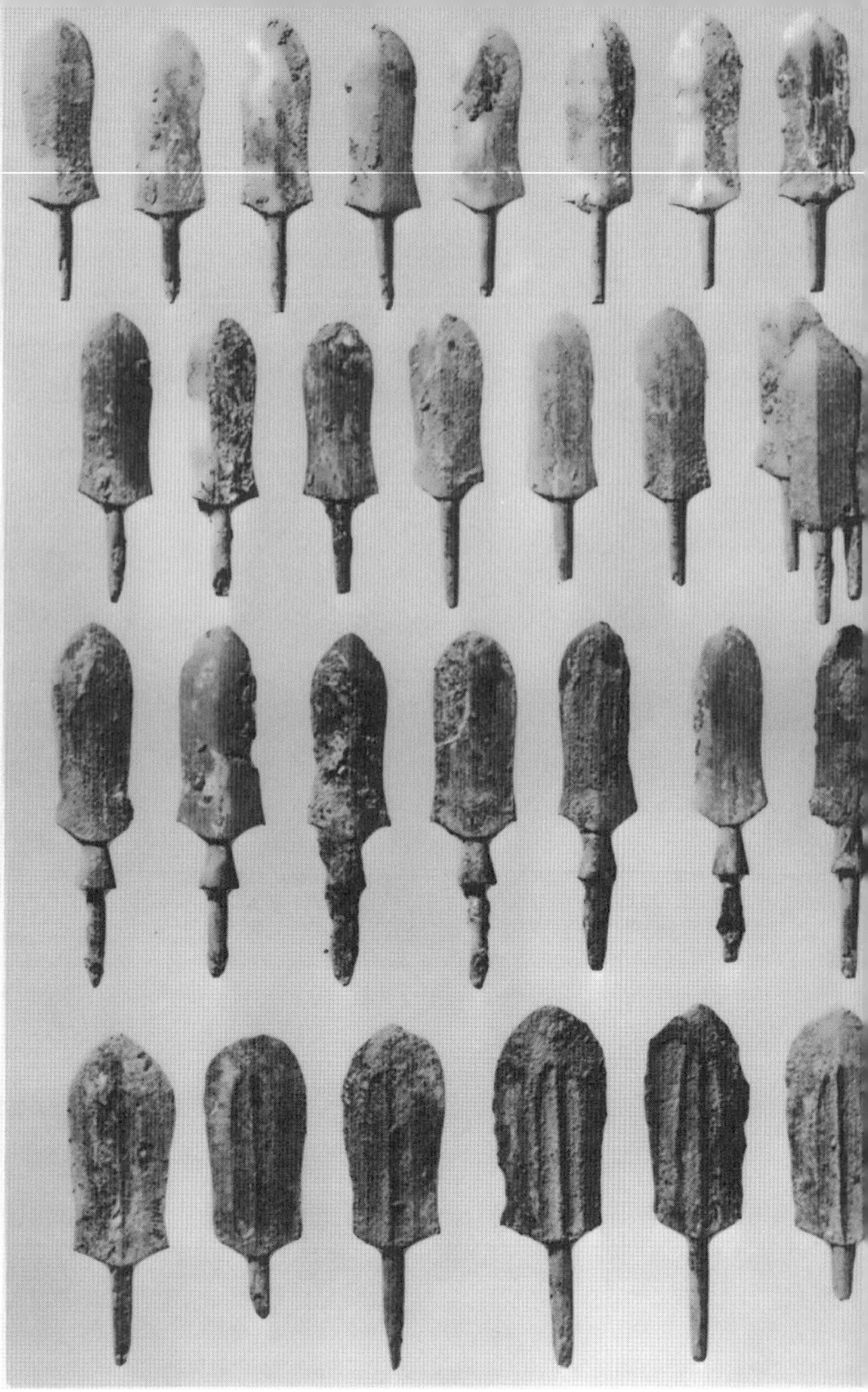

32　銅鏃　1：2

巴形銅器　すべて4脚で，左巻きのもの5，右巻き2を数える。径は9.8㎝内外。これらは鉄刀の間に挟まった状況で，南北にほぼ1列に並んで出土した。間隔は一様ではないが，北端のものから南端のものまでのへだたりは2.6ｍを測る。北寄りのものは概して裏向きに，南寄りのものは表向きまたは横向きになっていた。そのあるものには，円錐体の裏面にわたされた桿に紐が遺っており，別の1つには，裏面に銹着した布痕が遺っている。被着装物の形態はたしかめえなかった。

銅鏃・鉄鏃　一束20ないし40よりなる矢束を，棺側の東西に先端を南に向けて，それぞれ5束ずつ並べている。東側におかれたものは，銅鏃と鉄鏃が相半ばし，西側は3個の碧玉製鑿頭形のものを除けば，すべて銅鏃である。銅鏃は260余を数える。多くは単純な柳葉形のもので，若干，箆代を備えたもの，身に樋を入れたものもある。鉄鏃は33点余りが識別できる。長茎で腸抉の目立つものと，先端が方形板状のものがある。出土状況から，矢の長さは70㎝内外であったと見られる。

36 漆塗革製短甲及び草摺　1：5

革甲と草摺　棺を覆う粘土中には2領の革甲と草摺1が封じ込められていた。これらは，槨の断面を観察記録するために，これを断ち割った際，発見されたものである。革甲と草摺は，ともに漆塗りが施されていて，調査当時，粘土面上に徴かに遺っていた薄い漆膜の痕跡から，ようやくその形を知ることができた。北側に草摺をおき，その南半に被せて1領の革甲を重ね，これと並列して東に他の1領をおいている。革甲は，長方形の革板を綴じた短甲で，上下の縁を革紐で綴った痕跡が認められる。高さは32cm内外を測るが，粘土に圧着しているために，本来の高さを示すものではない。草摺は，幅3cm内外の長い革板を何段にも重ねて綴ったもので，三角形を並列した黒漆描きの文様が観察される。従来，革綴じの鉄製短甲出土例はあるが，このような革甲の例は知られていなかった。その点でも貴重視される資料である。

勾玉・棗玉・管玉　出土した7個の勾玉は，すべて硬玉製で，特に小型の1を除くほかは，長さ1.8cm内外。深緑色または鮮緑色を呈する良質の玉材よりつくられている。4個は頭に刻目を入れた丁字頭の類である。棗玉は5個を数える。4は勾玉と同じ硬玉製で，1は碧玉製。大きさはほぼ等しく，1ないし1.2cm。碧玉製の例のほかは，通常の棗玉と同じく，刻目を施す。ほかに径4mmばかりの硬玉製丸玉も1個見いだれた。管玉はすべて碧玉製で，47個が採集された。直径の大小によって，太型，細型の2類にわけられる。太型は17を数え，すべて長手で，最大のものは，径1.3cm，長さ3.2cm。細型の最小の例は，直径3mm余り，長さ5mmを測る。これらの玉類は，粘土槨内より見いだされ，そのあるものは原位置にあった。連ねて首飾りとしていたものであろう。棺内あるいは棺外の他の遺物の豊富なことに比べて，また同程度の規模の他の古墳の例と比べても，直接身につけた勾玉類は，やや貧弱の感がないでもない。

鍬形石　棺内遺物のうちで，もっとも注意をひくのは，総計27個にのぼる鍬形石である。一つの棺に副葬されていた鍬形石の数量として，これは三重県石山古墳西棺の10個をしのぐもっとも数多い例である。また，鍬形石を含めた碧玉製腕飾の総数が54個に達することも，岐阜県長塚古墳Ｂ木棺の70個や，石山古墳の67個に次ぐ量である。しかも，東大寺山古墳の場合，棺の南半の部分が，古く盗掘されているので，かりに，遺骸の脚もとにもこうした碧玉製品がおかれていたとするならば，さらにこれを上まわる数量になる。これらの鍬形石の石材には，黒色の微小粒を混えた淡緑色軟質またはやや硬質のものと，暗緑色で縞目状の石理の目立つものとの2種がある。同種の石材を使用したものでも，形には変化が多い。鍬形石に

ついては，かつて小林行雄氏が型式分類を試みられ，Ａ－Ｅの基本的な５期分類が立てられている。それをあてはめるならば，この古墳の例は，そのＢ・Ｃに属している。なかには，奈良県富雄丸山古墳，巣山古墳，京都府八幡西車塚古墳，三重県石山古墳，岐阜県陵山白山社古墳，山口県長光寺山古墳などの出土例と似通ったものもあり，特にこの古墳副葬品の１例と，西車塚出土の１例とは寸法に違いはあるが，同じ工人が同時につくったのではないかと思わせる程，酷似している。こうした鍬形石は，大和政権の内部でつくられ，舶載された鏡や仿製鏡と同じように配布されたであろうという考えが出されているが，違った古墳に相互に形の似通ったものが副葬されていることは，そのような推測を裏付けるものがある。なお，調査の際出土した１例は，鍬形石下半にあたる板状の部分のみであり，あきらかに折損していたものであるが，その折損部の断面に磨研を加えた痕跡が認められる。おそらく完成後破損したものを再加工して副葬品に加えたと想像されるものである。もしそうだとすれば，こうした鍬形石は，型式の異ったものが一人の被葬者の副葬品として納められている事実とあわせて，葬送専用につくられたものでないことを示していると見てよい。

車輪石　車輪石は26を数える。いずれも灰緑色硬質の碧玉製である。車輪石は弥生時代に用いられたカサガイ製貝輪の形を石で写してつくったもので，下ぶくれの扁円形の輪郭をもち，円孔を穿った形を基本とする。同類でも円形の輪郭をなすものを釧とよんで区別することがあるが，ここでは，断面の形状などから，あきらかにカサガイの形をおそったと見られるものについては，たとえ，輪郭が円形を呈するものをも車輪石として一括した。扁円形の例は15，円形またはやや角張った円形の例は９，小破片のため判定不明のもの２。径は9.4㎝ないし14.9㎝で，寸法は一定していない。両者とも，表面に凹みを刻んでいるが，各凹みの境の稜に刻目を入れたもの，またさらに，凹みの中央に刻目を施した例は，円形の類に多い。

石釧　やや軟質の碧玉でつくられた石釧は２例を数える。ともに表裏に細い刻目を施し，外側に凹溝を入れたものである。これらのうちの１つは，表裏とも同様の細かい刻目があるが，他の１つは，１面の刻目がやや粗い。通有の石釧は，表面にのみ刻目を入れ，裏面は平滑につくられている。その点で，これらは稀な例だということができる。また，鍬形石や車輪石の数量に比べて，この場合石釧の数が特に少ないことも異例である。

38　管玉　1：1

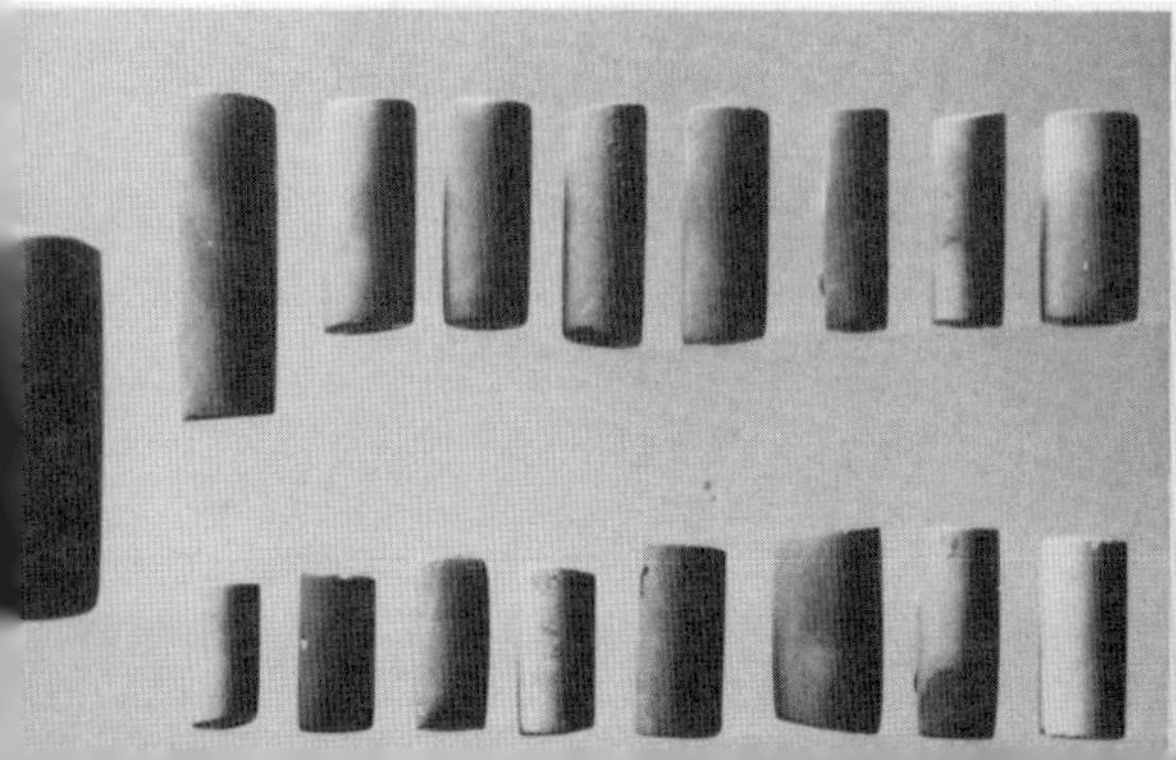

37　勾玉・棗玉及び丸玉　1：1

39

40

43

44

41

42

39—46 鍬形石　1：2

45

46

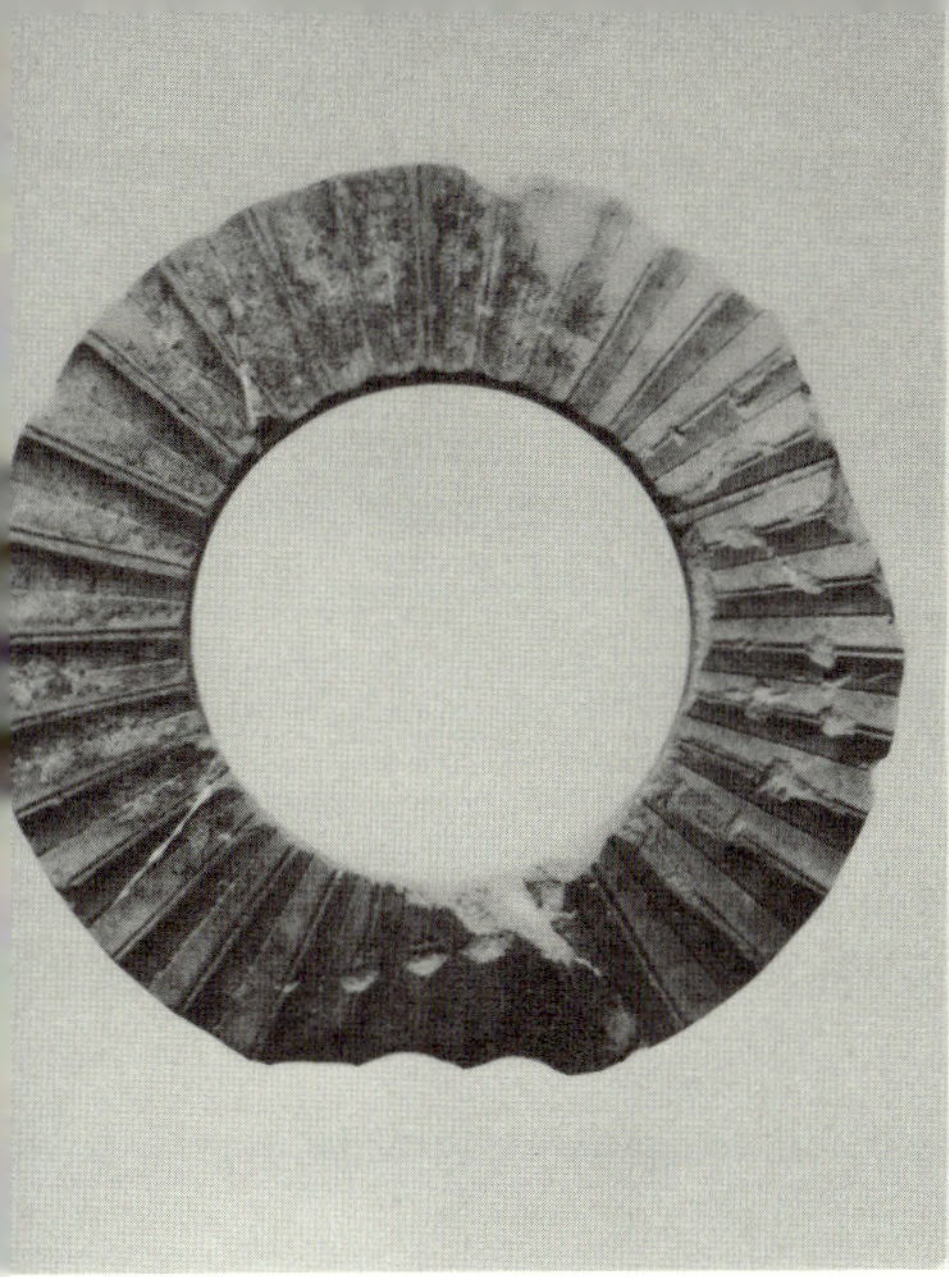
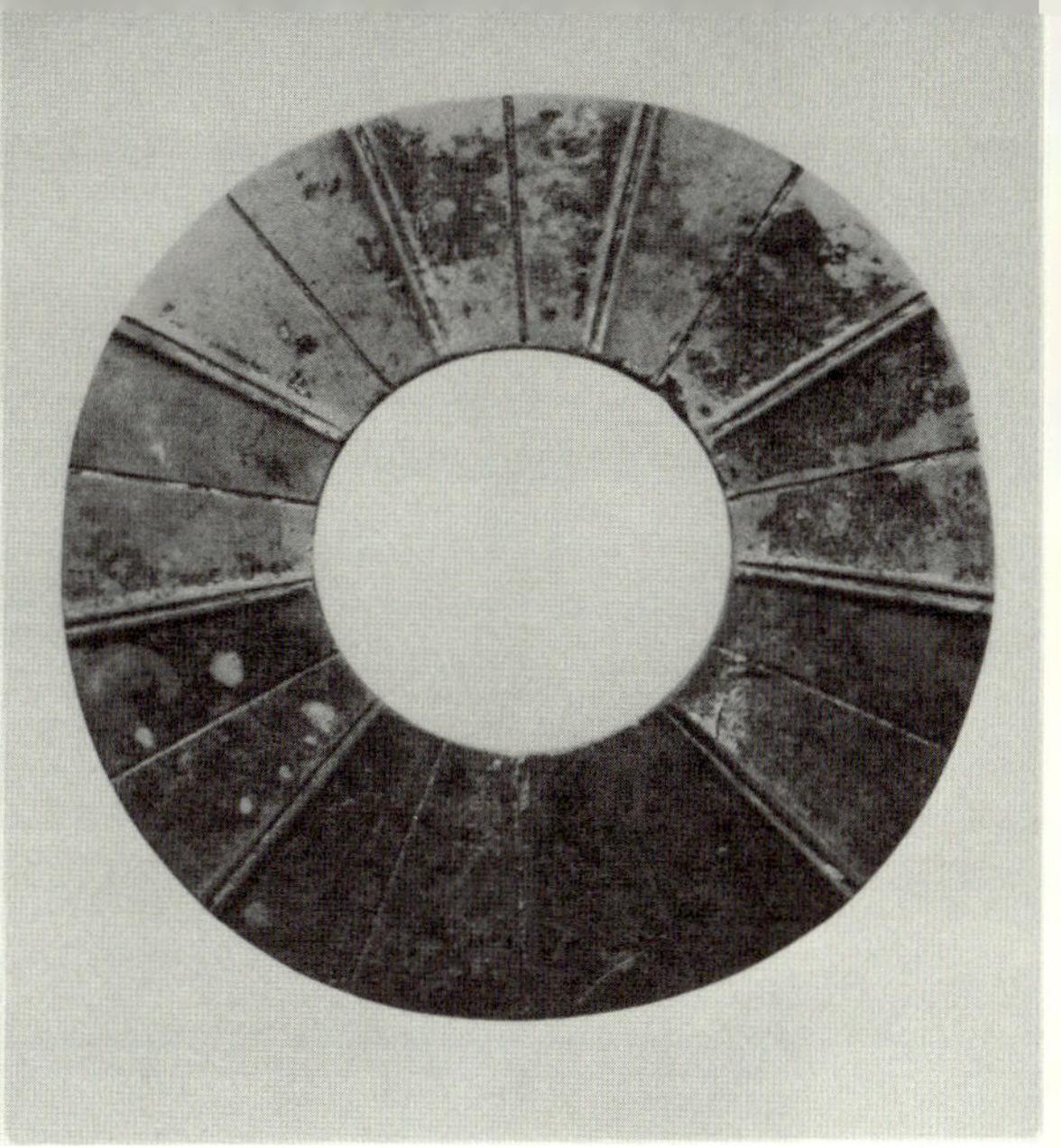

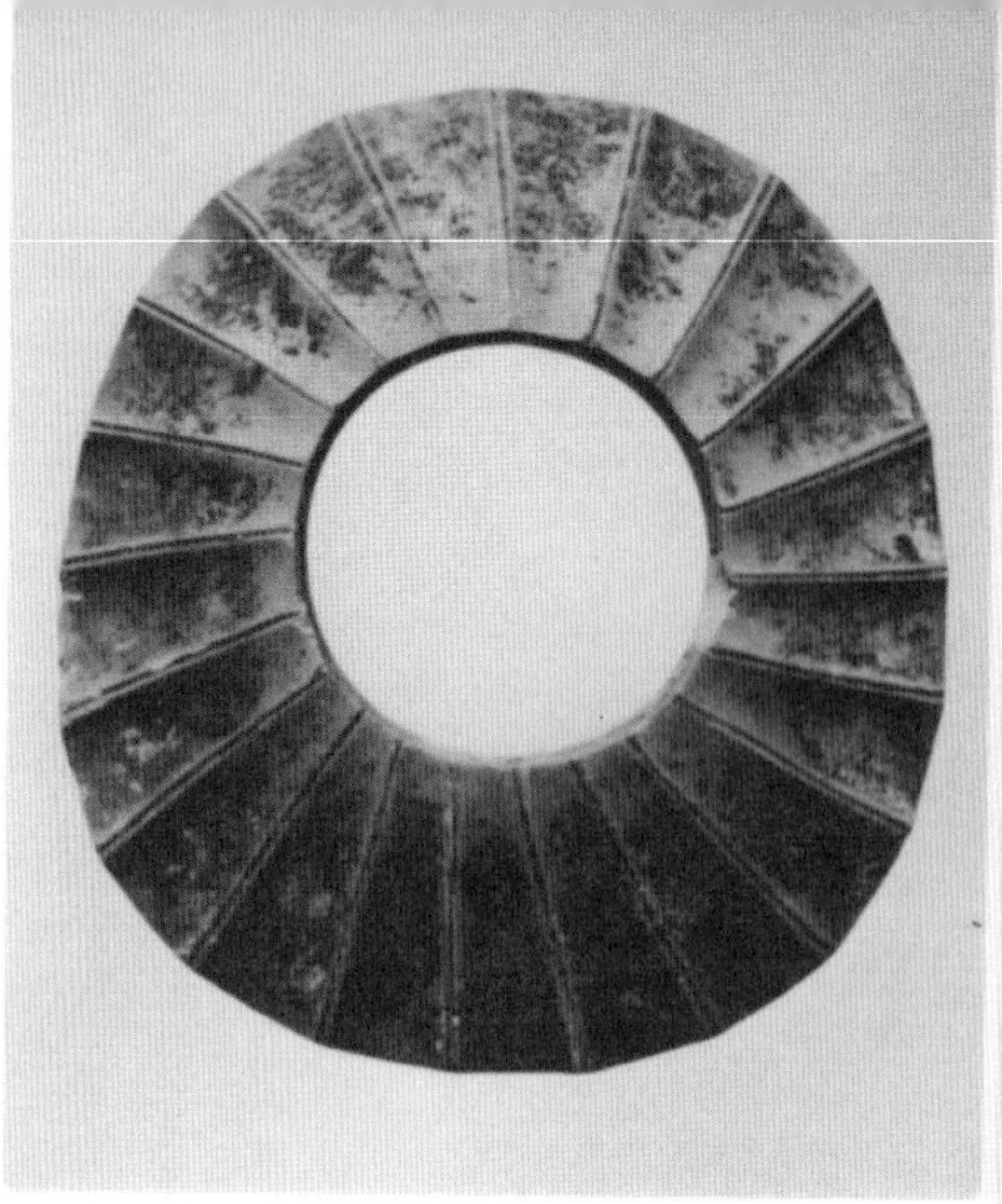

47	48	49	50
51	52	53	54 / 55

47—53　車輪石　2：3

54・55　石釧　2：3

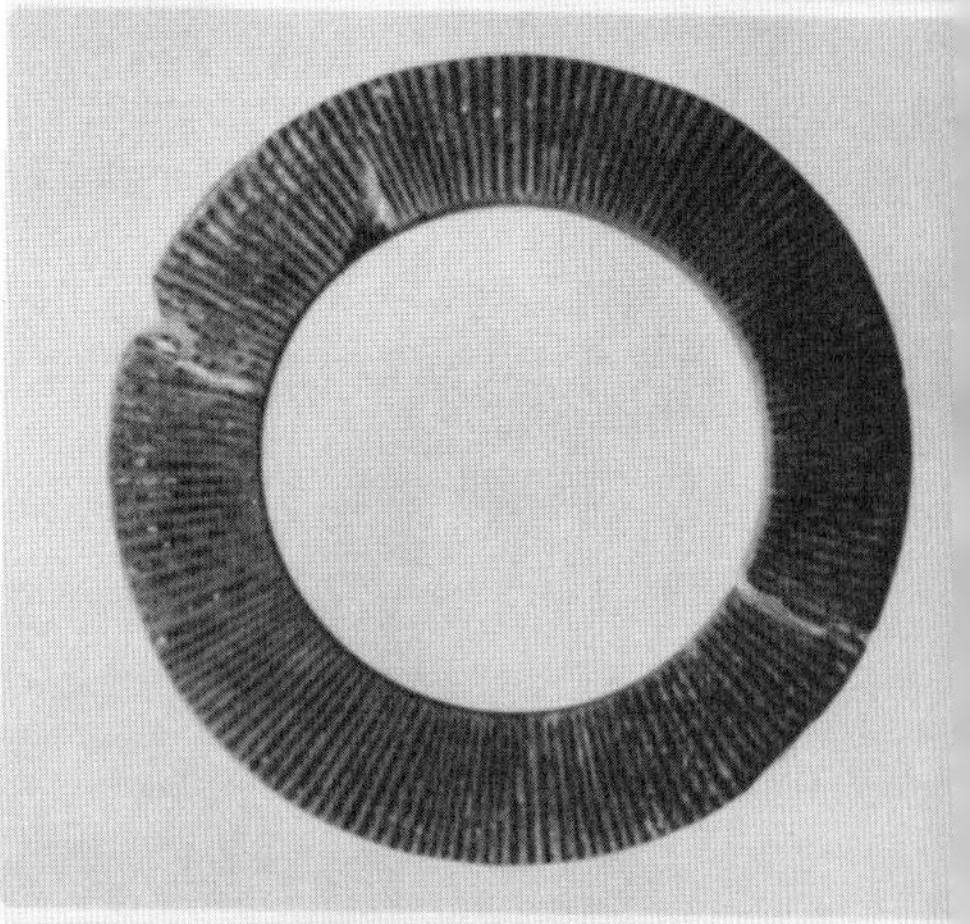

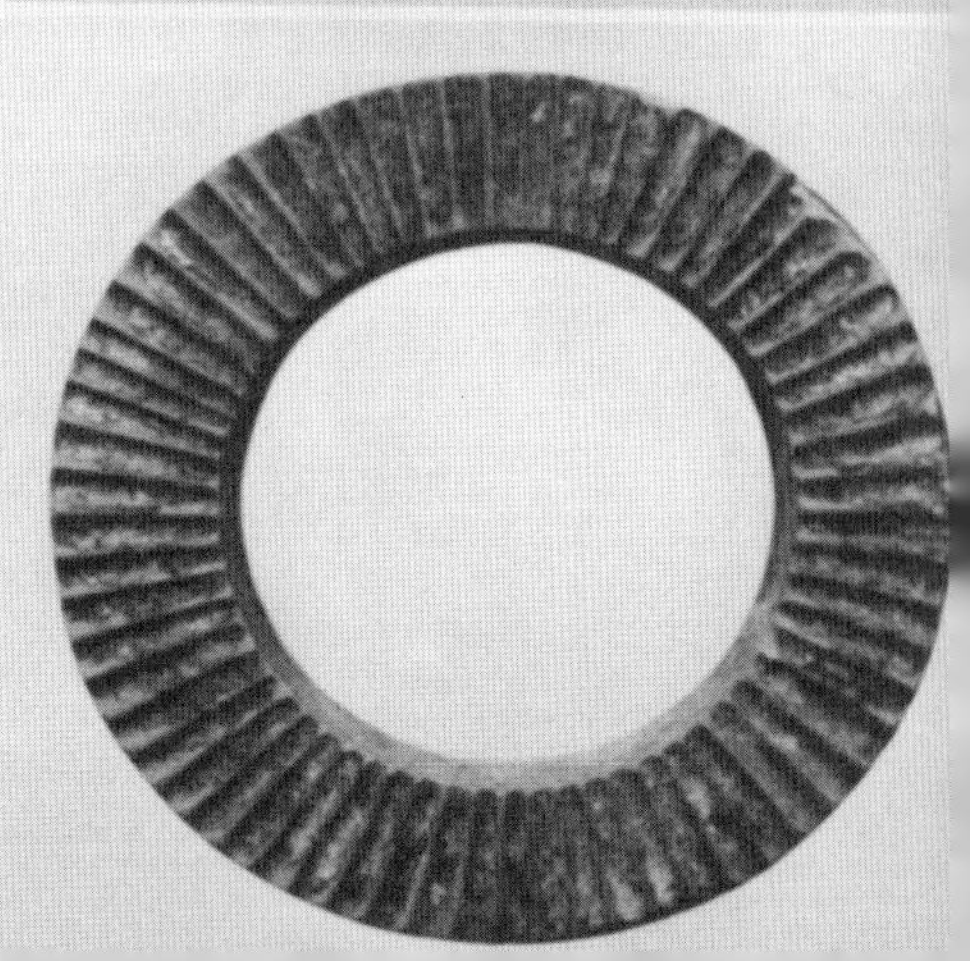

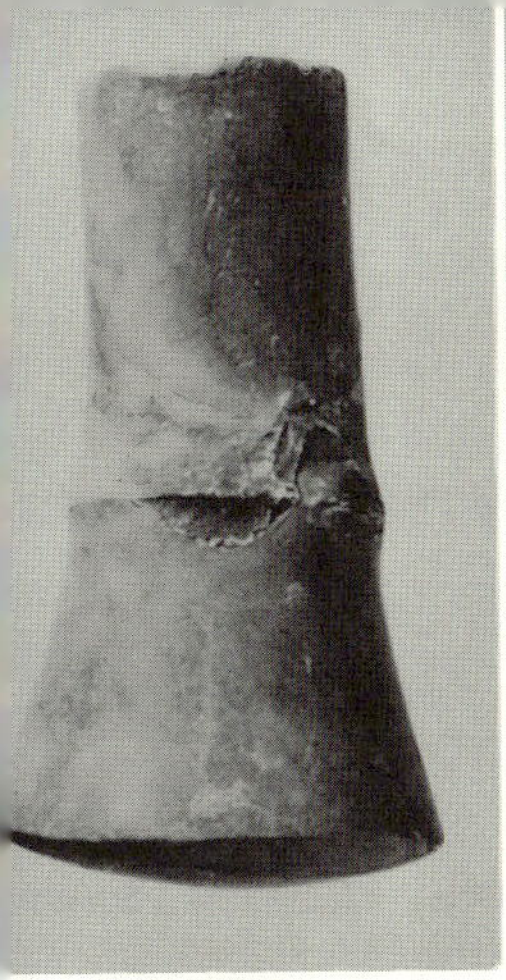

56　筒形石製品　　1：1

57・58　台付坩形石製品（正面及び側面）
2：3

59 | 63
60 | 64
61 | 65
62 | 66

59—66　坩形石製品　2：3

奈良盆地東縁部の主要古墳と遺跡

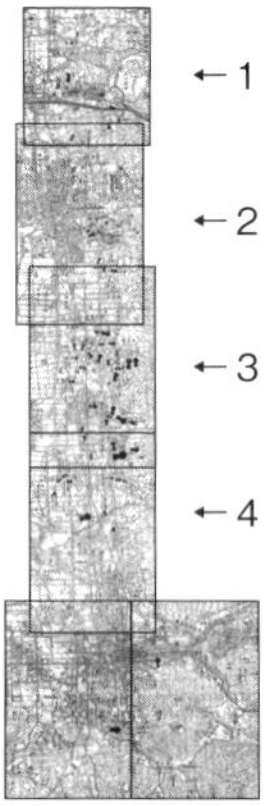

分布図の配置図

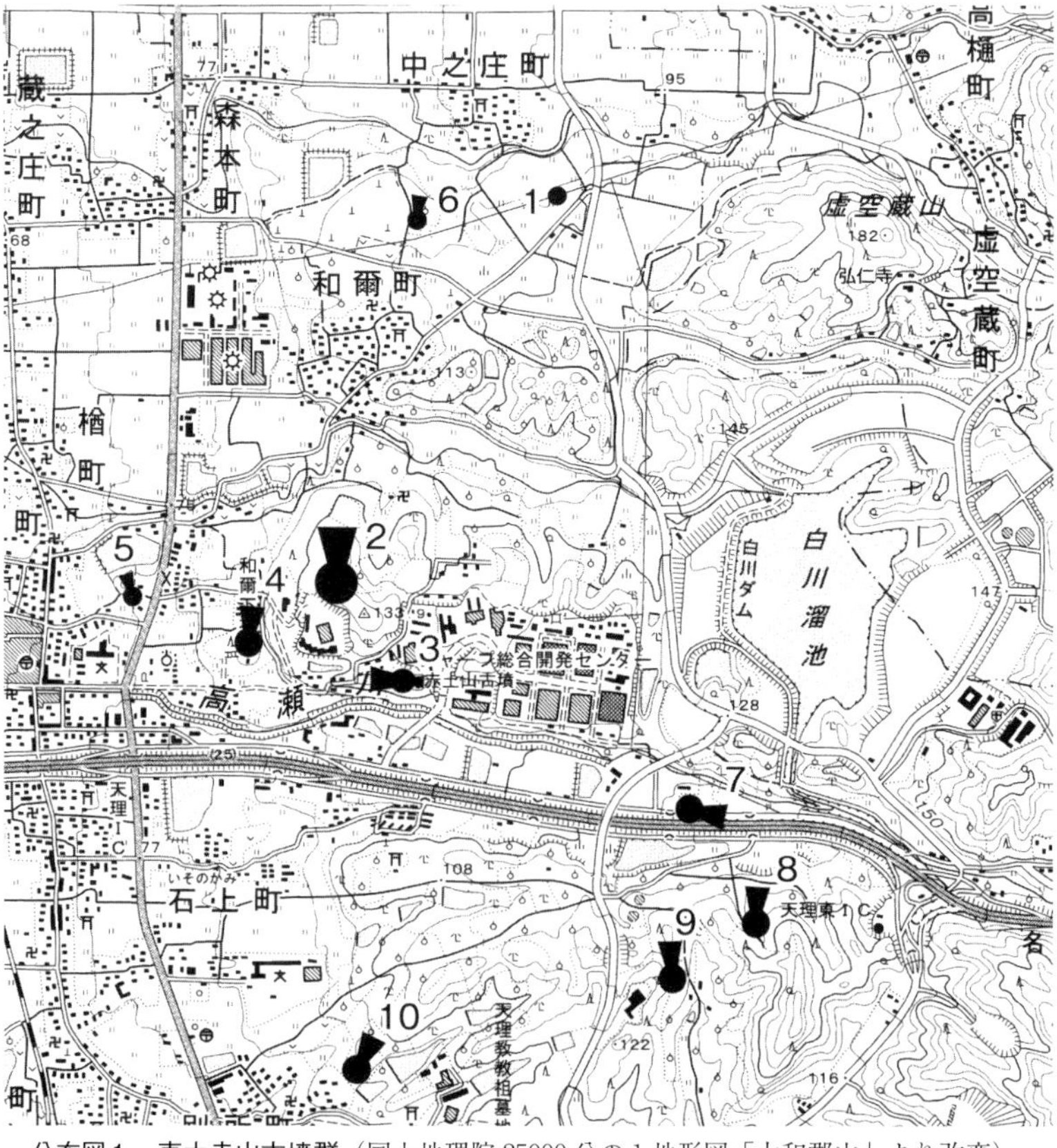

分布図1　東大寺山古墳群（国土地理院 25000 分の 1 地形図「大和郡山」より改変）

分布図２　杣之内古墳群と布留遺跡（国土地理院 25000 分の１地形図「大和郡山」より改変）

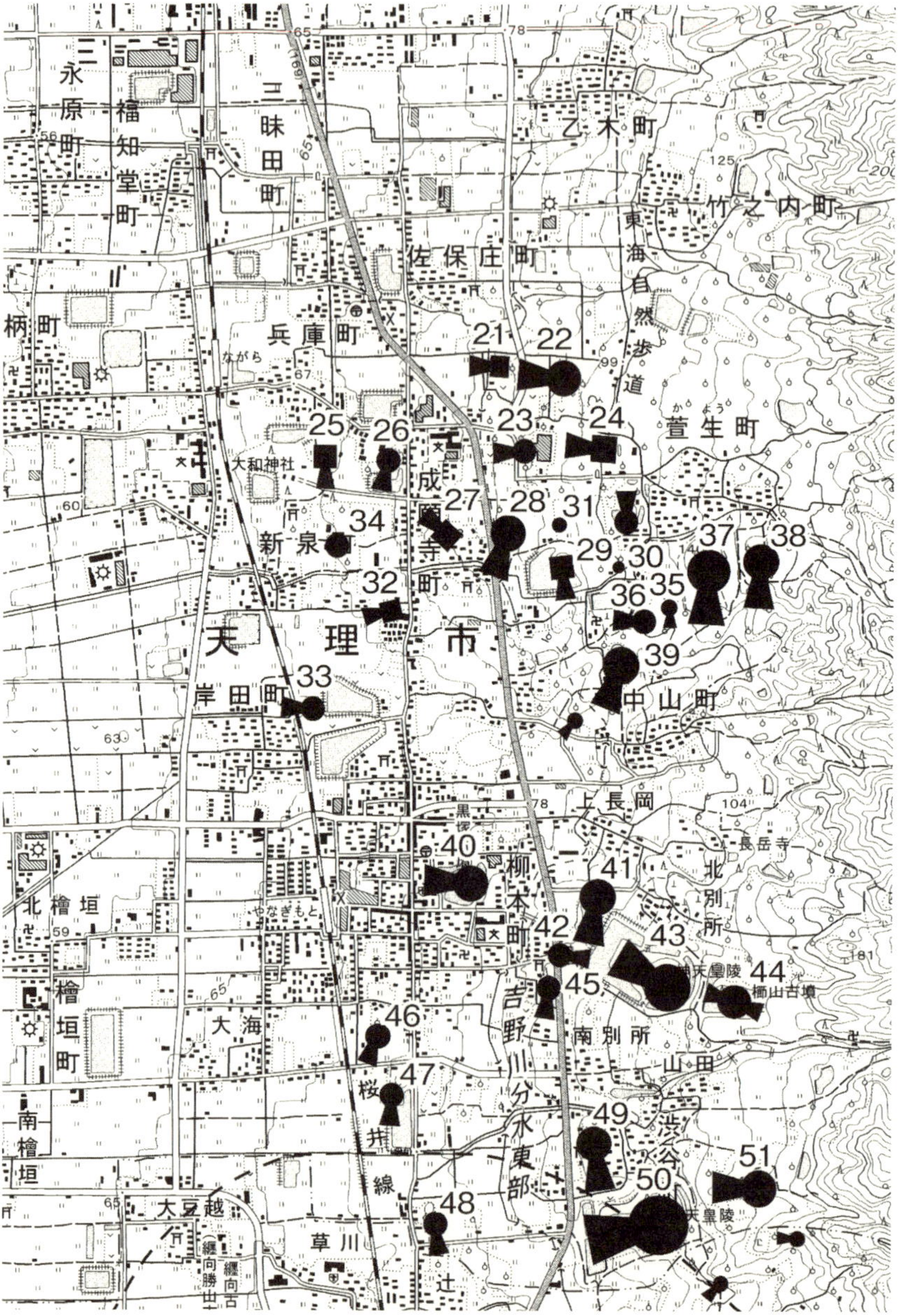

分布図３　大和古墳群と柳本古墳群（国土地理院 25000 分の 1 地形図「桜井」より改変）

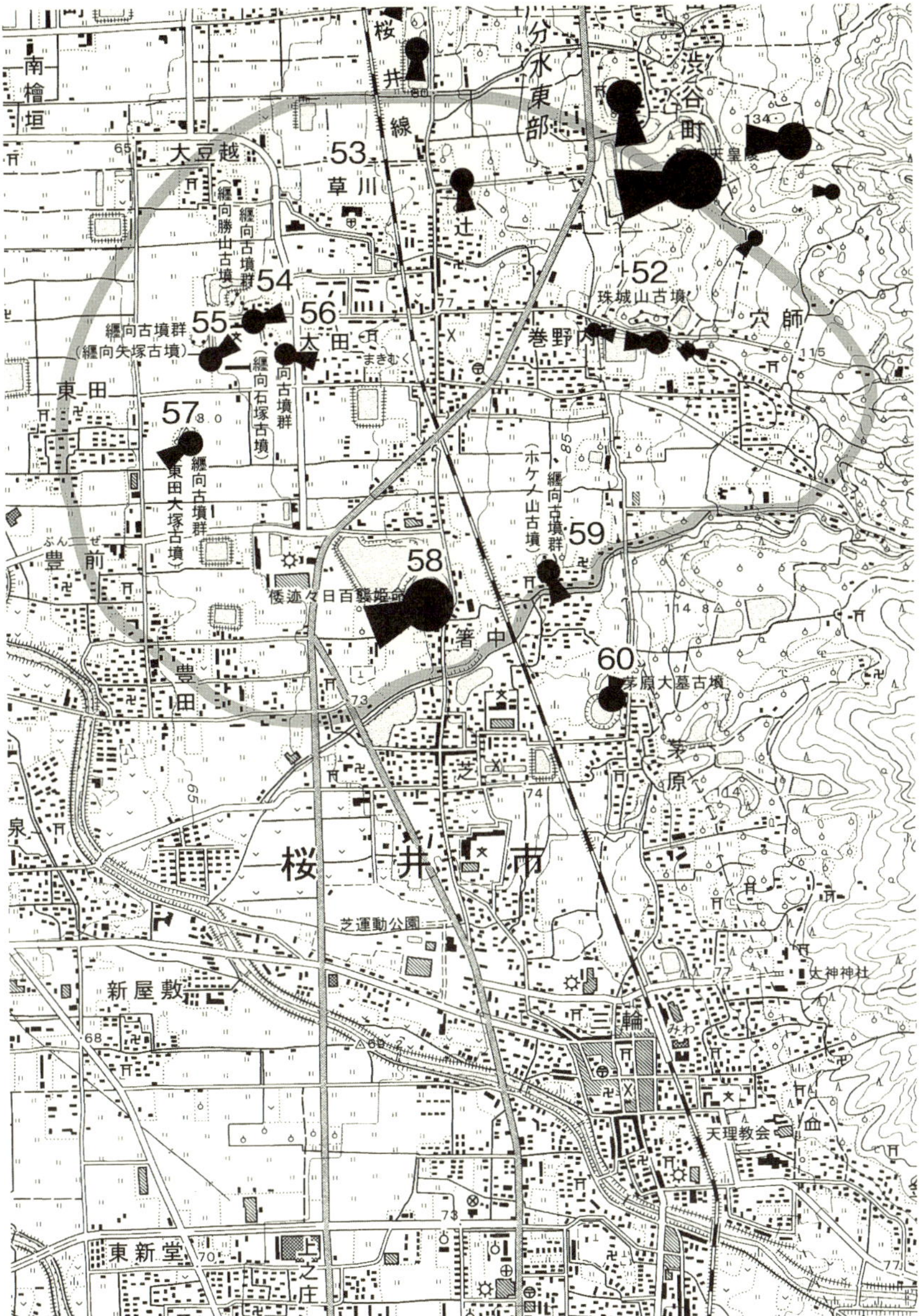

分布図４　纒向古墳群と纒向遺跡（国土地理院 25000 分の 1 地形図「桜井」より改変）

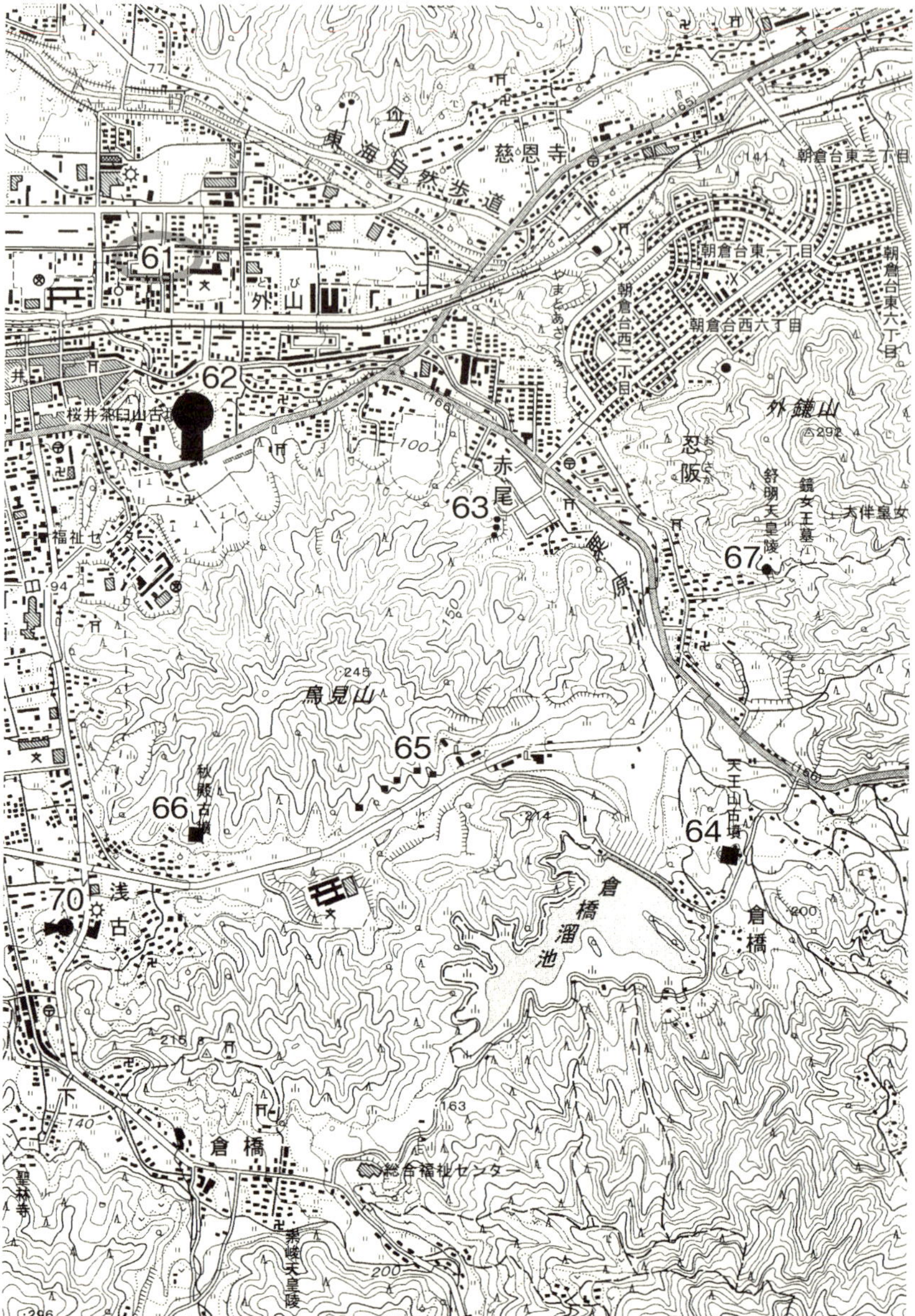

分布図５－１　鳥見山古墳群（国土地理院 25000 分の 1 地形図「桜井」より改変）

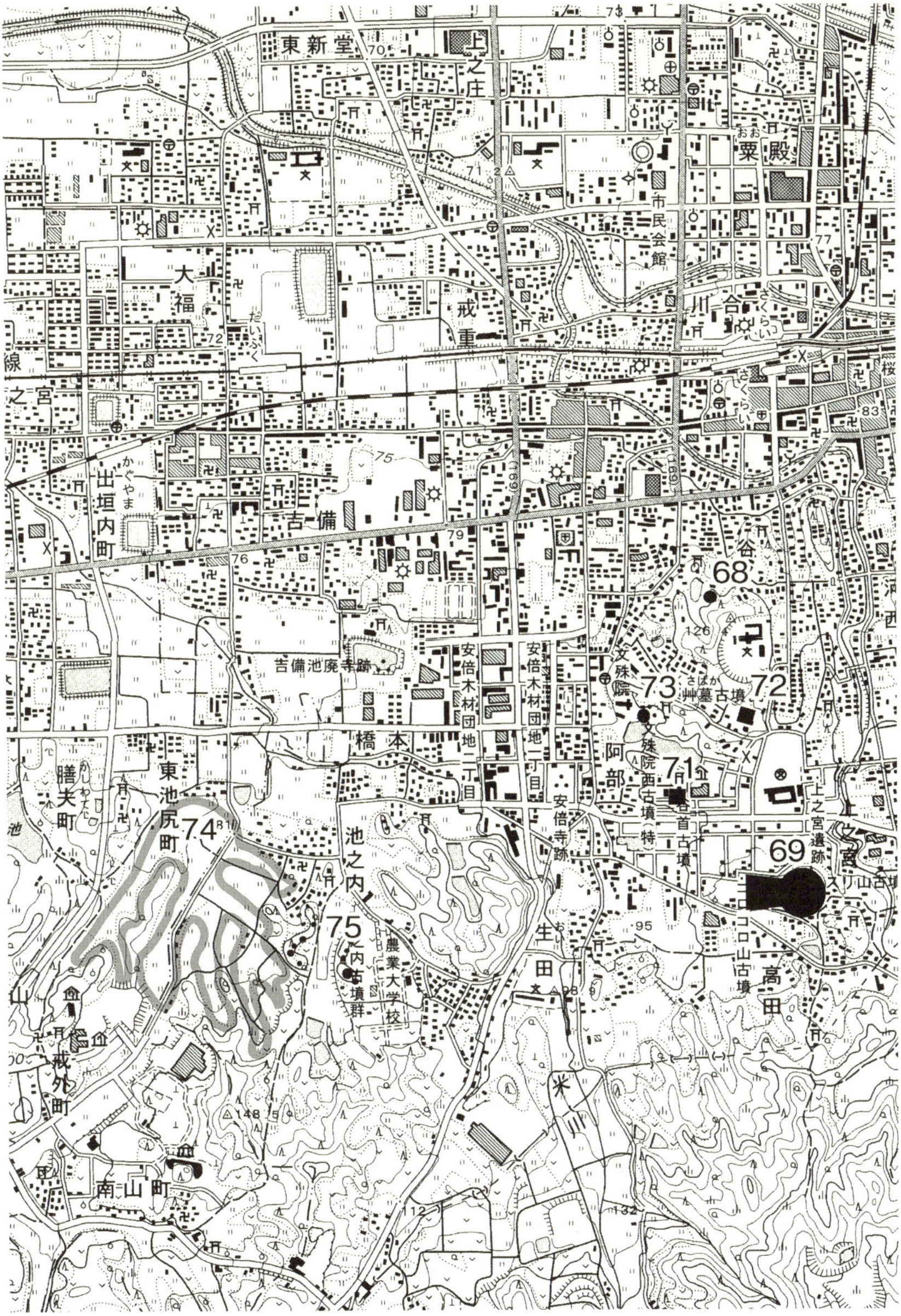
東新堂
上之庄
粟殿
市民会館
大福
たいふく
戒重
川合
さくらい
桜
線
之宮
出垣内町
かぐやま
吉備
谷
68
文殊院
73
艸墓古墳
72
吉備池廃寺跡
安倍木材団地二丁目
安倍木材団地一丁目
橋本
阿部
文殊院西古墳（特）
71
谷首古墳
上之宮遺跡
69
スリ山古墳
膳夫町
東池尻町
74
池之内
75
池之内古墳群
農業大学校
安倍寺跡
生田
コロ山古墳
高田
戒外町
南山町
米川

分布図５-２

奈良盆地東縁部の主要古墳と遺跡

※古墳の大きさはm

番号	遺跡名	古墳の形	古墳の大きさ	所在地	備考
1	上殿古墳	円墳	23m	天理市和爾町上殿	
2	東大寺山古墳	前方後円墳	130m	天理市櫟本町高塚	
3	赤土山古墳	前方後円墳	107m	天理市櫟本町赤土山	1992年国指定史跡
4	和爾下神社古墳	前方後円墳	105m	天理市櫟本町治道山	
5	墓山古墳	前方後円墳	60m	天理市櫟本町大塚	
6	野田古墳	前方後円墳	51m	天理市和爾町野田	
7	岩屋大塚古墳	前方後円墳	76m	天理市岩屋町追縄	
8	ウワナリ塚古墳	前方後円墳	128m	天理市石上町平尾ウワナリ	
9	石上大塚古墳	前方後円墳	107m	天理市石上町平尾	
10	別所大塚古墳	前方後円墳	125m	天理市別所町大塚	
11	布留遺跡			天理市布留町・杣之内町・三島町ほか	
12	小半坊塚古墳	前方後円墳	消滅	天理市杣之内町山口方	
13	塚穴山古墳	円墳	65m	天理市杣之内町元山口方	
14	西山古墳	前方後方墳	180m	天理市杣之内町元山口方	1927年国指定史跡
15	峯塚古墳	円墳	36m	天理市杣之内町峯堂	
16	西天井山古墳	円墳	28m	天理市杣之内町天井山	
17	東天井山古墳	円墳	37m	天理市杣之内町天井山	
18	小墓古墳	前方後円墳	85m	天理市杣之内町元山口方	
19	西乗鞍古墳	前方後円墳	118m	天理市杣之内町元山口方	
20	東乗鞍古墳	前方後円墳	75m	天理市杣之内町元山口方	
21	ノムギ古墳	前方後方墳	63m	天理市佐保庄町ノムギ塚	
22	ヒエ塚古墳	前方後円墳	130m	天理市萱生町ヒエヅカ	
23	マバカ古墳	前方後円墳	74m	天理市萱生町マバカ	
24	波多子塚古墳	前方後方墳	140m	天理市萱生町ハタゴ塚	
25	星塚古墳	前方後方墳？	56m	天理市新泉町星山	
26	馬口山古墳	前方後円墳	110m	天理市兵庫町山西羅	
27	フサギ塚古墳	前方後方墳	150m	天理市成願寺町フサギ塚	
28	栗塚古墳	前方後円墳	120m	天理市成願寺町クリツカ	
29	下池山古墳	前方後方墳	120m	天理市成願寺町川下り	2005年県指定史跡
30	ホックリ塚古墳	円墳	25m	天理市萱生町ホックリ塚	
31	西ノ塚古墳	円墳？	35m	天理市萱生町西ノ塚	
32	矢ハギ塚古墳	前方後方墳	120m	天理市成願寺町矢羽ギ塚	
33	弁天塚古墳	前方後円墳	90m	天理市岸田町弁天	
34	平塚古墳	円墳	54m	天理市成願寺町平塚	
35	火矢塚古墳	前方後円墳	50m	天理市中山町火矢塚	
36	燈籠山古墳	前方後円墳	105m	天理市中山町燈籠山	
37	西殿塚古墳	前方後円墳	219m	天理市中山町西殿塚	手白香皇女衾田陵
38	東殿塚古墳	前方後円墳	175m	天理市中山町大門	

番号	遺跡名	古墳の形	古墳の大きさ	所在地	備考
39	中山大塚古墳	前方後円墳	132m	天理市中山町大塚	
40	黒塚古墳	前方後円墳	132m	天理市柳本町クロツカ	2001年国指定史跡
41	アンド山古墳	前方後円墳	122m	天理市柳本町行燈	宮内庁陵墓管理
42	南アンド山古墳	前方後円墳	65m	天理市柳本町八王子	宮内庁陵墓管理
43	行燈山古墳	前方後円墳	242m	天理市柳本町行燈	崇神天皇山辺道勾岡上陵
44	櫛山古墳	双方中円墳	155m	天理市柳本町櫛ノ山	1957年国指定史跡
45	天神山古墳	前方後円墳	100m	天理市柳本町天神	
46	ノベラ古墳	前方後円墳	70m	天理市柳本町ノベラ	
47	石名塚古墳	前方後円墳	111m	天理市柳本町石名塚	
48	柳本大塚古墳	前方後円墳	94m	天理市柳本町大塚	
49	上の山古墳	前方後円墳	144m	天理市渋谷町上山	宮内庁陵墓管理
50	渋谷向山古墳	前方後円墳	300m	天理市渋谷町向山	景行天皇山辺道上陵
51	シウロウ塚古墳	前方後円墳	120m	天理市渋谷町シウロウ塚	
52	珠城山古墳群			桜井市穴師字玉井	1978年国指定史跡
53	纏向遺跡			桜井市太田／辻	
54	纏向勝山古墳	前方後円墳	110m	桜井市東田字勝山	2006年国指定史跡
55	纏向矢塚古墳	前方後円墳	90m	桜井市東田字矢塚	2006年国指定史跡
56	纏向石塚古墳	前方後円墳	96m	桜井市太田字石塚	2006年国指定史跡
57	東田大塚古墳	前方後円墳	100m	桜井市東田字大ツカ	2006年国指定史跡
58	箸墓古墳	前方後円墳	280m	桜井市箸中字箸塚山	倭迹迹日百襲姫命大市墓
59	ホケノ山古墳	前方後円墳	80m	桜井市箸中字ホケノ山	2006年国指定史跡
60	茅原大墓古墳	前方後円墳	66m	桜井市茅原字大墓	1982年国指定史跡
61	城島遺跡			桜井市城島	
62	桜井茶臼山古墳	前方後円墳	207m	桜井市外山字外山谷	1973年国指定史跡
63	赤尾熊ヶ谷古墳群			桜井市赤尾字熊谷	
64	赤坂天王山古墳	方墳	46m	桜井市倉橋字赤坂	1954年国指定史跡
65	舞谷古墳群			桜井市浅古字舞谷	
66	秋殿南古墳	方墳	24m	桜井市浅古字秋殿	
67	段ノ塚古墳	八角形墳	102m	桜井市忍阪	舒明天皇押坂内陵
68	双築古墳	円墳	30m	桜井市谷	
69	メスリ山古墳	前方後円墳	224m	桜井市高田字メスリ	1980年国指定史跡
70	兜塚古墳	前方後円墳	45m	桜井市浅古字兜塚	
71	谷首古墳	方墳	38m	桜井市阿部字谷首	1958年県指定史跡
72	艸墓古墳	方墳	27m	桜井市谷字カラト	1974年国指定史跡
73	文殊院西古墳	円墳	14m	桜井市阿部	1923年国指定特別史跡
74	磐余池推定地			桜井市池之内	
75	池ノ内古墳群			桜井市池之内字馬場	

執筆者一覧（執筆順）

金関　恕（かなせき　ひろし）　一九二七年生まれ／大阪府立弥生文化博物館館長・天理大学名誉教授

和田　萃（わだ　あつむ）　一九四四年生まれ／京都教育大学名誉教授

鈴木　勉（すずき　つとむ）　一九四九年生まれ／工藝文化研究所理事長

近江昌司（おうみ　しょうじ）　一九三三年生まれ／天理大学名誉教授・天理参考館顧問

桑原久男（くわばら　ひさお）　一九六三年生まれ／天理大学教授

山内紀嗣（やまうち　のりつぐ）　一九四九年生まれ／天理大学附属天理参考館学芸員

日野　宏（ひの　ひろし）　一九五七年生まれ／天理大学附属天理参考館学芸員

竹谷俊夫（たけたに　としお）　一九五四年生まれ／大阪大谷大学准教授

藤原郁代（ふじわら　いくよ）　一九六六年生まれ／天理大学附属天理参考館学芸員

小田木治太郎（おだぎ　はるたろう）　一九六五年生まれ／天理大学准教授

高野政昭（たかの　まさあき）　一九五三年生まれ／天理大学附属天理参考館学芸員

2010年4月20日　発行　《検印省略》

東大寺山古墳《とうだいじやまこふん》と謎《なぞ》の鉄刀《てっとう》

編　者　© 東大寺山古墳研究会
代表　金関恕
発行者　宮田哲男
発　行　株式会社 雄山閣
東京都千代田区富士見２－６－９
ＴＥＬ 03-3262-3231 / FAX 03-3262-6938
ＵＲＬ http: //www.yuzankaku.co.jp
e-mail info@yuzankaku.co.jp
振替 00130-5-1685
印刷所　スキルプリネット
製本所　協栄製本

ISBN 978-4-639-02133-9 C3021　Printed in Japan 2010